# Die große Welt des Wissens
# ERDE

## Inhalt

Ravensburger Buchverlag

Bibliografische Information der Deutschen Nationalbibliothek
Die Deutsche Nationalbibliothek verzeichnet diese Publikation in der
Deutschen Nationalbibliografie. Detaillierte bibliografische Daten sind
im Internet über *http://dnb.d-nb.de* abrufbar.

3 2 1   13 12 11

Rechte der Originalausgaben: Weldon Owen Pty Limited
© Weldon Owen Pty Ltd.

Für die deutsche Ausgabe:
© 2011 Ravensburger Buchverlag Otto Maier GmbH
Postfach 1860 · 88188 Ravensburg

Redaktion: Sabine Zürn
Umschlagdesign: dieBeamten.de/Anja Langenbacher und Reinhard Raich

ISBN 978-3-473-55329-7

www.ravensburger.de

# Wind und Wetter

## Inhalt

# Die Wetterzone

Die ganze Erde ist von einer Lufthülle umgeben. Ohne diese Lufthülle, der Atmosphäre, könnten wir nicht existieren: Sie versorgt uns mit Sauerstoff zum Atmen und Wasser zum Trinken, sie schützt uns vor den schädlichen Strahlen der Sonne und Geschossen aus dem Weltall wie Asteoriden, Meteore oder ausgediente Satelliten, und sie sorgt für Temperaturen auf unserem Planeten, die Leben ermöglichen.

Unterschiedliche Temperaturen der Luft über uns, die sich mit der Höhe verändern, gliedern die Atmosphäre in fünf Schichten. Das wissen wir erst seit dem Ende des 19. Jahrhunderts, als Wissenschaftler in Heißluftballons Tausende von Metern hoch aufstiegen und feststellten, dass Lufttemperatur und Sauerstoff immer weiter abnahmen, je höher sie kamen. Der französische Forscher Teisserenc de Bort entdeckte, dass die Temperatur in etwa 10 Kilometer Höhe nicht weiter sank. Die dort beginnende atmosphärische Schicht nennen wir Stratosphäre.

In der Atmosphäre gibt es wie im Meer Gezeiten, Strömungen und Wellen. Diese ständigen Bewegungen gestalten zusammen mit dem Wasserdampf in der Luft unser Wetter. Etwa 99 Prozent des Wetters spielt sich in der untersten Schicht der Atmosphäre ab, der Troposphäre.

**Die Erde ist der einzige Planet des Sonnensystems, dessen Atmosphäre ausreichend Wasser und Sauerstoff enthält für das Leben, wie wir es kennen.**

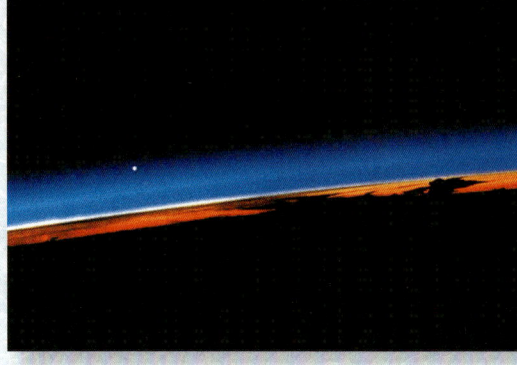

**Pechschwarz zeichnen sich auf dieser Satellitenaufnahme der Erdatmosphäre Gewitterwolken ab, die gewöhnlich bis an den Rand der Troposphäre wachsen. Ihre flache Oberseite markiert die obere Grenze der Zone des Wettergeschehens.**

**Die Temperatur in der Troposphäre nimmt mit zunehmender Höhe um etwa 7 °C je 1000 Meter ab. An der unteren Grenze der Stratosphäre steigen die Temperaturen wieder, fallen dann aber in der Mesosphäre, der nächsten Etage, wieder ab. Richtig warm wird es in der Thermosphäre und in der obersten Schicht, der Exosphäre, wo Temperaturen über 1650 °C herrschen können.**

## INSIDESTORY

### Mit letzter Kraft

In 8000 Meter Höhe über der englischen Stadt Wolverhampton stellte der britische Wissenschaftler James Glaisher fest, dass ihm alles vor den Augen verschwamm. Man schrieb den 5. September 1862 und er war bereits zum zweiten Mal mit dem Ballonfahrer Henry Coxwell unterwegs, um die obere Atmosphäre zu erkunden. Sie waren höher als beim ersten Mal und beide litten unter der extremen Kälte und dem Sauerstoffmangel. Glaisher blieb ruhig und fragte, ob Coxwell ihm beim Ablesen der Instrumente behilflich sein könnte. Der aber kletterte bereits über seinem Kopf herum, weil er gesehen hatte, dass sich die Reißleine für das Gasventil verheddert hatte. Coxwell wusste, dass es ihren Tod bedeuten würde, wenn er die Leine nicht ziehen und damit den Ballon zum Sinken bringen konnte. Durchgefroren wie er war, versagten seine Arme den Dienst. Mit letzter, heldenhafter Anstrengung gelang es ihm, die Leine mit den Zähnen zu fassen und zu ziehen. Die Gondel sank. Wie die beiden später berechneten, hatten sie einen neuen Höhenrekord von mehr als 9150 Metern aufgestellt.

**Tarnkappenflugzeug**

## WÖRTERBUCH

**ATMOSPHÄRE** leitet sich von griechisch atmos für „Dunst" oder „Gas" und sphaira für „Kugel" ab.

Die Obergrenze der Troposphäre, wo die Temperatur erst nach einer „Pause" wieder ansteigt, heißt **TROPOPAUSE**.

## SCHON GEWUSST?

Ohne die Schwerkraft würden sich die Gase, aus denen die Atmosphäre besteht, in den Weltraum verteilen. Elektrisch hoch leitende Luftschichten in der Thermosphäre reflektieren Radiokurzwellen. Wir nutzen dies bei der Funkübertragung von Erdteil zu Erdteil.

## WEGWEISER

- In der Exosphäre entstehen farbige Lichterscheinungen, die Polarlichter. Siehe S. 20–21.
- Manches, was Menschen tun, schädigt die Ozonschicht und führt zur Erwärmung der Atmosphäre. Siehe S. 42–43.

## MAXIMALER SCHUTZ

Bestimmte Gase in der Atmosphäre tragen dazu bei, unseren Planeten bewohnbar zu machen.

In etwa 24000 m Höhe befindet sich eine dünne Schicht aus dem Gas Ozon. Diese Schicht schützt uns wie ein Sonnendach vor den schädlichen ultravioletten Strahlen der Sonne.

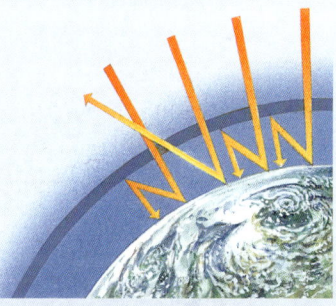

Die Atmosphäre lässt Sonnenstrahlen zur Erde durch und hält einen Teil der Wärme dort zurück – wie ein Treibhaus. Der Rest entweicht ins Weltall. Aber je mehr sogenannte Treibhausgase in die Atmosphäre gelangen, desto mehr Wärme wird zurückgehalten.

Verschiedene Regionen der Erde reflektieren und absorbieren unterschiedliche Mengen Sonnenlicht. Ozeane und tropische Regenwälder nehmen viel Wärme auf, während die Eiskappen bis zu 90 Prozent der auftreffenden Sonnenstrahlen reflektieren.

Thermosphäre

Mesosphäre

Stratosphäre

Troposphäre

Nicht maßstabsgetreu

5

# Luftdruck

Die Atmosphäre besteht aus winzigen, unsichtbaren Luftmolekülen. Aufgrund der Schwerkraft drücken sie ständig
auf uns herunter. Außerdem sind sie permanent in Bewegung. Tatsächlich prallen unzählige von ihnen gerade
jetzt an dir ab, während du dies liest. Die Bewegungen
der Luftmoleküle erzeugen den Luftdruck.
Wenn die Sonne die Erde erwärmt, erwärmen sich auch
die bodennahen Luftmoleküle und beginnen aufzusteigen.
Diese vertikale Bewegung, Konvektion genannt, erzeugt
am Boden ein Gebiet niedrigen Drucks, ein sogenanntes
Tief. Die aufsteigende warme Luft kühlt sich allmählich
ab und breitet sich aus. Wenn sie kälter wird als die
umgebende Luft, fällt sie nach unten und erzeugt in
einiger Entfernung des Tiefs ein Gebiet höheren Drucks,
ein Hoch. Da die Atmosphäre Druckunterschiede auszugleichen versucht, strömt Luft vom Hoch zum Tief. Diese
Luftströmung ist der Wind.
Die Sonne erwärmt einige Regionen unseres Planeten
stärker als andere und hat je nach Jahreszeit mehr Kraft.
Darum gibt es große jahreszeitliche und örtliche Unterschiede dieser Vorgänge und des Wetters.

Die Schwerkraft zieht
Luftmoleküle zum Erd-
boden. Dadurch wird der
Druck der Luft in größeren
Höhen immer geringer und
ihr Sauerstoffgehalt nimmt
ab. Deshalb leiden Berg-
steiger manchmal an
Sauerstoffmangel.

Bei fallender
Luft bilden sich
keine Wolken.

Fallende Luft
erzeugt
Hochdruck.

H

Je größer der Druckunterschied zwischen zwei Gebieten, desto
kräftiger bläst der Wind. Eine leichte Brise zeigt, dass du dich
zwischen einem mittleren Hoch und einem mittleren Tief
befindest. Wenn du aber fast umgeweht wirst,
weißt du, dass sehr große Druckunterschiede bestehen.

Nordhalbkugel: Frühling
Südhalbkugel: Herbst

Nordhalbkugel:
Sommer
Südhalbkugel:
Winter

Nordhalbkugel:
Herbst
Südhalbkugel:
Frühling

### DIE VIER JAHRESZEITEN

Die Erdachse ist um 23,5 Grad geneigt. Dadurch werden die Erdteile
unterschiedlich stark von der Sonne beschienen und deshalb entstehen
die Jahreszeiten. Neigt sich eine Erdhalbkugel zur Sonne, so hat sie
Sommer und die Tage dort sind am längsten. Wendet sie sich von der
Sonne ab, hat sie Winter und die Tage sind am kürzesten. Im Frühling
und Herbst sind Tage und Nächte ungefähr gleich lang.

## WÖRTERBUCH

**SOLAR** kommt vom lateinischen Wort sol, die Sonne, und heißt „zur Sonne gehörend".

Der Luftdruck wird in **HEKTOPASCAL** gemessen, abgeleitet von dem griechischen Wort hekaton für „100" und dem Nachnamen des Franzosen Blaise Pascal (1623–62). Der Wissenschaftler bewies als Erster, dass der Luftdruck mit der Höhe abnimmt.

## SCHON GEWUSST?

Der höchste Luftdruck in Bodenhöhe wurde am 31. Dezember 1968 in Sibirien, Russland, gemessen und betrug 1083,8 Hektopascal. Der mit 877 Hektopascal niedrigste Luftdruck am Boden wurde 1958 in Guam im Pazifischen Ozean im Auge eines Taifuns gemessen.

## WEGWEISER

- Wie ungleiche Erwärmung der Erde durch die Sonne erzeugt globale Luftströmungen, die große Windsysteme entstehen lassen. Lies darüber auf S. 8–9.
- Großräumige Wettersysteme, die sich um Tiefs bilden, können schwere Stürme bringen. Mehr darüber steht auf S. 12–13.
- Wie Wetterkarten Hoch- und Tiefdruckgebiete zeigen, steht auf S. 40–41.

Luftmassen kühlen ab, breiten sich aus und beginnen zu sinken.

Bei aufsteigender Luft entstehen Wolken.

Der Wind weht vom Hoch- zum Tierfdruckgebiet.

Aufsteigende Warmluft erzeugt ein Tief.

## SEI AKTIV!

# Unter Druck

1. Blas einen Luftballon auf und halte das Mundstück mit den Fingern zu. Im Ballon herrscht jetzt hoher Druck. Dreh den Ballon mit dem Mundstück zu deinem Gesicht, halt ihn fest und lass die Luft raus. Sie bläst dir sofort kräftig ins Gesicht. Genauso strömt Luft in der Atmosphäre vom Hoch- zum Tiefdruckgebiet. Sie gleicht Druckunterschiede aus und bildet den Wind.

2. Steck einen Luftballon in eine Flasche mit großer Öffnung und zieh das Mundstück über den Flaschenhals. Und nun bitte jemanden, den Ballon aufzublasen. Er kann sich noch so sehr anstrengen, er wird es nicht schaffen. Damit sich der Ballon aufbläht, muss er sich ausdehnen können und die umgebenden Luftmoleküle verdrängen. In der Flasche können sich die Luftmoleküle aber nicht bewegen. Folglich lässt sich der Ballon auch nicht aufblasen.

Wenn Warmluft aufsteigt, bildet sich am Boden ein Tief mit weniger Luftmolekülen. Sinkt kühlere Luft ab, so erhöht sich die Zahl der Luftmoleküle am Boden und es entsteht ein Hoch. Vom Hoch- zum Tiefdruckgebiet strömende Luft wird zu Wind. Aufsteigende Luft fördert die Wolkenbildung, sinkende Luft verhindert sie. Aus diesem Grund bringen Tiefs normalerweise Wolken und Regen, während bei einem Hoch gewöhnlich klares, sonniges Wetter herrscht.

Nordhalbkugel: Winter
Südhalbkugel: Sommer

In den Tropen scheint die Sonne das ganze Jahr über am heißesten. Im Juni steht sie direkt über dem nördlichen Wendekreis des Krebses (links) und im Dezember über dem südlichen Wendekreis des Steinbocks (rechts).

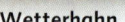

# Luftzirkulation

In den Tropen brennt das ganze Jahr die Sonne – mit der Folge, dass am Äquator ständig Luft aufsteigt. Die Luft breitet sich aus, kühlt ab und sinkt bei etwa 30 Grad nördlicher und südlicher Breite ab. Dort fließt ein Teil der Luft in Bodennähe zurück zum Äquator. So schließt sich ein Kreislauf, den man Zelle nennt. Ähnliche Zellen gibt es zwischen 30 und 60 Grad und zwischen 60 Grad und den Polen.

Die Luftbewegung in Bodennähe innerhalb dieser Zellen erzeugt die auf der Erde vorherrschenden Winde. Auf dem Weg nach Norden und Süden werden die Winde durch die Erdrotation abgelenkt: nach rechts auf der nördlichen Halbkugel, nach links auf der südlichen. Die Kraft, die dies bewirkt, wird Corioliskraft genannt.

Das globale Muster der Luftzirkulation bestimmt unser Wetter. So zum Beispiel bringt die am Äquator aufsteigende feuchtwarme Luft Feuchtigkeit und regelmäßigen starken Regen in die Tropen. Die bei 30 Grad nördlicher und südlicher Breite fallende Luft bildet einen Gürtel trockenen Wetters, in dem die meisten Wüsten der Erde liegen. Und die Westwinde bei etwa 40 und 60 Grad Breite bescheren Westeuropa und Nordamerika wechselhaftes Wetter.

## SEI AKTIV!
## Die Corioliskraft

1. Nimm einen Globus und ein Stück Kreide. Bitte einen Freund, den Globus langsam in östlicher Richtung zu drehen. Dabei ziehst du eine gerade Linie vom Nordpol zum Äquator. Mach wirklich einen ganz geraden Strich.
2. Nun sieh dir an, wie die Linie aussieht. Statt gerade ist sie geschwungen. Durch die Drehung des Globus ist sie nach rechts gewandert. Genau das passiert mit den Winden, die wegen der Erdrotation auf der nördlichen Halbkugel scheinbar nach rechts und auf der Südhalbkugel scheinbar nach links wehen.

Jetstream: Kräftige westliche Höhenwinde

Jetstreams sind kräftige Winde hoch in der Atmosphäre zwischen den großen Zellen. Wenn sie feuchte Luft mitführen, bilden sich schmale Wolkenbänder, wie du sie auf diesem Satellitenbild über dem Roten Meer in Afrika siehst.

Hadley-Zelle: Warmluft steigt am Äquator auf und strömt in Richtung der Pole. Bei etwa 30 Grad Nord und Süd sinkt sie ab.

Durch Luftzirkulationen entstehen drei Hauptarten von Zellen. Die dem Äquator am nächsten heißen Hadley-Zellen, nach dem englischen Wissenschaftler George Hadley, der sie 1753 als Erster beschrieb. Die zwischen 30 und 60 Grad befindlichen Ferrel-Zellen sind nach dem Amerikaner William Ferrel benannt, der sie 1856 entdeckte. Die Zellen an den Polen bezeichnet man auch als polare Hadley-Zellen.

Auf diesem Satellitenbild sieht man deutlich, dass aufsteigende Luft entlang dem Äquator und jenseits von 40 Grad unbeständiges, wolkiges Wetter erzeugt, während absinkende Luft bei 30 Grad Nord und Süd klares Wetter hervorruft.

Ferrel-Zelle: Ein Teil der Luft aus der Hadley-Zelle fließt weiter zu den Polen, bevor sie bei etwa 60 Grad nördlicher und südlicher Breite aufsteigt.

Windmühle

## WÖRTERBUCH

Die **PASSATWINDE** heißen auf Englisch „Handelswinde", weil sie so zuverlässig sind, dass sich früher die Segelschiffe nach ihnen richteten.

**ROSSBREITEN** werden so genannt, weil zur Zeit der Segelschifffahrt wegen Windstille viele Pferde auf der Fahrt verhungerten.

## SCHON GEWUSST?

Jetstreams blasen von Westen nach Osten und erreichen Geschwindigkeiten von bis zu 400 km/h – das ist günstig für Flugzeuge, die zum Beispiel von Amerika nach Europa fliegen. Umgekehrt dauert es viel länger. Bei einem Flug gegen die Jetstream-Richtung kann ein Flugzeug so langsam sein, wie ein Auto auf der Autobahn.

## WEGWEISER

- Warum Luft von einem Hoch zu einem Tief wandert, steht auf S. 6–7.
- Winde umkreisen Tiefdruckgebiete wegen der Corioliskraft. So können große Wettersysteme und sogar Wirbelstürme entstehen. Lies dazu S. 28–29.

Weil die Erde eine Kugel ist, nimmt die Wirkung der Corioliskraft von den Polen zum Äquator hin immer weiter ab. Sie bewirkt, dass die Luft auf der Nordhalbkugel Hochdruckgebiete im Uhrzeigersinn umströmt und fällt, während sie Tiefdruckgebiete entgegen dem Uhrzeigersinn umströmt und aufsteigt. Auf der Südhalbkugel ist es umgekehrt.

**Polarzelle:** An den Polen sinkt kalte Luft ab und strömt in Richtung Äquator, bis sie beim Zusammentreffen mit der Ferrell-Zelle aufsteigt.

**Polare Ostwinde:** Kalte Ostwinde wehen zwischen den Polen und 60 Grad

**Rossbreiten:** Windschwache Zonen um den Äquator

## DER MONSUN

Globale Luftströmungen beeinflussen lokale Winde. So bringt der halbjährlich die Richtung wechselnde Monsun starken Regen in den Subtropen, vor allem in Indien und Bangladesch.

Im Winter bildet sich über dem indischen Subkontinent ein kräftiges Hoch. Daraus resultieren Nordostwinde, die feuchte Luft aufs Meer tragen.

**Passatwinde:** Ostwinde wehen in Richtung Äquator

**Westwinde:** warme feuchte Winde aus dem Westen

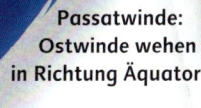

Höhere Sommertemperaturen erzeugen ein Tief über dem Festland. Zu diesem strömt feuchte Meeresluft, die zu starkem Regen und oft zu Überschwemmungen führt.

# Land und Meer

An der Küste ist es meist deutlich kühler ist als im Inland. Der Temperaturunterschied kommt dadurch zustande, dass sich Land und Meer unterschiedlich schnell aufheizen und abkühlen.

Von Landmassen wird Wärme schnell aufgenommen und abgegeben. Ist das Wetter warm, wird auch das Land warm; ist es kalt oder Nacht, kühlt das Land ab. Das Meer dagegen erwärmt sich langsam und kühlt langsam wieder ab. Außerdem ist es immer in Bewegung. Ozeane können also an einem Ort Wärme aufnehmen und anderswo Wärme abgeben. An Küsten kann demnach ein kalter Meeresstrom dem warmen Land Wärme entziehen oder umgekehrt ein warmer Meeresstrom kaltes Land erwärmen.

Durch die unterschiedliche Erwärmung von Land und Meer entstehen außerdem Küstenwinde. An warmen Tagen steigt über Land erwärmte Luft schnell auf: Der Luftdruck fällt. Um den Unterschied auszugleichen, strömt Luft vom Meer nach. Das ist der angenehme, beständige kühle Seewind.

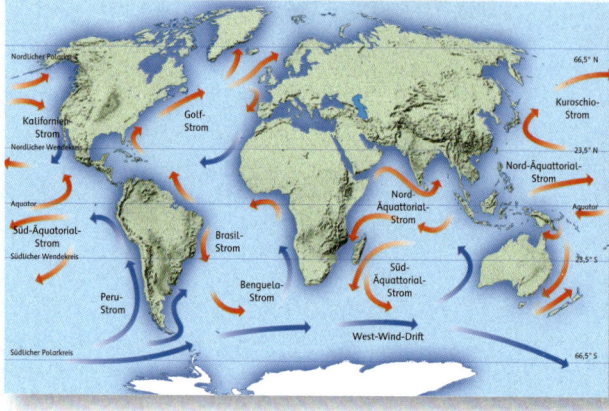

→ Warme Strömungen        → Kalte Strömungen

Die großen Meeresströmungen verdanken ihre Existenz der globalen Luftzirkulation. Sie transportieren warmes und kaltes Wasser rund um die Erde und haben großen Einfluss auf das Wetter. Ein gutes Beispiel ist der Golfstrom, der warmes Wasser aus der Karibik in die Nordsee bringt. Dank des Golfstroms ist das Klima in Nordwesteuropa wesentlich milder, als es ohne ihn wäre.

## SEI AKTIV!

## Ein kleiner Wasserkreislauf

1. Füll eine weite, hohe Schale zur Hälfte mit Wasser und Schlamm.
2. Stell ein Glas mit der Öffnung nach oben in die Schalenmitte. Das Glas darf nicht so hoch sein wie die Schale.
3. Spann Frischhaltefolie über die Schale und leg einen Stein in die Mitte, sodass die Folie durchhängt, ohne das Glas zu berühren.
4. Stell die Schale für ein paar Stunden in die Sonne und sieh dir dann das Glas an. Ist klares, sauberes Wasser darin? Es ist in der Sonne verdunstetes Wasser oder Wasserdampf, der sich an der Folie in Wassertropfen verwandelt hat. Diese Wassertropfen sind von der Folienmitte in das Glas getropft. So schließt sich der Wasserkreislauf, und aus dem schlammigen Wasser hast du sauberes gewonnen.

Wasser verdunstet und bildet Wolken.

### DAS KÜSTENWETTER

Am Tag liegt über der Küstenlinie oft ein langes Wolkenband. Es bildet sich, weil über dem stärker erwärmten Land mehr Luft aufsteigt als über dem kühleren Meer. Wenn die aufsteigende Luft genug Feuchtigkeit enthält, bilden sich schnell Wolken. Die aufsteigende Luft ist auch der Grund für lokale Land- und Seewinde.

## WÖRTERBUCH

Im Gebirge gibt es mehr Niederschlag als anderswo, weil feuchte Luft an Bergen aufsteigen muss. Dabei bilden sich Wolken. Hat eine Luftmasse eine Bergkette überwunden, sinkt sie ab und trocknet aus. Darum ist es im **REGENSCHATTEN** der Berge trocken.

## SCHON GEWUSST?

Die kräftigsten Landwinde treten in der Antarktis auf, wo nächtliche Gebiete tieferen Drucks eiskalte Luft von der Hochebene auf das Meer hinausziehen. Die so entstehenden Winde können 160 km/h überschreiten.

## WEGWEISER

• Wie Druckunterschiede über Land und Meer die Monsunwinde entstehen lassen, steht auf S. 9.
• Wirbelstürme entstehen über dem Meer. Lies auf S. 28.
• Wie veränderte Meeresströmungen zu Dürren führen, steht auf S. 33.

Atmosphäre, Landmassen und Ozeane zusammen halten einen Wasserkreislauf in Gang, der unser Wetter bestimmt und uns mit immer neuem Wasser versorgt. Wenn die Sonne Meere, Seen und Flüsse erwärmt, verdunstet Wasser. Der Wasserdampf bildet Wolken, die wiederum Regen bringen. Ein Teil des Regens wird von Boden und Pflanzen aufgenommen. Der Rest gelangt über Flüsse und unterirdische Wasserläufe wieder ins Meer.

Über Land türmen sich Wolken auf.

Wolken regnen sich ab.

Regenschatten

Regenwasser sammelt sich in Flüssen, Seen und unterirdischen Wasserläufen.

Wasser fließt in Flüssen und unterirdischen Wasserläufen ins Meer zurück.

Am Tag erwärmt sich das Land stärker als das Meer. Die über Land schnell aufsteigende Luft wird durch kühlere Luft vom Meer her ersetzt. Das ist der Seewind.

Nachts kühlt das Land schnell ab, das Meer bleibt warm. Vom tieferen Druck über Land zum höheren über See weht der Landwind.

Wie Seewind die Wolkenbildung beeinflusst, zeigt diese Satellitenaufnahme von Südindien. Über Land, wo warme Luft aufsteigt, haben sich Wolken gebildet. Über der Küste, wo kalte Luft absinkt, ist der Himmel klar.

# Frontensysteme

Wenn zwei Luftmassen unterschiedlicher Temperatur aufeinandertreffen, kommt es entlang einer Linie, die man Front nennt, zu ausgeprägten Wettererscheinungen, vor allem in mittleren Breitengraden.

Wenn Kaltluft auf ortsfeste Warmluft stößt, schiebt sich die kalte Luft wie ein Keil unter die warme Luft und drückt sie nach oben. Das Ergebnis ist eine Kaltfront. Da die Warmluft schnell und steil an der Kaltfront aufsteigt, ändert sich die Temperatur rasch, und es bilden sich große Wolken, aus denen gebietsweise Regen fällt. Wir bekommen nasskaltes Wetter.

Wenn umgekehrt Warmluft auf eine ortsfeste kalte Luftmasse trifft, steigt die Warmluft langsam auf und legt sich über die Kaltluft. Das Ergebnis ist eine Warmfront. Da die aufsteigende Warmluft weniger steil aufsteigt, ändert sich die Temperatur langsamer und es regnet weiträumiger.

Manchmal beginnen Warm- und Kaltluft einander zu umfließen und bilden einen gigantischen Wirbel, das Tiefdrucksystem. Durch die Rotation entstehen ein Tiefdruckgebiet in der Mitte und zwei Fronten, eine Warm- und eine Kaltfront. Während die Fronten das Tiefdruckgebiet umkreisen, entsteht weiträumig veränderliches, oft stürmisches Wetter. Tiefdrucksysteme treten meist in mittleren Breiten auf, wo das Zusammentreffen warmer und kalter Luftmassen am häufigsten vorkommt.

Diese Satellitenaufnahme von einem Tiefdrucksystem zeigt die Kaltfront als Wolkenband, das von der Mitte in den Vordergrund reicht. Die Warmfront erstreckt sich in der Wolke in der Mitte.

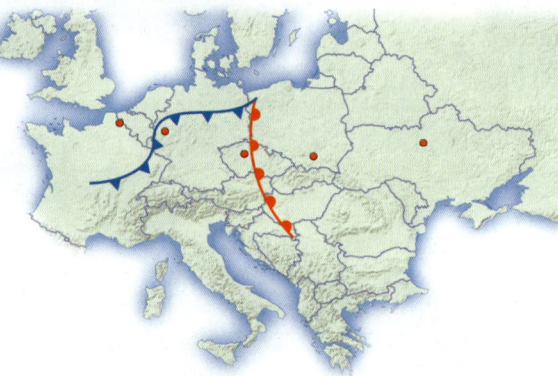

Der Querschnitt unten zeigt ein Tiefdruckgebiet über Nordeuropa. Die genaue Lage ist auf der Karte oben eingezeichnet. Die Kaltfront bringt Westeuropa stürmisches Wetter. Weiter östlich beschert eine Warmfront Teilen Polens leichten Regen. Auf dem Weg nach Osten können sich die Fronten verstärken oder abschwächen.

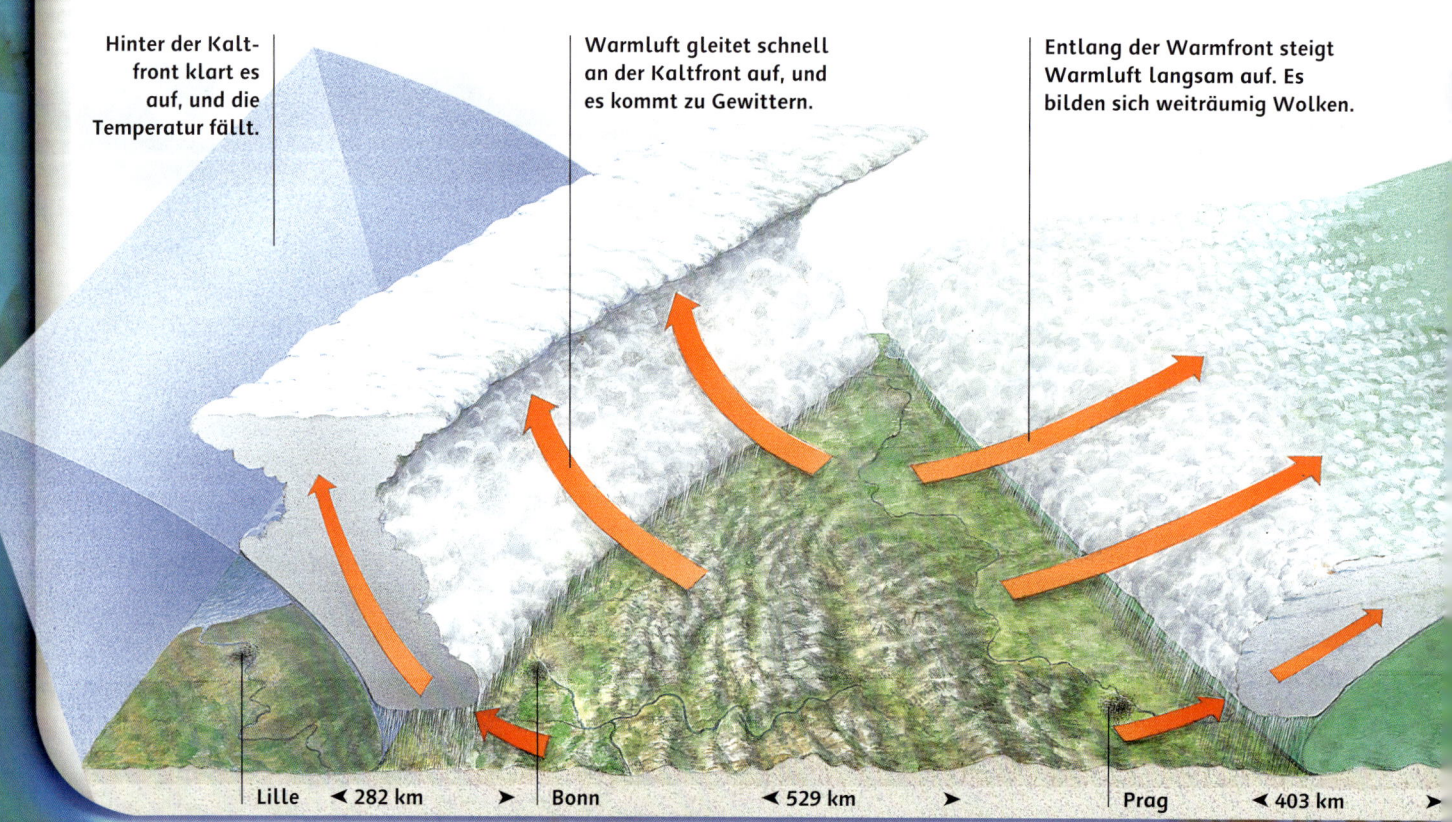

Hinter der Kaltfront klart es auf, und die Temperatur fällt.

Warmluft gleitet schnell an der Kaltfront auf, und es kommt zu Gewittern.

Entlang der Warmfront steigt Warmluft langsam auf. Es bilden sich weiträumig Wolken.

Lille ◄ 282 km ►   Bonn ◄ 529 km ►   Prag ◄ 403 km ►

## WÖRTERBUCH

**OKKLUSION** kommt von lateinisch occludere für „verschließen". Von einer Okklusion der Fronten spricht man, wenn kalte Luft schneller als warme Luft wandert und sie einholt.

## SCHON GEWUSST?

Den extremsten je verzeichneten Temperatursturz innerhalb eines Tages brachte eine Kaltfront in Browning im US-Bundesstaat Montana. Vom 23. auf den 24. Januar 1916 fiel die Temperatur um 56 Grad Celsius: von 7 °C auf −49 °C.

## WEGWEISER

• Vorherrschende Winde treiben Tiefdruckgebiete in mittleren Breiten nach Osten. Mehr über Windsysteme erfährst du auf S. 8–9.
• Die Symbole für Fronten auf der Wetterkarte siehst du gegenüber. Mit Wetterkarten befassen sich S. 40–41.

Eine Warmfront kündigt sich oft durch ein breites Band hoher, fedriger Cirruswolken an. Ihnen folgen Altocumulus- oder Altostratuswolken und dann große, niedrige Stratuswolken, aus denen im Sommer oft leichter Regen und im Winter Schnee fällt.

### WÄRME TRIFFT KÄLTE

Die Darstellungen unten veranschaulichen die Entstehung eines Tiefs, wenn warme und kalte Luftmassen aufeinandertreffen.

An der Grenze zwischen warmer und kalter Luftmasse bildet sich eine ortsfeste Front. Ein Teil der warmen Luft legt sich über die kalte Luft.

INSIDESTORY

# Durchbruch an der Polarfront

1917 tobte der 1. Weltkrieg in Europa, alle internationalen Verbindungen waren unterbrochen und Wetterforscher auf sich allein gestellt. In der norwegischen Stadt Bergen werteten Wissenschaftler unter der Leitung von Vilhelm Bjerknes örtliche Wetterdaten aus, um festzustellen, was passiert, wenn Kaltluft vom Nordpol auf Warmluft aus dem Süden stößt. Sie erkannten schnell, dass solche Zusammentreffen die Ursache für einen Großteil des instabilen Wetters in Nordeuropa waren und sich die meisten Aktivitäten an der Grenze zwischen den Luftmassen abspielten. Bjerknes verglich sie mit den Schlachtlinien in Europa und nannte sie „Fronten". Die Erkenntnisse von Bergen stellten einen Durchbruch in der Untersuchung der Wettersysteme dar und halfen, die Vorhersage in mittleren Breiten zu verbessern.

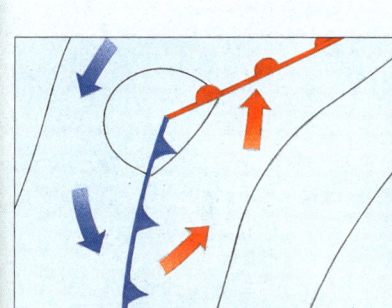

Bei weiter aufsteigender Warmluft bilden sich eine Warmfront und ein Tiefdruckgebiet. Kaltluft strömt ins Tief und bildet eine Kaltfront.

Verbreitete Wolken bringen Schnee und Regen in Polen.

Die anrückende Warmfront führt hohe Wolken heran.

Vorherrschende Westwinde treiben das System nach Weißrussland und die Ukraine.

Die schnellere Kaltfront kehrt sich in Richtung Warmfront um. Sie holt die Warmfront ein und unterbricht den Nachschub an aufsteigender Luft. Man spricht von einer Okklusion der Fronten.

Krakau     ◄ 771 km ►     Kiew

# Klima

Über mehrere Jahre gesehen, bleibt sich das Wetter ziemlich gleich. Dieser gleichmäßige Wetterverlauf in einer Region über einen langen Zeitraum ist ihr Klima.

Das Klima wird durch mehrere Faktoren bestimmt, zum Beispiel geografische Länge und Breite, vorherrschende Winde und Meeresströmungen. Polnahe Landmassen haben ein kaltes Klima, äquatornahe ein heißes. Zwischen den beiden liegen gemäßigte Zonen mit kalten und warmen Jahreszeiten. An den Küsten ist das Klima milder als im Inland, und auf Bergen ist es kälter als im angrenzenden Tiefland.

Das Klima wirkt sich auf die Vegetation in den verschiedenen Weltregionen aus. In den warmen, regenreichen Tropen gedeihen hohe, dichte Wälder, während in heißen, trockenen Zonen, wenn überhaupt, nur niedrige Sträucher ein kümmerliches Leben fristen. Das Klima hat auch Einfluss darauf, wo Menschen leben. Am dichtesten besiedelt sind Gebiete, in denen es weder zu warm noch zu kalt wird und wo es genügend Wasser, Holz und fruchtbaren Boden gibt.

**Nördlich-gemäßigt**
Diese Zone bildet einen breiten Gürtel unterhalb des Polarkreises. Auf lange, kalte, schneereiche Winter folgen milde, nasse Sommer. Hier liegt Anchorage, Alaska (links).

## SEI AKTIV!
## Das Klima einer Region

Wissenschaftler bestimmen das Klima einer Region anhand von Wetterdaten, die im Laufe von 30 Jahren gesammelt wurden.

1. Nimm 15 rote und 15 schwarze Karten aus einem Spiel und mische sie.
2. Zeichne eine horizontale und eine vertikale Linie auf Papier oder Pappe.
3. Decke die Karten einzeln auf. Stell dir vor, die roten Karten stellen Jahre dar, die wärmer und niederschlagsärmer sind als das Durchschnittsjahr, die schwarzen repräsentieren kältere und niederschlagsreichere Jahre. Leg die roten Karten oberhalb, die schwarzen unterhalb der waagerechten Linie aus.

Wenn alle Karten ausgelegt sind, wirst du vermutlich mehrere warme oder kalte Jahre hintereinander haben, aber bei 30 Karten gleichen sich die Verhältnisse insgesamt aus. So betrachtet reichen 30 Jahre in der Regel, um das Klima einer Region zu bestimmen.

Wüste

### VEGETATIONSZONEN

Den Klimazonen der Erde entsprechen vier breite Vegetationsgürtel zwischen dem Äquator und den Polen. Viel Regen in den Tropen bringt Regenwälder hervor. Trockengebiete haben wenig oder gar keine Vegetation. Gemäßigtes Klima lässt Laubwälder oder in nördlichen Breiten Nadelwälder entstehen. Die polaren Zonen sind eisbedeckt; es gibt aber auch kleine Bäume und niedrige Pflanzen.

Regenwald

## WÖRTERBUCH

**TROPEN** leitet sich von griechisch tropai, „Wendekreise" ab; es sind die zwischen den Wendekreisen gelegenenen Klimazonen.

Die Nadelwälder der nördlichen gemäßigten Zone heißen boreale Wälder. Das Wort **BOREAL** kommt von lateinisch boreas, der „Nordwind".

**ARID** leitet sich von lateinisch aridus für „trocken" ab und bezeichnet das trockene Klima der Wüsten.

## SCHON GEWUSST?

Der heißeste Ort der Erde ist Dallol in Äthiopien mit einer über sechs Jahre gemessenen mittleren Temperatur von 34 °C.

Den Kälterekord hält das sibirische Dorf Oimjakon, wo die Temperatur vor Kurzem auf eisige −72 °C fiel.

In der sibirischen Stadt Werchojansk schwanken die Temperaturen zwischen eiskalten −68 °C und heißen 37 °C.

## WEGWEISER

- Das Klima wird von den globalen Winden bestimmt. Siehe S. 8–9.
- Das Gesamtklima der Erde verändert sich. Mehr dazu findest du auf S. 42–43.

## KLIMAZONEN

Wissenschaftler teilen die Welt in Klimazonen ein – also Regionen mit mehr oder minder dem gleichen Wetter. Eine allgemein gültige Einteilung gibt es nicht; die Karte links zeigt eine der üblichsten. Wie man sieht, haben weit voneinander entfernte Regionen das gleiche Klima, zum Beispiel Westkalifornien, Südwestaustralien und Südeuropa: In ihnen allen herrscht mediterranes Klima.

**Polar** Nord- und Südpolregionen haben lange, extrem kalte Winter und nur wenig wärmere Sommer. Es schneit oft und kann sehr windig sein.

**Gemäßigt** Gemäßigte Zonen haben vier ausgeprägte Jahreszeiten; es wird weder extrem warm noch extrem kalt. Auf milde, nasse Winter folgen wärmere, trockenere Sommer.

**Gebirgsklima** Im Gebirge herrscht meist kälteres, feuchteres und windigeres Wetter als im nahen Tiefland. Im Winter fällt viel Schnee.

**Mediterran** Diese Zonen, zu denen auch die Mittelmeerländer gehören, haben warme, trockene Sommer und kühle, feuchte Winter.

**Arid** Diese Zonen haben sehr wenig Regen. Tagsüber ist es heiß, nachts oft sehr kalt. Die Winter können bitterkalt sein.

**Semiarid** Die Temperaturen sind weniger extrem als in ariden Zonen, und es fällt etwas mehr Regen.

**Tropisch** Das Wetter in den Tropen ist heiß und feucht. Regen fällt fast das ganze Jahr, mit Ausnahme einer kurzen Trockenzeit.

**Subtropisch** In heißen Sommern fällt fast so viel Niederschlag wie in tropischen Zonen. Die Winter sind trockener und kühler.

Laubwald

borealer Wald

Tundra

Eisdecke

Cirrostratus

# Wolken

Wenn es sehr kalt ist, bildet sich beim Ausatmen eine kleine Wolke. Das liegt daran, dass die warme, feuchte Atemluft schlagartig abkühlt und die Feuchtigkeit zu feinsten Wassertröpfchen kondensiert – einer Wolke. In der Atmosphäre entstehen Wolken, wenn aufsteigende Luftmassen abkühlen und der Wasserdunst darin in einen anderen Zustand übergeht. Bei Temperaturen über null Grad kondensiert die Feuchtigkeit zu Wasser. Unter null bilden sich kleinste Eiskristalle.

Wir unterscheiden eine ganze Reihe von Wolkenformen, von zarten Wattewölkchen bis hin zu großen weißen Streifen, die sich über den Himmel ziehen. Anfang des 19. Jahrhunderts legte der englische Amateur-Wetterbeobachter Luke Howard Namen für sie fest, die bis heute gelten. Er unterschied drei Wolkenarten: Cumulus (Haufen), Stratus (Schicht) und Cirriis (Federbüschel). Je nach Höhe fügt man lateinische Vorsilben hinzu: Alto für mittelhohe Wolken über 2000 m und Cirro für hohe oberhalb von 5000 m. Weitere lateinische Bezeichnungen dienen der noch genaueren Beschreibung.

Es gibt auch von Menschen verursachte Wolken. Wenn zum Beispiel Flugzeuge in sehr großer Höhe fliegen, gefriert die in den Triebwerksabgasen enthaltene Feuchtigkeit an Staubpartikeln zu Eiskristallen und hinterlässt die sogenannten Kondensstreifen.

Wolken bilden sich von Bodennähe bis hin zum oberen Rand der Troposphäre. Wir unterscheiden sie nach Höhe und Form, indem wir die Vorsilben Alto und Cirro mit den lateinischen Bezeichnungen stratus (Schicht) und cumulus (Haufen) kombinieren. Weitere lateinische Wörter wie humilis (flach, niedrig), undulatus (wellenförmig) und fibratus (faserig) dienen der genaueren Beschreibung. Hohe, schichtartige Wolken aus faserigen Bändern bezeichnen wir demnach als Cirrostratus fibratus, während mittelhohe, flauschige wellenförmige Wolken Altocumulus undulatus genannt werden.

Diese Satellitenaufnahme zeigt hohe Cirruswolken über einer dicken Stratusschicht. Wegen der Eiseskälte in der oberen Troposphäre bestehen Cirruswolken in der Regel aus Eiskristallen.

Wenn Bergketten Luftmassen zum Ansteigen zwingen, können eigenartige linsenförmige Wolken (Altocumulus lenticularis) entstehen, die auch schon mal für UFOs gehalten werden!

# Wolkensüchtig

Asche, die im Sommer 1783 bei Vulkanausbrüchen in Japan und Island in die Atmosphäre gelangt war, färbte die Wolken am Himmel, und ein leuchtender Meteor sorgte für Aufsehen. Diese Ereignisse waren der Beginn einer Leidenschaft für den elfjährigen Luke Howard, der anfing, den Himmel über London zu beobachten und in Zeichnungen und Ölgemälden festzuhalten. Außerdem zeichnete er regelmäßig den Luftdruck auf. Ende 1802 entwickelte Howard ein eigenes System zur Klassifikation von Wolken. Ein solches System gab es zwar schon von dem Franzosen Jean Baptiste Lamarck, aber erst Howard führte Bezeichnungen in Lateinisch ein, der damals international üblichen Sprache der Gelehrten. So kam es, dass sein System weltweit Gültigkeit erlangte.

Stratocumulus

Stratus

## WÖRTERBUCH

**OROGRAFISCH** besteht aus den griechischen Wörtern oros, „Berg", und grafein, „schreiben".

**ALTO** ist von lateinisch altus für „hoch" abgeleitet. Cirro kommt von dem lateinischen Wort **CIRRUS** für „Federbüschel".

## SCHON GEWUSST?

Cumulonimbus oder Gewitterwolken können in Höhen von bis zu 18 000 m reichen.

Die in einer Gewitterwolke enthaltene Energie entspricht der bei einer Atomexplosion freigesetzten Energie.

Eine einzige Gewitterwolke kann 91 000 t Wasser enthalten.

## WEGWEISER

- Warum aus Wolken Regen fällt, steht auf S. 18–19.
- Was passiert in einer Gewitterwolke? Schlag S. 22–23 auf.
- Manche Wolken kündigen einen Wetterwechsel an. Lies darüber auf S. 38–39.

Cirrocumulus

Cumulonimbus

Altostratus

5000 m

Altocumulus

2000 m

Cumulus

Meeresspiegel

## DER WEG NACH OBEN

Wolken bilden sich in der Regel aus aufsteigender Warmluft. Dafür gibt es drei Gründe.

Kondensationshöhe

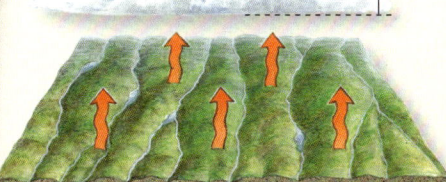

Durch die Bodenerwärmung wird bodennahe Luft erwärmt, die eine Luftmasse zum Ansteigen zwingt. Solange sie wärmer ist als die umgebende Luft, setzt sie ihren Anstieg fort.

Kondensationshöhe

Wenn Luft auf eine Gebirgsbarriere trifft, muss sie aufsteigen. Wir nennen dies einen orografisch bedingten Anstieg. Über dem Gebirge bilden sich häufig Wolken und Regen.

Kondensationshöhe

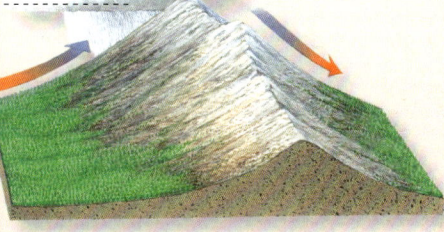

Wenn zwei unterschiedlich warme Luftmassen an einer Front aufeinandertreffen, steigt die wärmere auf. Enthält sie ausreichend Feuchtigkeit, bilden sich Wolken.

# Niederschlag

Erst wenn Wassertröpfchen und Eiskristalle in Wolken eine bestimmte Größe erreicht haben, fallen sie zur Erde – entweder als Regen, Schnee oder Hagel. Wissenschaftler nennen das „Niederschlag".

Ein normaler Regentropfen ist etwa hundertmal so groß wie ein Wolkentröpfchen. Wissenschaftler unterscheiden zwei Hauptarten, wie Regen und Schnee entstehen. Die erste wird Koaleszenz genannt und ist ein Verschmelzungsprozess, der einsetzt, wenn Wassertröpfchen in der Wolke vom Wind hin und her geschleudert werden und aufeinanderprallen. Wenn sie eine gewisse Größe erreicht haben, beginnen sie zu fallen, wobei sie auf andere treffen und sich weiter vergrößern. Die andere Möglichkeit ist, dass Wassertröpfchen sich bei Temperaturen um den Nullpunkt an Eiskristalle anlagern, die so groß werden, dass sie fallen.

Hagel entsteht dagegen nur in hoch reichenden Gewitterwolken, in denen starke Auf- und Abwinde toben. Die Winde wirbeln die Eiskristalle in der Wolke auf und ab, wobei sich immer mehr Eisschichten anlagern. Ihr Gewicht lässt sie schließlich zur Erde fallen.

In kalter Luft lagern sich Wassertröpfchen an Eiskristalle an. Die Kristalle wachsen, bis sie so groß sind, dass sie fallen.

In warmer Luft verschmelzen Wassertröpfchen miteinander. Sind die Tropfen groß genug, fallen sie.

Eine große Cumulonimbuswolke kann jede Art von Niederschlag bringen. In welcher Form er niedergeht, hängt davon ab, wie er entsteht und wie kalt die Luft zwischen der Wolke und dem Erdboden ist.

Regen

Liegen die Temperaturen unter der Wolke über null, kommen Wassertröpfchen und Eiskristalle als Regen auf der Erde an. Liegen sie unter null, bleiben die Eiskristalle gefroren. Das Ergebnis am Boden: Schnee oder gefrierender Regen.

## INSIDESTORY

## Der Regenmacher

Die meisten kannten ihn nur als den „Regenmacher": Charles Hatfield aus Oceanside, Kalifornien. Hatfield behauptete 1902, eine Methode entwickelt zu haben, Regen zu erzeugen. Im Jahr 1915 bot er sich an, in San Diego eine Dürre zu beenden – für 10000 Dollar. Er machte sich an die Arbeit, und Tage später begann es zu regnen. Es goss wochenlang, Flüsse traten über die Ufer, Häuser standen unter Wasser und Brücken wurden weggerissen. Es gab keinen Beweis, dass Hatfield den Regen gemacht hatte. Aber das hinderte die Stadt nicht daran, ihm einerseits Vorwürfe zu machen – und ihm andererseits den Lohn zu verweigern.

**REGEN UND SCHNEE**
Regen- und Schneefälle haben verschiedene Bezeichnungen, je nachdem, wie lange sie dauern, wie kräftig sie sind und in welcher Form der Niederschlag zu Boden fällt.

Es gibt starken und leichten Regen. Die leichteste Form ist Sprühregen. Regen, der verdunstet, bevor er den Boden erreicht, heißt Virga. Bei gefrierendem Regen verwandeln sich die Tropfen auf dem Weg zur Erde in Eis. Große Cumuluswolken (links) regnen sich in der Regel in örtlich begrenzten Schauern ab. Dicke Schichtwolken bringen meist längeren Landregen.

### WÖRTERBUCH

**VIRGA** ist lateinisch für „Streifen" und bezeichnet den Niederschlagsstreifen unter einer Wolke, der verdunstet, ehe er zu Boden fällt.

Wenn Wolken Niederschläge bringen, hängt man **NIMBUS** (lateinisch: Schauer) an ihren Namen an.

### SCHON GEWUSST?

Am regenreichsten Ort der Erde, Mount Waialeale auf Hawaii, regnet es 350 Tage im Jahr.

Die schwersten Hagelkörner gingen 1986 in Bangladesch nieder. Sie wogen 1 kg und töteten 92 Menschen.

### WEGWEISER

• Gewitter bringen Hagel hervor. Mehr dazu findest du auf S. 22.
• Schwere Regenfälle können zu Überschwemmungen führen. Lies S. 30–31.
• Mehr über die vielen Formen der Schneeflocken steht auf S. 34–35.

Hagel entsteht, wenn Eiskörner von Luftströmungen (dargestellt als Pfeile) in einer Wolke umhergewirbelt werden. Dabei lagert sich Eisschicht für Eisschicht an die Körnchen an.

Schnee

Hagel

Wenn es nach dem Volksmund geht, kann es Bindfäden regnen oder sogar junge Hunde. Die Angelsachsen gehen weiter und lassen sogar „Hunde, Katzen und Mistgabeln" vom Himmel fallen.

Bei tiefen Temperaturen gibt es kleine, trockene Schneeflocken, den sogenannten Pulverschnee. Bei Temperaturen knapp unter null Grad sind die Schneeflocken größer und nasser: Der klebrige Schnee ist ideal für eine Schneeballschlacht!

Schneeflocken sind winzige Eiskristallgruppen. Ihre Form und Größe variiert unendlich je nach Temperatur und Feuchtigkeit der umgebenden Luft.

# Farbenspiel

An einem ganz normalen Sommertag scheint die Sonne von einem strahlend blauen Himmel. Später tauchen weiße Schäfchenwolken auf, die aufquellen und erst blassgrau, dann schiefergrau und zuletzt fast schwarz werden. Nach einem heftigen Schauer stehen zwei Regenbogen am Horizont. Die Wolken lösen sich auf und in der Abenddämmerung durchläuft der Himmel die ganze Palette von Gelb, Gold, Orange, Rot und Lila.

Das Sonnenlicht setzt sich aus sieben Farben zusammen: Rot, Orange, Gelb, Grün, Blau, Indigo und Violett, den Farben des Spektrums, die zusammen Weiß ergeben. Regentropfen zerlegen weißes Licht und machen die sieben Farben sichtbar. Dunst und Staub in der Luft streuen Farben. Manche werden stärker gestreut als andere; deshalb verändert der Himmel seine Farbe mit dem Stand der Sonne und der Menge Staub und Dunst. Dabei kommt es zum grünen Strahl, der über der auf- oder untergehenden Sonne erscheint. Wenn die Sonne am Horizont auftaucht oder verschwindet, wird ihr Licht von der Atmosphäre gebrochen, und nacheinander tauchen die Farben des Spektrums kurz auf, als Erstes und als Letztes Grün, weil Blau, Indigo und Violett vom Staub in der Atmosphäre verschluckt werden.

Die Farben am violetten Ende des Spektrums werden von Wassertropfen und Staub in der Luft stärker gestreut als die am roten Ende. Bei hohem Sonnenstand und klarer Luft ist der Himmel von einem Gemisch aus Violett, Blau, Indigo und Grün überzogen, das wir als Blau sehen. Am Abend muss das Sonnenlicht mehr Staub und Dunst passieren, und die Farben am roten Ende des Spektrums werden gestreut. Der Himmel färbt sich erst gelb, dann orange und rot.

## SEI AKTIV!

### Dein Regenbogen

1. Füll eine große Schüssel mit Wasser. Halt einen Spiegel schräg hinein; pass auf, dass er nicht wackelt. Wenn nötig, fixiere ihn mit Knete am Boden der Schale.
2. Stell die Schüssel in die Sonne, sodass die Sonnenstrahlen durch das Wasser auf den Spiegel fallen. Wenn du nun ein Blatt weißes Papier vor dem Spiegel langsam hin und her bewegst, solltest du einen Regenbogen sehen.

So wie Regentropfen das Sonnenlicht brechen und reflektieren, sodass ein Regenbogen entsteht, fächern auch das Wasser und der Spiegel das Licht und lassen die Regenbogenfarben sichtbar werden.

Von Zeit zu Zeit erscheinen am nächtlichen Himmel über den Polen farbige Lichtstreifen: die Polarlichter. Sie treten auf, wenn von der Sonne ausgehende elektrisch geladene Teilchen in der Atmosphäre auf Sauerstoff- und Stickstoffmoleküle treffen.

Alle Farben werden gleichermaßen gestreut.

Die Wassertröpfchen in Wolken streuen alle Farben des Lichts gleichermaßen. Deshalb sehen wir weiße Wolken. Wenn andere Wolken sie überschatten, erscheinen sie grau oder schwarz.

## WÖRTERBUCH

**IRISIEREN** kommt von iris, dem griechischen Wort für „Regenbogen".

**SPEKTRUM** war ursprünglich ein lateinisches Wort und bedeutet „Erscheinung". Mit Spektrum meinen wir alle sichtbaren Farben.

**HALO** kommt von dem griechischen Wort halos für Hof um Sonne oder Mond.

## SCHON GEWUSST?

Regenbogen lösen sich in der Regel schnell wieder auf. In Sheffield, England, allerdings war am 14. März 1994 ein Regenbogen sechs Stunden lang zu sehen, von 9 bis 15 Uhr. Es war der bisher am längsten anhaltende Regenbogen.

## WEGWEISER

• Polarlichter entstehen im obersten Stockwerk der Atmosphäre. S. 4–5.
• Wie Wolken heißen, steht auf S. 16.
• Wann Wassertröpfchen aus Wolken in Form von Regen zur Erde fallen, erfährst du auf S. 18–19.

## DIE MAGIE DES LICHTS

Wassertröpfchen und Eiskristalle können weißes Licht brechen, sodass es in die Farben des Spektrums zerlegt wird. Dadurch kommt es zu geheimnisvollen Lichteffekten.

Manchmal lassen Wassertröpfchen eine unregelmäßig geformte Wolke in den Regenbogenfarben schillern. Sie verändern sich langsam, wenn die Wolke weiterzieht.

Wenn die Sonne durch eine gleichmäßig dünne, hohe Wolkenschicht aus Eiskristallen scheint, hat sie manchmal einen farbigen Ring, der Halo genannt wird.

Regentropfen brechen und reflektieren die Sonnenstrahlen. Jede Farbe wird in einem etwas anderen Winkel reflektiert, wodurch Farbbänder am Himmel entstehen.

Pileus über
Cumulus

Cumulonimbus
mit Amboss

Mammatuswolken
unter Amboss

# Gewitter

Ein Gewitter gehört zu den beeindruckendsten Schauspielen der Natur. Damit es sich zusammenbraut, müssen in der Atmosphäre verschiedene Voraussetzungen erfüllt sein: warme, aufsteigende Luftmassen, viel Wasserdampf und niedrige Temperaturen in mittleren und höheren Bereichen der Atmosphäre.

Feuchtwarme, aufsteigende Luftströmungen, sogenannte Aufwinde, befördern Feuchtigkeit in höhere Regionen, wo die Luft abkühlt und aus dem Wasserdampf eine Wolke wird. Da Luft aufsteigt, solange sie wärmer ist als ihre Umgebung, wächst die Wolke immer weiter. Bei schnellem Aufstieg der Luft bildet sich manchmal eine kappenförmige Begleitwolke über der Hauptwolke – der Pileus, Vorbote eines nahenden Gewitters.

Ein Cumulonimbus, eine Gewitterwolke, kann sich bis zur Tropopause auftürmen, wo der obere Teil abkühlt und sich ambossförmig ausbreitet. Bei sehr kräftigen Aufwinden kann die Wolke die Tropopause auch durchbrechen und einen so genannten Dom bilden. Abwärts gerichtete Luftströmungen, Abwinde genannt, entstehen. In den schnellen Auf- und Abwinden wachsen Wassertropfen und Eiskristalle; es kommt zu Regen und Hagel. Gleichzeitig bauen sich entgegengesetzte elektrische Felder auf, die Blitze verursachen. Wenn die Abwinde zahlreicher sind als die Aufwinde, schwächt sich das Gewitter ab und die Wolke löst sich auf.

## INSIDESTORY
## Sturmreiter

Er hatte keine andere Wahl: Am 27. Juli 1959 katapultierte sich der US-Marineflieger William H. Rankin mit dem Schleudersitz aus seinem defekten Düsenjäger und öffnete den Fallschirm. Minuten später befand er sich mitten „in einem wütenden Wolkenmeer" – einem Gewitter.

Mächtige Winde warfen ihn wie einen Spielball hin und her und auf und ab. Es war eisig kalt. Hagel und Regen peitschten ihm ins Gesicht, sodass er glaubte, ertrinken zu müssen. Jeder Donnerschlag fuhr ihm in die Knochen und blendende Blitze versengten seine Kleidung.

Nach 40-minütiger grauenvoller Achterbahnfahrt gab die Gewitterwolke Rankin endlich frei, und er schwebte zu Boden. Er war der erste amerikanische Pilot, der einen Fallschirmabsprung in einem schweren Gewitter überlebt hatte.

An der Unterseite einer Gewitterwolke treten manchmal blasenartige, sogenannte Mammatuswolken auf. Sie entstehen, wenn kräftige Abwinde warme, feuchte Luftpakete in kühlere Luftbereiche befördern. Die Feuchtigkeit kondensiert zu dieser eigenartigen Wolkenformation. Piloten wissen, dass in diesen Wolken schwere Turbulenzen herrschen, und umfliegen sie in großem Bogen.

## 📖 WÖRTERBUCH

**MAMMALATUS** ist lateinisch für „weibliche Brust". Damit sind die hängenden Auswüchse an der Unterseite von Gewitterwolken gemeint.

**AMBOSS** heißt lateinisch incus und eine Ambosswolke **CUMULONIMUBUS INCUS**.

## ✦ SCHON GEWUSST?

Während du dies liest, toben sich weltweit rund 2000 Gewitter aus.

Von allen Städten der Erde hat Tororo in Uganda im Jahresdurchschnitt die meisten Gewittertage. Von 1967 bis 1976 wurden dort durchschnittlich 251 Gewittertage jährlich registriert.

## ➡ WEGWEISER

• Wie aus Wassertropfen und Eiskristallen Regen, Schnee oder Hagel wird, erfährst du auf S. 18–19.
• Alles über Blitze steht auf S. 24–25.
• Gewitter können die stärksten Winde hervorbringen. Siehe S. 26–27.
• Mit dem Flugzeug ins Auge eines tropischen Wirbelsturms geht es auf S. 28.

Ein Gewitter kann aus einer oder mehreren Wolken bzw. Zellen bestehen. Folglich spricht man auch von ein- oder mehrzelligen Gewittern. Wie dramatisch mehrere Gewitterzellen aussehen können, zeigt dieses Foto, aufgenommen aus der Raumfähre Discovery – hier über dem Pazifischen Ozean bei Hawaii.

Diese riesige Gewitterwolke steht drohend über der nordaustralischen Stadt Darwin. Die breite Front an der Unterseite nennt man Wolkenwand. Sie kündigt oft ein besonders starkes Gewitter mit sintflutartigem Regen, stürmischem Wind und Hagel an.

### EIN GEWITTERLEBEN

Gewitter durchlaufen gewöhnlich drei Entwicklungsphasen. Diese können in 15 Minuten vorüber sein oder mehrere Stunden dauern.

Aufsteigenden Luftmassen tragen Wasserdampf in kühlere Luft. Die Feuchtigkeit kondensiert zu einer Cumuluswolke.

Der Cumulonimbus türmt sich bis zur Tropopause auf. Dort flacht er sich ab und bildet einen Amboss aus. Luftmassen fallen und erzeugen kräftige Abwinde.

Mehr Abwinde als Aufwinde schneiden den Nachschub an warmer, aufsteigender Luft ab. Die Wolke löst sich auf. Übrig bleiben eine kleinere Cumuluswolke und ein paar faserige Cirruswolken.

23

# Zuckende Blitze

Blitze gehören zu den spektakulärsten Kräften der Natur. Sie kommen zustande, wenn sich in einer Gewitterwolke entgegengesetzte elektrische Felder aufbauen. Wie das geschieht, ist Wissenschaftlern noch nicht ganz klar.

Man vermutet, dass Aufwinde positive Ladungen in die Höhe tragen, während Abwinde negative Ladungen mit sich nach unten reißen. Die entgegengesetzten Ladungen ziehen sich an, und die Anziehung wird schließlich so groß, dass Elektrizität von einem Feld zum anderen überspringt, also Spannung sich entlädt. Die Entladung, die als linienförmiger oder gezackter Blitz zu sehen ist, erzeugt intensive Hitze, durch die sich die Luft schnell ausdehnt und wieder zusammenzieht. Dabei entsteht ein lauter Knall, der Donner. Da Schall sich langsamer fortpflanzt als Licht, nehmen wir den Blitz oft Sekunden vor dem Donner wahr.

Die meisten Blitze treten innerhalb einer Wolke auf. Sie suchen sich aber auch den Weg zum Erdboden. Da sie bevorzugt in hohe Objekte und offene Flächen einschlagen, solltest du bei Gewitter unbedingt Bäume oder Berge meiden. Am besten bleibst du im Haus. Sicher bist du auch im Auto, solange du kein Metall berührst. Lass die Finger von Wasserhähnen und elektrischen Geräten – Blitze können auch Wasserrohre und Elektrokabel entlangwandern.

**Wir nehmen Blitze zwar als eine Linie oder als einmaliges Aufleuchten wahr. In Wirklichkeit aber wandert die Spannung durchschnittlich viermal zwischen zwei Feldern hin und her. So entsteht der zuckende Effekt. Du kannst die Entfernung des Gewitters berechnen, indem du die Sekunden, die zwischen Blitz und Donner vergehen, durch drei teilst. Das ergibt die Entfernung in Kilometern.**

**Gelegentlich bildet der Blitz eine leuchtende Kugel, die sich rollend durch die Luft bewegt, dann verschwindet oder mit einem Knall explodiert.**

**Blitze entladen sich in einer Wolke oder zwischen entgegengesetzten Ladungen benachbarter Wolken.**

### VERZWEIGTE BLITZE

Die meisten Blitze treten innerhalb von Wolken auf. Aber wenn entgegengesetzte Ladungen anderswo vorhanden sind, zieht es sie auch dorthin. Die drei häufigsten Blitzarten sind rechts zu sehen.

### WÖRTERBUCH

FLÄCHENBLITZE, die manchmal ganze Himmelsbereiche erhellen, sind in Wahrheit Blitze, die sich von Wolke zu Wolke oder Wolke zu Luft entladen und deren Aufleuchten von anderen Wolken reflektiert wird.

Manchmal sieht man an hohen Objekten unter Gewitterwolken Funken. Seeleute bemerkten die Erscheinung als Erste an den Masten ihrer Schiffe und nannten sie nach ihrem Heiligen ELMSFEUER.

### SCHON GEWUSST?

In jeder Sekunde schlagen auf der Erde etwa 100 Blitze ein.

Es stimmt nicht, dass der Blitz nur einmal an einem Ort einschlägt. Etwa 500-mal jährlich trifft es das Empire State Building in New York. Ungefähr 400 Menschen werden jedes Jahr in Nordamerika Opfer eines Blitzschlags. Roy C. Sullivan aus Virginia hatte besonderes Pech: Ihn traf es zweimal.

### WEGWEISER

- Heftige Luftströmungen, die Auf- und Abwinde, könnten die Ursache für Blitze sein. Lies S. 22–23.
- Wenn du mehr über Wolken wissen willst, lies weiter auf S. 16–17.
- Durch Blitzschlag sterben mehr Menschen als durch Wirbelstürme. Vor schweren Gewittern werden deshalb Warnungen herausgegeben. S. 40–41.

## SEI AKTIV!

# Ein Miniblitz

Zum Blitzemachen brauchst du Plastikfolie, eine Metallschüssel, einen Gummihandschuh und eine Gabel und – am besten – ein dunkles Zimmer.

1. Kleb die Folie mit Tesa auf einer Tischplatte fest.
2. Zieh den Gummihandschuh an, nimm die Schüssel und reibe sie fest über die Folie.
3. Nimm die Gabel in die andere Hand und halte sie nahe an den Schüsselrand. Von der Schüssel zur Gabel springt ein Funken über.

Durch die Reibung kommt es zur elektrostatischen Aufladung der Schüssel. Diese entlädt sich, sowie sie in die Nähe eines entgegengesetzt geladenen Gegenstands (der Gabel) kommt. Es entsteht ein Miniblitz.

Wenn es auf dem Erdboden eine positive Ladung gibt, kann sich der Blitz den Weg vom unteren Rand der Wolke zum Boden bahnen.

Elektrizität kann sich auch zwischen Wolke und entgegengesetzt geladener Luft entladen.

# Tornados

Aus der geschlossenen, schwarzen Unterseite einer riesigen Gewitterwolke dringt langsam eine Art Schlauch hervor. Wenn er den Erdboden erreicht, wirbeln Staub und Gegenstände durch die Luft. Der Schlauch schwillt an, je näher er kommt, und ein Dröhnen ertönt wie von einem nahenden Frachtzug. Höchste Zeit, Schutz zu suchen – ein Tornado ist im Anmarsch!
Tornados haben eine ungeheure Zerstörungskraft. Die wirbelnden Lufttrichter können bis 1500 Meter breit sein, erreichen Geschwindigkeiten von mehr als 100 km/h, und die Windgeschwindigkeit in ihrem Innern kann bis zu 800 km/h betragen – das sind die höchsten Windgeschwindigkeiten überhaupt. Tornados hinterlassen eine Schneise der Verwüstung aus entwurzelten Bäumen, zertrümmerten Autos und zerstörten Häusern.
Tornados kommen am häufigsten in den Vereinigten Staaten vor – mehr als 1000-mal pro Jahr. Am gefährdetsten ist eine Zone, die sich von Texas durch Oklahoma, Kansas, Missouri und Nebraska erstreckt. Man nennt sie „Straße der Tornados". Hier ereignen sich die schlimmsten Tornados, darunter der verheerende Tornado, der am 18. März 1925 von Missouri aus 350 km weit nach Osten zog.
In Mitteleuropa sind diese Wirbelstürme weniger stark – hier werden sie als Tromben bezeichnet.

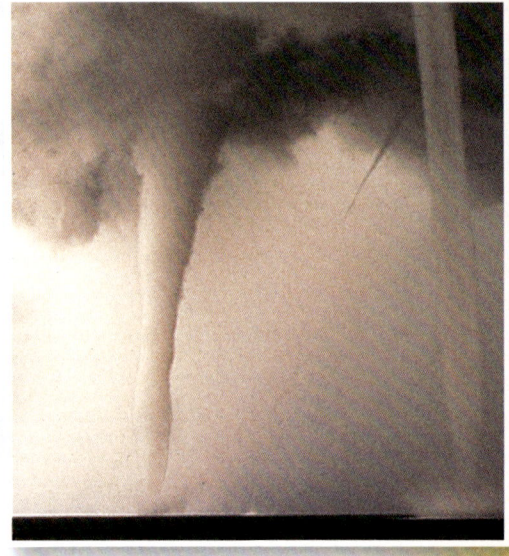

Luftwirbel über dem Meer werden Wasserhosen genannt. Anstelle von Sand saugt die aufsteigende Luft Wasser an und bildet eine Wassersäule. Wasserhosen sind schwächer als Tornados, können aber Boote und Schiffe zum Kentern bringen.

Schwächere Wirbelstürme können auftreten, wenn wechselnde Winde eine aufsteigende Luftmasse in Rotation versetzen. Wenn diese Wirbel Sand ansaugen, nennt man sie auch Sandhose oder Sandteufel.

## INSIDESTORY
## Die Jagd geht weiter

Wenn in der „Straße der Tornados" eine mächtige Gewitterwolke auftaucht, suchen die meisten Menschen sofort Schutz. Warren Faidley dagegen schnappt sich seine Kamera, steigt in seinen umgebauten und verstärkten Truck und begibt sich ins Zentrum der Gefahr. Der hauptberufliche Katastrophenwetter-Fotograf fährt jedes Frühjahr Tornados hinterher, quer durch den Mittleren Westen der Vereinigten Staaten. Warrens Leidenschaft begann 1988, als die Zeitschrift Life ein Foto von einem Blitz veröffentlichte, das er aufgenommen hatte und ihm den Titel „Gewitterjäger" verpasste. Nun wollte er das „perfekte Tornadofoto". Im Mai 1993 fotografierte er in Texas sieben Tornados an einem einzigen Tag. 1997 gelang es ihm als vermutlich Erstem, einen ausgewachsenen Tornado zu filmen. Inzwischen besitzt er Tausende von spektakulären Bildern, die weltweit veröffentlicht werden. Bei der Arbeit hat ihn einmal ein Blitz zu Boden geworfen, einmal wurde er fast aus dem Auto gerissen. Doch da er das „perfekte" Bild noch nicht hat, macht er weiter.

## WÖRTERBUCH

**TORNADO** kommt von spanisch tornada, was „Gewitter" heißt.

**TROMBE** ist französisch und bedeutet „Trompete". Tatsächlich erinnert eine wirbelnde Luftsäule an diese Form.

**ROTATION** ist das lateinische Wort für „kreisförmige Umdrehung".

## SCHON GEWUSST?

Bei einem Tornado in Great Bend, Kansas, wurde 1915 eine zwei Kilo schwere Mehlpackung 175 km weit durch die Luft getragen.

Der stärkste, bisher in einem Tornado gemessene Wind wurde 1958 in Wichita Falls in Texas gemessen. Er hatte eine Geschwindigkeit von 450 km/h.

Vom 3. auf den 4. April 1974 traten im Süden und Mittelwesten der USA 148 Tornados in 24 Stunden auf.

## WEGWEISER

• Tornados entstehen bei Gewittern. Alles, was du über Gewitter wissen willst, steht auf S. 22–23.
• Tornados werden oft von Blitzen begleitet. Schlag S. 24–25 auf, um dich über Blitze zu informieren.

### EIN TORNADO ENTSTEHT

Tornados sind immer von schweren Gewittern begleitet und entwickeln sich wie unten beschrieben.

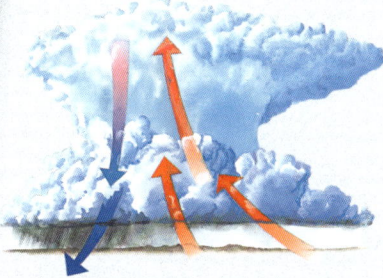

Eine große Gewitterwolke beginnt sich infolge der Corioliskraft zu drehen. Auf der nördlichen Halbkugel dreht sie sich gegen den Uhrzeigersinn, auf der südlichen Halbkugel mit dem Uhrzeigersinn.

**Die schnell rotierende Luftsäule an der Unterseite eines Tornados wird Trichter genannt. Dieser Trichter erzeugt nicht nur gewaltige Winde, sondern saugt auch Luft nach oben. In der Regel erkennt man ihn an dem Staub, den er aufnimmt, aber er kann auch unsichtbar bleiben. Manchmal bilden sich zwei oder drei Trichter. Die Windgeschwindigkeiten im Trichter zu messen ist fast unmöglich, weil die Mess-instrumente der Wucht der Winde nicht standhalten.**

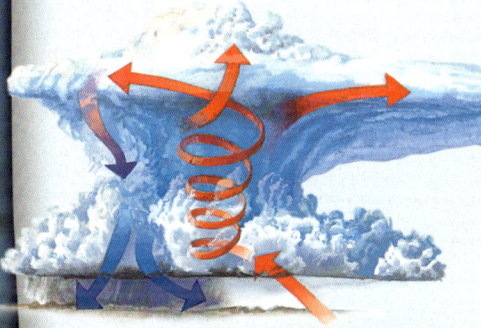

Durch die Rotation entsteht im Zentrum ein Gebiet niedrigen Drucks, das weitere Warmluft ansaugt, und der Sturm wird in noch schnellere Drehung versetzt. Dabei bildet sich ein Trichter aus.

Der Trichter schraubt sich wie ein Korkenzieher durch die Wolke nach unten.

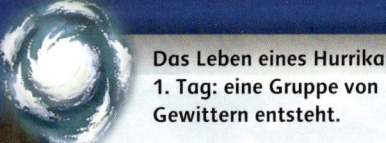
Das Leben eines Hurrikans
1. Tag: eine Gruppe von
Gewittern entsteht.

2. Tag: Die Gewitter
beginnen sich zu umkreisen.

3. Tag: Die Spirale ist
deutlich zu erkennen.

# Hurrikane

Zu den zerstörerischsten Naturgewalten gehört der Hurrikan –
ein tropischer Wirbelsturm, der sich über warmen Meeren entwickelt. Er kann bis zu 800 km Durchmesser haben und kommt
mit starkem Regen, Windgeschwindigkeiten bis zu 300 km/h
und gewaltigen Flutwellen daher.

Ein Hurrikan, in Südostasien Taifun, im Indischen Ozean und
Australasien Zyklon genannt, entsteht im Sommer über warmen
Meeren. Die Keimzelle eines Hurrikans ist eine Gewittergruppe
nahe dem Äquator. Wenn so eine Gruppe über 5 Grad
nördlicher oder südlicher Breite hinauszieht, beginnt sie sich
zu drehen.

Je weiter sie sich vom Äquator entfernt, desto schneller wird
die Rotation und desto größer die Energie des Sturms.
Erreichen die Windgeschwindigkeiten 120 km/h, spricht
man von einem Hurrikan. In seiner Mitte, dem „Auge",
ist es wolkenlos und windstill.

Auf dem Festland hinterlässt ein Hurrikan eine breite Spur
der Verwüstung. Aber wenn er nicht mehr über dem Meer
ist, fehlt ihm der Nachschub an feuchtwarmer Luft, und er
flaut ab.

INSIDESTORY
## Flug ins Auge

Schnall dich gut fest! Es wird ein unruhiger Flug. Du
begleitest die 53. US-Wetterbeobachtungsstaffel auf
einem ihrer regelmäßigen Flüge von Mississippi, USA,
ins Auge eines Hurrikans. Nach zwei Stunden erreicht
ihr den Sturm. Die Maschine kämpft sich durch
dunkle Wolken. Regen und Hagel prasseln gegen
die Scheiben. Es ist pechschwarz, von ein paar
grellen Blitzen abgesehen. Am Rand des Auges sackt
das Flugzeug plötzlich durch. Dir wird fast schlecht.
Dann ist es auf einmal ganz still. Die Sonne blendet.
Über dir blauer Himmel. Ihr seid im Auge des Sturms.

Jetzt müssen die Männer
zwei Stunden arbeiten.
Dann geht es zurück
nach Hause.

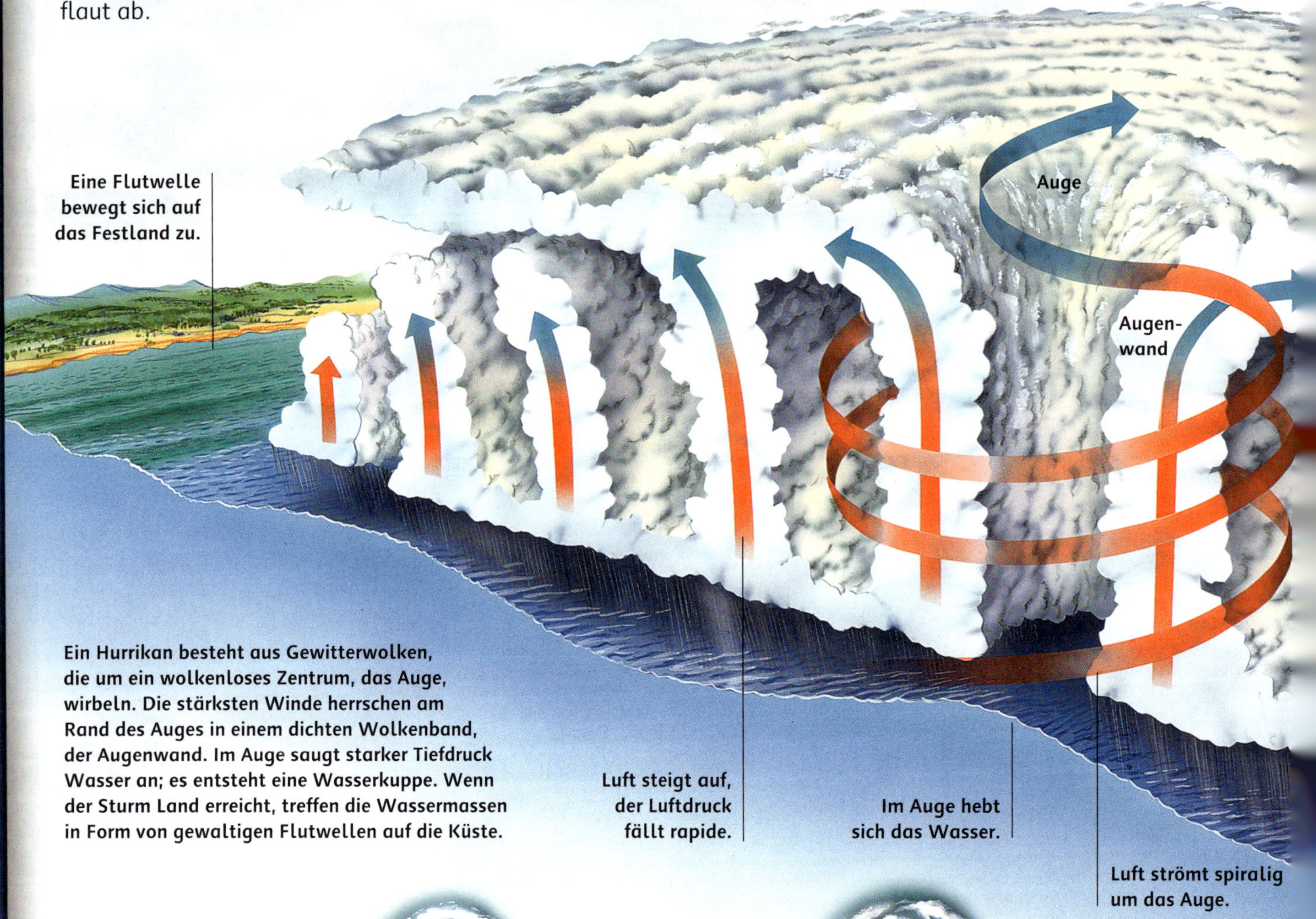

Eine Flutwelle
bewegt sich auf
das Festland zu.

Auge

Augen-
wand

Ein Hurrikan besteht aus Gewitterwolken,
die um ein wolkenloses Zentrum, das Auge,
wirbeln. Die stärksten Winde herrschen am
Rand des Auges in einem dichten Wolkenband,
der Augenwand. Im Auge saugt starker Tiefdruck
Wasser an; es entsteht eine Wasserkuppe. Wenn
der Sturm Land erreicht, treffen die Wassermassen
in Form von gewaltigen Flutwellen auf die Küste.

Luft steigt auf,
der Luftdruck
fällt rapide.

Im Auge hebt
sich das Wasser.

Luft strömt spiralig
um das Auge.

6. Tag: Der Hurrikan
hat ein Auge entwickelt.

12. Tag: Der Hurrikan löst sich
nach Erreichen des Festlands auf.

28

## WÖRTERBUCH

**TAIFUN** kommt vom chinesischen Wort tai-fung, der „große Wind".

**HURRIKAN** ist aus einem indianischen Wort für „Orkan" entstanden, das die Spanier als huracan übernommen haben.

**ZYKLON** beruht auf dem griechischen Wort kyklós für Kreis.

## SCHON GEWUSST?

Wirbelstürme können den Äquator nicht überqueren, weil die Corioliskraft in seiner Nähe zu gering ist. Sie lösen sich auf.

Hurrikan Katrina, der 2005 u. a. New Orleans heimsuchte, gilt als einer der verheerndsten Naturkatastrophen der USA.

## WEGWEISER

• Wirbelstürme entstehen durch feuchtwarme Luft, die am Äquator aufsteigt. Mehr darüber auf S. 8–9.
• Wie Regen in einer Wolke entsteht, kannst du auf S. 18–19 nachlesen.
• Eine Infrarotaufnahme eines Hurrikans siehst du auf S. 36–37.

Kräftige Winde im Gefolge eines Hurrikans können Häuser einreißen, Bäume entwurzeln und Autos und Boote durch die Luft wirbeln.

### STURMWACHE

Jeder Hurrikan erhält einen (abwechselnd männlichen und weiblichen) Namen und steht unter ständiger Beobachtung durch lokale Wetterstationen.

Als Hurrikan Elena 1985 den Golf von Mexiko erreichte, ließ die amerikanische Regierung 1 Million Menschen aus Florida und Louisiana evakuieren – es war die umfangreichste Evakuierungsaktion der amerikanischen Geschichte. Elena nahm jedoch Kurs auf Mississippi und verursachte dort Schäden in Höhe von 1,3 Milliarden Dollar.

Sobald ein Hurrikan in Reichweite des Küstenradars kommt, kann er verfolgt und beobachtet werden.

Gewitterwolken

Illustration nicht maßstabsgetreu

Auf der Grundlage der Radar- und Satellitendaten entstehen Computermodelle. Sie helfen, die Stärke des Hurrikans vorauszusagen und entsprechende Warnungen auszugeben.

Bevor ein Hurrikan das Festland erreicht, wird die Bevölkerung aufgefordert, ihre Häuser zu verlassen und Schutzräume aufzusuchen.

# Überschwemmungen

Jahr für Jahr stürzen Fluten Millionen von Menschen ins Unglück, zerstören ihre Häuser, ihre Ernten und ihr Land. Die Folgekosten gehen in die Milliarden.

Es gibt drei Arten von Flutkatastrophen: Küstenhochwasser, Flusshochwasser und plötzliche Hochwasser. Küstenhochwasser treten auf, wenn starke Winde hohe Wellen auf das Land zutreiben. Sie fallen besonders schwer aus, wenn sie von einem Hurrikan verursacht werden, der riesige Flutwellen auftürmen kann.

Flüsse und Ströme können über die Ufer treten und weite Landstriche unter Wasser setzen. Oft ist ein ausgeprägtes Tiefdrucksystem mit anhaltenden, ergiebigen Niederschlägen verantwortlich dafür. Die Schäden sind erheblich, aber weil sich Flusshochwasser lange ankündigen, kann die Bevölkerung vorsorglich gewarnt und evakuiert werden.

Plötzliche Überschwemmungen, ausgelöst durch Wolkenbrüche oder den Bruch einer Barriere, sind meist unvorhersehbar. Die Wassermassen, die sich durch ein schmales Tal oder eine Schlucht ergießen, gewinnen eine solche Geschwindigkeit und Kraft, dass sie alles mitreißen, was ihnen im Weg steht.

In hochwassergefährdeten Gebieten versucht man, die Gewalt des Wassers durch Schutzbauten einzudämmen. Doch gerade diese Bauten können großes Unheil anrichten, wenn sie einstürzen.

Im Oktober 2000 verwandelten Regengüsse in Nordostitalien Bäche in reißende Flüsse. Dämme, die das Wasser zurückhalten sollten, brachen. Es war das schlimmste Hochwasser seit 30 Jahren.

1993 durchbrach der Mississippi im Mittleren Westen der USA nach heftigen Sommerregen seine Deiche. Rund 31 200 Quadratkilometer Ackerland wurden überflutet und 52 Menschen starben. Während der Katastrophe nutzten Einsatzkräfte Satellitenaufnahmen wie diese, um das Ausmaß der Überschwemmung zu überwachen.

## HOCHWASSERSCHUTZ

Seit Tausenden von Jahren versuchen die Menschen an Küsten und Flüssen, sich durch künstliche Bauten vor Hochwasser zu schützen.

Flüsse, die regelmäßig Hochwasser führen oder ihren Lauf verändern, können mit aus Erde aufgeschütteten Deichen eingedämmt werden. Bauten dieser Art errichteten die Chinesen schon vor mehr als 2200 Jahren am Gelben Fluss (Hoangho). Erosion, Erdbeben oder extrem starke Niederschläge können allerdings zum Deichbruch führen.

## WÖRTERBUCH

Mit **JAHRHUNDERTFLUT** werden sehr schwere Sturmfluten bezeichnet.

Eine **SINTFLUT** ist eine vernichtende, umfassende Flutkatastrophe, von der zum Beispiel die Bibel berichtet.

**LAND UNTER** nennt man die Situation, wenn Land vom Meer überflutet wird.

## SCHON GEWUSST?

Das schlimmste Hochwasser ereignete sich im Oktober 1887, als der Gelbe Fluss in China 300 Dörfer überflutete. Mindestens 900 000 Menschen starben; nach Meinung mancher Historiker könnten es sogar 6 Millionen gewesen sein.

## WEGWEISER

• Mehr über die Entstehung von Monsunregen findest du auf S. 9.
• Auf dem Weg zur Küste erzeugen tropische Wirbelstürme gewaltige Flutwellen. Mehr dazu auf S. 28–29.

Am 31. Mai 1889 brach der South Fork Dam in der Nähe von Johnstown, Pennsylvania. Eine riesige Wasserwand raste über die Stadt hinweg und tötete mindestens 2200 Menschen. Es war das schlimmste Hochwasser, das Amerika je erlebt hat.

## SEI AKTIV!

# Miss den Niederschlag

Einen Niederschlagsmesser kannst du dir so basteln:

1. Schneide von einer Plastikflasche das obere Drittel ab. Dreh es um und stell es als Trichter in den Rest der Flasche.
2. Nimm ein hohes schmales Glas und kleb einen Papierstreifen an eine Seite.
3. Gieß Wasser 1 cm hoch in die große Flasche. Dann füll es in das schmale Glas um. Markiere den Wasserstand auf dem Papierstreifen. Mach das Ganze noch einmal, markiere den Stand und wiederhole den Vorgang so oft, bis du eine vollständige Skala hast. (Mit dem schmalen Glas sind geringe Regenmengen leichter zu messen.)
4. Kleb eine schwere Unterlage (einen Stein) an die Flasche und stell sie nach draußen.
5. Gieß den Inhalt der Flasche jeden Tag zur selben Uhrzeit in das schmale Glas, um zu messen, wie viel Niederschlag gefallen ist.

In überflutungsgefährdeten, tief liegenden Küstenregionen wie Südostengland und Holland baut man lange Dämme ins Meer, um das Land vor den Gezeiten und besonders hohen Sturmfluten zu schützen.

Ein Betondamm, hinter dem sich das Wasser staut, hilft den Wasserstand eines Flusses zu regulieren. Mittels Turbinen wird gleichzeitig Strom erzeugt. Staudämme müssen sehr stabil sein, um dem Druck der sich hinter ihnen aufstauenden Wassermassen standzuhalten.

31

# Dürre

Wenn in einem Dürregebiet monatelang kein einziger Tropfen Regen fällt, ist das normal. In einer gemäßigteren Zone jedoch würde dasselbe als Naturkatastrophe angesehen – eine Dürre. Grundsätzlich versteht man unter einer Dürre eine Zeit ungewöhnlicher Trockenheit. Aber es gibt verschiedene Definitionen. In den USA spricht man schon von einer Dürre, wenn in drei Wochen weiträumig weniger als 30 Prozent des üblichen Regens fallen. In Australien dürfen in einem Jahr nur 10 Prozent des üblichen Niederschlags fallen, sonst ist es keine Dürre.

Dürren können sich über viele Monate entwickeln, dann aber jahrelang andauern. Die Folgen sind Wasser- und Nahrungsmittelknappheit und Missernten. Dann müssen die Menschen hungern, und es gibt viele Tote.

Schuld sind meist unnormale Wetterbedingungen. So kann eine Veränderung der Windrichtung trockene statt feuchter Luft heranführen. Oder ein kräftiges Hoch verhindert die Bildung von Wolken und Regen. Dürren können aber auch durch Veränderungen der Temperatur an der Meeresoberfläche verursacht werden, durch die weniger Feuchtigkeit in die Atmosphäre gelangt.

Bei einer Dürre trocknet der Boden aus und bietet starken Winden eine Angriffsfläche. Sie wirbeln die oberste Schicht auf und tragen sie in einer riesigen Wolke davon. Solche Sandstürme verdunkeln den Himmel und bedecken alles mit einer dicken Staubschicht. Der Staub kann Tausende von Kilometern weit und bis zu 3000 m hoch in die Atmosphäre transportiert werden.

## INSIDESTORY

## Die große Dürre

Es waren paradiesische Zeiten. Die Tausende, die zu Beginn des 20. Jahrhunderts in den Mittleren Westen der Vereinigten Staaten gezogen waren, hatten reichen, fruchtbaren Boden und ein mildes, regenreiches Klima vorgefunden. Sie hatten Tausende Hektar Grasland umgepflügt und Getreide angebaut. Es ging ihnen gut.

Bis 1931. Dann blieb der Regen aus. Der knochentrockene Boden begann aufzubrechen. Die Farmer glaubten, das sei nur vorübergehend. Aber die Jahre vergingen. Die Dürre erfasste Colorado, Kansas, Oklahoma, Texas und New Mexico, eine Region, die als „Staubschüssel" bekannt wurde. Der Schriftsteller John Steinbeck, der 1937 das Land besuchte, wurde Zeuge der schwersten Dürre der amerikanischen Geschichte. In seinem berühmten Roman „Die Früchte des Zorns" beschrieb er, wie zahllose Farmer ihr Land verließen und nach Westen zogen. Zu Zigtausenden strömten Heimatlose und Hungrige über die Berge ... wie Ameisen auf der Suche nach Arbeit, nach Nahrung und, was das Wichtigste war, nach Land.

## WÖRTERBUCH

**EL NIÑO** ist Spanisch und heißt „der Junge". Das ist eine Anspielung auf das Jesuskind, denn dieses seltsame Wetter beginnt um die Weihnachtszeit.

**HEMISPHÄRE** ist ein anderes Wort für Erdhalbkugel. Es setzt sich aus den altgriechischen Wörtern hemi für „halb" und sphairion für „Kugel" oder „Ball" zusammen.

## SCHON GEWUSST?

Die Wüste Atacama in Nordchile ist die trockenste Region der Erde. In 100 Jahren kommt es lediglich zu ein paar örtlichen Gewittern.

Die Folgekosten des El Niño von 1982/83 werden auf 8 Milliarden Dollar geschätzt.

## WEGWEISER

- El Niño stört die normalen Luftströmungen. Lies darüber auf 8–9.
- Sandstürme entstehen in der Regel durch Kaltfronten. Lies über Frontensysteme auf den S. 12–13.

In der nordafrikanischen Sahelzone herrschten von 1910–1914, 1940–1944 und 1970–1985 Hungersnöte, verursacht durch verheerende Dürrezeiten. Zwischen 1972 und 1975 sowie noch einmal zwischen 1984 und 1985 starben über 600 000 Menschen.

## EL NIÑO

Die warme Meeresströmung El Niño kann Dürren auf der südlichen Hemisphäre verursachen.

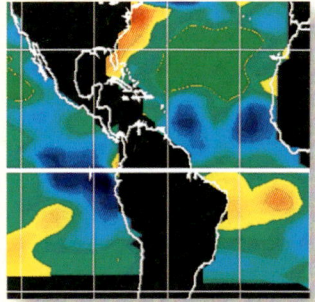

Die Karte oben zeigt die übliche Temperaturverteilung im Pazifischen Ozean (warmes Wasser ist rot, kaltes Wasser blau dargestellt). Die Niederschläge auf der südlichen Hemisphäre entsprechen etwa dem Durchschnitt.

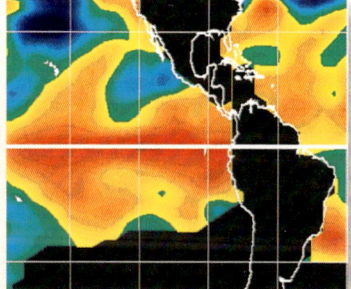

Alle drei bis acht Jahre zieht El Niño im Dezember die Küste Perus entlang. Er bringt dem Westen Südamerikas schwere Niederschläge und extreme Trockenheit in Australien.

Während Teile Australiens, Nordostbrasiliens und Afrikas unter einer Dürre leiden, gehen in Argentinien, Uruguay und Südbrasilien schwere Regenfälle nieder.

Plättchenförmige
Schneeflocke

Säulenförmige
Schneeflocke

Sternförmige
Schneeflocke

# Schnee und Eis

Nach einem Schneesturm scheint die Sonne strahlend auf eine geschlossene weiße Schneedecke. An Dächern und Zäunen hängen Eiszapfen, und Reif glitzert auf den Fenstern. Wenn du genau hinsiehst, erkennst du, dass jede Schneeflocke eine eigene zarte Form hat.

Schneestürme können unseren Tagesablauf ganz schön durcheinanderbringen. Hoher Schnee blockiert Straßen und behindert Rettungsdienste. Kälte kann ohne eine gut geheizte Wohnung lebensgefährlich sein, vor allem für Ältere. Und in den Bergen besteht Lawinengefahr.

Nicht weniger gefährlich ist ein Eisregen. Er tritt auf, wenn Regen durch eiskalte Luftschichten fällt, ohne in ihnen zu gefrieren. Sobald die „unterkühlten" Tropfen den Boden erreichen, bilden sie eine dicke Eisschicht. Straßen und Bürgersteige verwandeln sich in Rutschbahnen. Die Folge sind viele Unfälle. Der Grund für Schneestürme und Eisregen sind meistens Tiefdrucksysteme. Aber solche Systeme sind riesig, und die Temperaturen in ihnen variieren, sodass es für Meteorologen schwierig sein kann vorherzusagen, ob, wo und wann Regen, Schnee oder gefrierender Regen vom Himmel fallen wird.

Im März 1888 erlebte die amerikanische Ostküste den schlimmsten Schneesturm seit Menschengedenken. Der Schnee lag meterhoch und 400 Menschen kamen ums Leben.

Wenn sehr kalte Regentropfen auf einer Oberfläche aufprallen, breiten sie sich aus, bevor sie gefrieren. Dann entsteht eine dicke, glasklare Eisglasur, wie auf diesem Foto. Auf den Straßen nennen wir das Glatteis.

## LAWINENGEFAHR!

Eine Lawine ist eine Schneemasse, die sich löst und talwärts rutscht. Große Lawinen können Menschen, Fahrzeuge und ganze Ortschaften unter sich begraben.

Lawinengefahr besteht, wenn neuer Schnee auf nassen oder vereisten Altschnee fällt oder wenn die Unterlage im Frühling zu schmelzen beginnt.

### 📖 WÖRTERBUCH

Ein schwerer Schneesturm heißt in Nordamerika **BLIZZARD**. Er geht einher mit enormer Kälte, extremem Wind und hohen Schneeverwehungen.

**LAWINE** für an Gebirgshängen niedergehende Schneemassen kommt von dem lateinischen Wort labino für „gleiten".

### ✴ SCHON GEWUSST?

Die größte registrierte Schneeflocke fiel am 28. Januar 1887 in Montana, USA. Sie hatte einen Durchmesser von 38 cm und war 20 cm dick.

Der Blizzard, der vom 13. bis 19. Februar 1959 in Mt. Shasta, Kalifornien, wütete, brachte mehr Schnee als je ein Sturm zuvor. Er lag fast 5 m hoch.

### ✋ WEGWEISER

• Die Temperatur bodennaher Luft entscheidet, ob Regen oder Schnee fällt. Lies S. 18–19.
• Für Schneefälle sind oft Tiefdrucksysteme verantwortlich. Alles Wissenswerte dazu erfährst du auf S. 12–13.

### INSIDESTORY
# Der Schneeflocken-Mann

Vorsichtig drehte er am Einstellrad seines neuen Mikroskops und betrachtete das Objekt vor seinen Augen. Es war erstaunlich: ein sechsarmiger Kristall von äußerster Zartheit. Wer hätte gedacht, dass eine einzige Schneeflocke so schön sein konnte? Schneeflocken wurden zum Lebensinhalt des 15-jährigen Wilson A. Bentley aus Vermont. In den nächsten 46 Jahren bis zu seinem Tod im Jahr 1931 verbrachte er Tausende von Stunden mit der Erforschung ihrer Muster. Er fing die Flocken auf einem samtbezogenen Tablett und glättete sie vorsichtig mit einer Feder, bevor er die interessantesten Exemplare fotografierte. Und er veröffentlichte ein Buch mit dem Titel „Schneekristalle", das Aufnahmen von 2300 Schneeflocken enthielt, jede von ihnen ein „Meisterwerk der Form", wie er sagte. Aber was Bentley wirklich begeisterte, war, dass „keine Form zweimal vorkam".

Gefrierender Regen kann sehr gefährlich sein. Vereiste Straßen machen Autofahrern und Fußgängern das Fortkommen fast unmöglich. Bäume und Überlandleitungen brechen unter der Last des Eises zusammen.

Der Schnee setzt sich in Bewegung, wenn er sein eigenes Gewicht nicht mehr halten kann. Manchmal lösen Skifahrer oder Bergsteiger Lawinen aus. Die Lawine wird auf dem Weg ins Tal immer schneller.

Die Schneemasse rast mit einer Geschwindigkeit von bis zu 250 km/h zu Tal und reißt alles nieder, was ihr im Weg steht. Menschen können eine kurze Zeit unter dem Schnee überleben. Um sie schneller finden zu können, setzen Rettungskräfte Lawinenhunde ein.

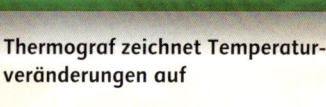
Thermograf zeichnet Temperatur-
veränderungen auf

Hygrograf misst Veränderun-
gen der Luftfeuchtigkeit

# Messinstrumente

Wetter besteht nicht nur aus Temperatur und Niederschlag. Auch Luftdruck, Windgeschwindigkeit, Feuchtigkeit und sogar Meeres-strömungen gehören dazu. Meteorologen müssen all dies messen. Dazu sammeln sie Daten aus vielen Höhenbereichen vom Erdboden bis zur Tropopause und darüber hinaus.

Für die Wetterbeobachtung am Boden gibt es eine Reihe von Geräten wie Thermometer zur Temperaturbestimmung, Hygrometer zur Feuch-tigkeitsmessung und Barometer zur Messung des Luftdrucks. Diese Wetterstationen sind über das ganze Land verteilt. Die Daten werden abgelesen oder von automatischen Wetterstationen über Telefon, Funk und Satellit geliefert.

Daten aus der oberen Atmosphäre liefern bemannte und unbemannte Fluggeräte. Wetterballons fliegen bis zu 30 000 m hoch. Sie sind mit Radiosonden ausgestattet, die Instrumente zur Messung von Luftdruck, Temperatur und Feuchtigkeit tragen. In noch größerer Höhe kreisen Wettersatelliten, die regelmäßig Wolkenaufnahmen senden. Einige sind mit Instrumenten ausgerüstet, die Aufschluss über Temperatur und Windgeschwindigkeit in verschiedenen Höhen der Atmosphäre geben, andere liefern Daten über Meeresströmungen und sogar Wellenhöhen.

Dieses Forschungsflug-zeug liefert Daten aus der oberen Atmosphäre. Es ist für Flüge in das Zentrum tropischer Wirbelstürme ausge-rüstet. Die ermittel-ten Daten werden zu Computermodellen verarbeitet.

| WINDSTÄRKENSKALA NACH BEAUFORT (seit 1805 in Gebrauch) | | | | |
|---|---|---|---|---|
| Stärke | miles/h | km/h | Beschreibung | Auswirkungen über Land |
| 0 | bis 1 | bis 1 | Windstille | Rauch steigt senkrecht empor |
| 1 | 2–3 | 1–5 | Leichter Zug | Nur durch Zug des Rauches erkennbar |
| 2 | 4–7 | 6–11 | Leichte Brise | Blättersäuseln, Windfahne bewegt sich |
| 3 | 8–12 | 12–19 | Schwache Brise | Zweige und Blätter bewegen sich |
| 4 | 13–18 | 20–28 | Mäßige Brise | Dünne Äste bewegen sich, Staub wird gehoben |
| 5 | 19–24 | 29–38 | Frische Brise | Kleine Bäume schwanken |
| 6 | 25–31 | 39–49 | Starker Wind | Regenschirm schwierig zu benutzen |
| 7 | 32–38 | 50–61 | Steifer Wind | Erschwert das Gehen |
| 8 | 39–46 | 62–74 | Stürmischer Wind | Wind bricht Zweige von den Bäumen |
| 9 | 47–54 | 75–88 | Sturm | Kleinere Schäden an Häusern |
| 10 | 55–63 | 89–102 | Schwerer Sturm | Bäume entwurzelt, größere Schäden an Häusern |
| 11 | 64–74 | 103–117 | Orkanart. Sturm | Verbreitete Sturmschäden |
| 12 | über 74 | über 117 | Orkan | Schwerste Verwüstungen |

Die Infrarotbilder eines Satelliten liefern Informationen über die Temperatur der Wolken-obergrenze. Jedem Temperaturbereich ist eine Farbe zugeordnet. Bei dieser Aufnahme von einem Hurrikan zeigt das Dunkelrot den kältesten Bereich an: Es sind riesige Gewitter, die einen Ring um das Auge des Hurrikans bilden.

## SEI AKTIV!

# Dein Anemometer

Miss den örtlichen Wind mit einem selbst gebastelten Anemometer.

1. Befestige einen Tischtennisball am Ende eines starken Bindfadens.
2. Befestige das andere Fadenende in der Mitte der Unterkante eines Winkelmessers. Damit du den Winkelmesser besser halten kannst, kleb ihn auf einer Holzlatte oder einem Lineal fest.
3. Halte den Winkelmesser verkehrt herum in den Wind. Bitte eine Freundin oder einen Freund, anhand des Fadens den Winkel abzulesen. Die Windgeschwindigkeit kannst du dann in der Tabelle unten ablesen.

| Winkel | 90° | 80° | 70° | 60° | 50° | 40° | 30° | 20° |
|---|---|---|---|---|---|---|---|---|
| km/h | 0 | 13 | 19 | 24 | 29 | 34 | 41 | 52 |

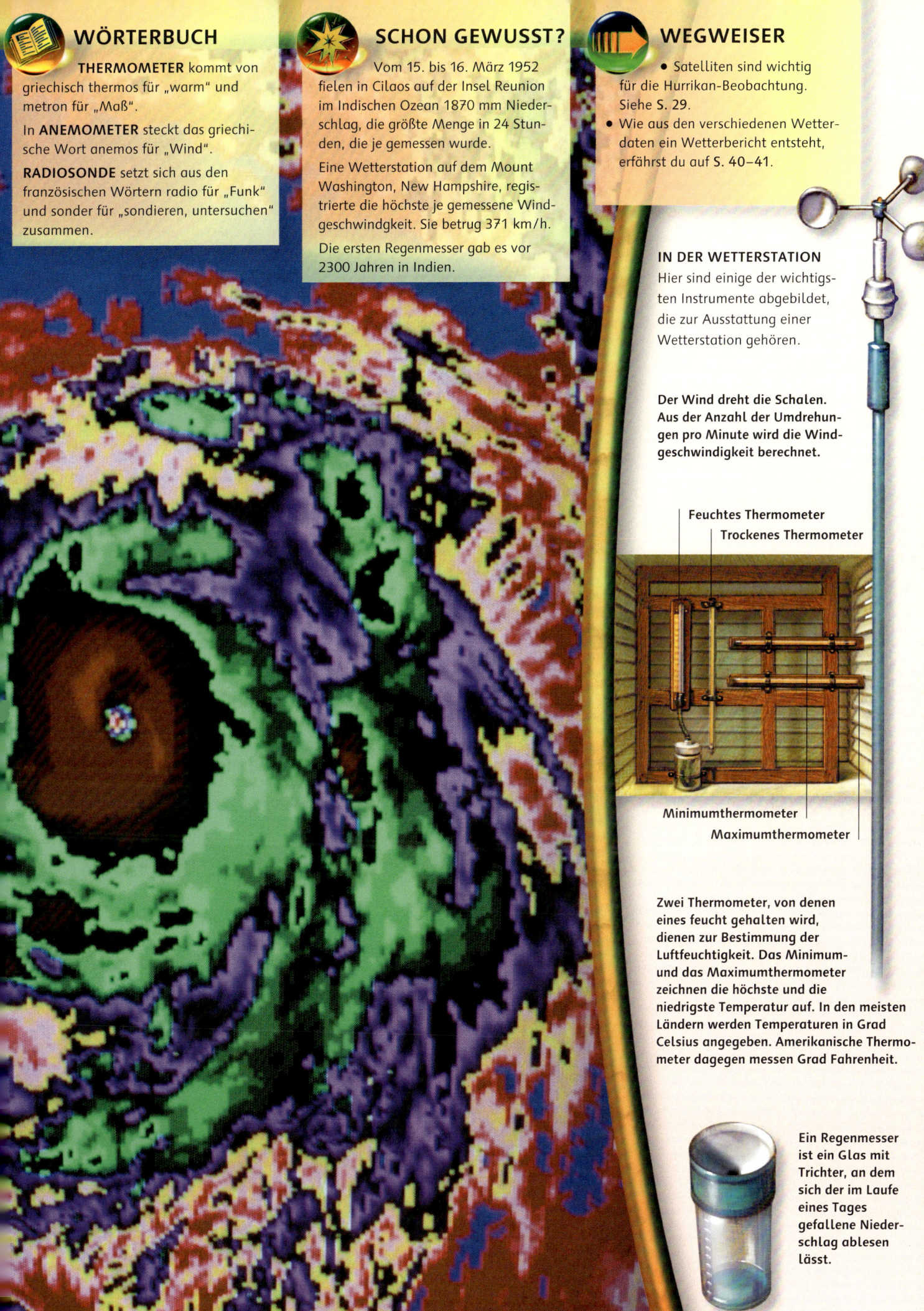

**THERMOMETER** kommt von griechisch thermos für „warm" und metron für „Maß".

In **ANEMOMETER** steckt das griechische Wort anemos für „Wind".

**RADIOSONDE** setzt sich aus den französischen Wörtern radio für „Funk" und sonder für „sondieren, untersuchen" zusammen.

Vom 15. bis 16. März 1952 fielen in Cilaos auf der Insel Reunion im Indischen Ozean 1870 mm Niederschlag, die größte Menge in 24 Stunden, die je gemessen wurde.

Eine Wetterstation auf dem Mount Washington, New Hampshire, registrierte die höchste je gemessene Windgeschwindigkeit. Sie betrug 371 km/h.

Die ersten Regenmesser gab es vor 2300 Jahren in Indien.

• Satelliten sind wichtig für die Hurrikan-Beobachtung. Siehe S. 29.
• Wie aus den verschiedenen Wetterdaten ein Wetterbericht entsteht, erfährst du auf S. 40–41.

## IN DER WETTERSTATION

Hier sind einige der wichtigsten Instrumente abgebildet, die zur Ausstattung einer Wetterstation gehören.

Der Wind dreht die Schalen. Aus der Anzahl der Umdrehungen pro Minute wird die Windgeschwindigkeit berechnet.

Feuchtes Thermometer

Trockenes Thermometer

Minimumthermometer

Maximumthermometer

Zwei Thermometer, von denen eines feucht gehalten wird, dienen zur Bestimmung der Luftfeuchtigkeit. Das Minimum- und das Maximumthermometer zeichnen die höchste und die niedrigste Temperatur auf. In den meisten Ländern werden Temperaturen in Grad Celsius angegeben. Amerikanische Thermometer dagegen messen Grad Fahrenheit.

Ein Regenmesser ist ein Glas mit Trichter, an dem sich der im Laufe eines Tages gefallene Niederschlag ablesen lässt.

Wetterballon Radar Radiosonde

# Wettervorhersage

Die Wettervorhersage, ob im Fernsehen, im Radio oder in der Zeitung, besteht oft nur aus wenigen Sätzen. Dieser kurze Bericht ist das Ergebnis eines langen Prozesses, an dem Dutzende, ja, Hunderte von Meteorologen und Beobachtern, sehr viel Technik und Unmengen von Daten beteiligt sind. Fast alle Länder unterhalten einen staatlichen Wetterdienst, der mithilfe eines Stationsnetzes das Wetter beobachtet und regelmäßig Wettervorhersagen erstellt. Je mehr Daten in die Vorhersage eingehen, desto zuverlässiger fällt sie aus. Aus diesem Grund nutzt man möglichst viele Quellen. Die eingehenden Informationen müssen in wenigen Stunden analysiert und zu einem Bericht verarbeitet werden. Hierbei helfen Computer, die in Minutenschnelle Daten verarbeiten, Wettermodelle erstellen und Karten anfertigen. Die meisten nationalen Wetterdienste geben Vorhersagen für die nächsten vier bis maximal sieben Tage heraus. Es gibt aber auch Organisationen, die zehn Tage in die Zukunft zu schauen versuchen. Prognosen über längere Zeiträume zu erstellen scheitert jedoch daran, dass das Wetter sehr kompliziert ist.

Computermodelle oder Simulationen sind Programme, die natürliche Gegebenheiten durchspielen, um Veränderungen vorherzusagen. Dieses Modell zeigt globale Meeresströmungen.

Satellit in polarer Umlaufbahn

Automatische Datenerfassungssysteme senden ihre Daten direkt zur Wetterzentrale. Dieser Meteorologe wertet ein Radarbild aus.

Radarstation

Forschungsflugzeug Handelsschiff Wetterboje

Wetterzentrale, in der Daten abgefragt und verarbeitet werden

### ÖRTLICHE VORBOTEN

Für die Wettervorhersage braucht man Unmengen von Informationen aus allen möglichen Bereichen. Kurzfristige Veränderungen kündigen sich allerdings auch durch bestimmte Zeichen vor Ort an.

Dichter Morgennebel ist meist ein Anzeichen für einen sonnigen Tag. Über Nacht entwickelt sich Nebel nämlich normalerweise nur, wenn der Himmel wolkenlos ist.

## WÖRTERBUCH

Ein **GEOSTATIONÄRER** Satellit dreht sich mit der Erde und steht deshalb immer über demselben Ort der Erdoberfläche (geo ist griechisch für „Erde"), normalerweise nahe dem Äquator. Satelliten in polarer Umlaufbahn umkreisen die Erde auf einer Bahn, die über die Pole führt.

Das Wort **SIMULATOR** kommt aus dem Lateinischen: simulare heißt „nachmachen" oder „vortäuschen".

## SCHON GEWUSST?

Ein Supercomputer kann bis zu einer Milliarde Rechenoperationen in der Minute durchführen.

Manche Satelliten senden bis zu 150000 Beobachtungen täglich.

Die Weltwetterwarte koordiniert den Datenaustausch zwischen nationalen Wetterdiensten. Bei ihr gehen Messungen von 12000 Wetterstationen, 7000 Schiffen, 700 Radiosondenbetreibern und Hunderten Flugzeugen ein.

## WEGWEISER

- Starke Luftdruckveränderungen kündigen in der Regel eine Änderung des Wetters an. Mehr über den Luftdruck erfährst du auf S. 6–7.
- Sich entwickelnde Frontensysteme sind für die Wettervorhersage wichtig. Warum steht auf S. 12–13.
- Um zu wissen, wie das Wetter wird, musst du eine Wetterkarte lesen können. Wie das geht, zeigen wir dir auf S. 40–41.

geostationärer
Satellit

Alle paar Stunden werden von den hier gezeigten Wetterstationen Daten ermittelt und den Wetterzentralen zugeleitet. Die Informationen müssen dann analysiert und zu Berichten in Form von Wetterkarten und Vorhersagen verarbeitet werden.

## SEI AKTIV!

# Leg ein Wettertagebuch an

Mit regelmäßigen Aufzeichnungen kannst du dir schnell ein Bild davon machen, wie das Wetter bei euch normalerweise abläuft. Dies wiederum kann dir helfen, kurzfristige Veränderungen vorauszusagen.

Mit den selbst gebastelten Instrumenten – Barometer (Seite 51), Regenmesser (Seite 39) und Anemometer (Seite 52) – kannst du Luftdruck, Niederschlag und Windgeschwindigkeit messen. Für die Lufttemperatur nimmst du ein Thermometer, und die Windrichtung bestimmst du mit einer Wetterfahne. Trag die Daten in ein Heft ein. Auf Seite 57 findest du die Symbole, mit denen du Wolken und andere Dinge angeben kannst. Wenn du magst, mach Fotos oder Zeichnungen von interessanten Himmelserscheinungen wie Wolkenformationen oder Regenbogen. Kleb die Bilder in dein Wettertagebuch, das damit noch anschaulicher wird.

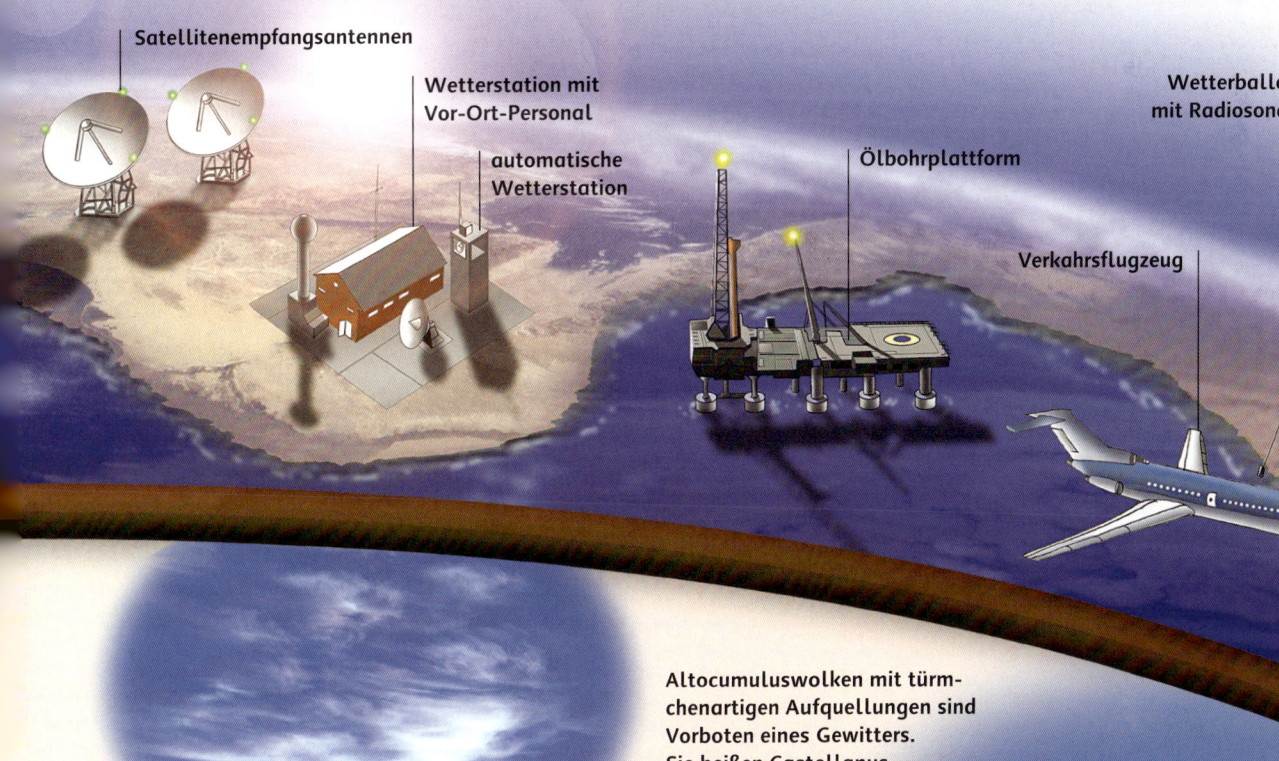

Satellitenempfangsantennen

Wetterstation mit
Vor-Ort-Personal

automatische
Wetterstation

Ölbohrplattform

Wetterballon
mit Radiosonde

Verkahrsflugzeug

Altocumuluswolken mit türmchenartigen Aufquellungen sind Vorboten eines Gewitters. Sie heißen Castellanuswolken, weil sie mit ihren „Türmchen" an ein Kastell erinnern.

Der Aufzug hoher Wolken kann ein Zeichen einer anrückenden Front sein. Wenn das der Fall ist, folgen ihnen bald dickere Wolken, die unter Umständen Regen bringen.

# Die Wetterkarte

Es gibt zwei Arten von Wetterkarten: die synoptische Karte und die Vorhersagekarte. Eine synoptische Karte ist gewissermaßen ein Schnappschuss vom Wetter zum Zeitpunkt der Messungen. Die Vorhersagekarte zeigt das Wetter zu einem späteren Zeitpunkt; sie gibt eine Prognose für die nächsten 12, 24 oder 48 Stunden. Beide Karten verwenden Linien und Symbole, die von allen Meteorologen der Welt benutzt werden.

Der staatliche Wetterdienst leitet vereinfachte Versionen dieser Wetterkarten an Fernsehanstalten, Radiostationen und die Presse zur Veröffentlichung weiter und bietet die Möglichkeit an, die Meldungen via Telefon, Fax oder Internet abzurufen. Für bestimmte Bereiche, wie zum Beispiel die Luft- und Seefahrt, die Landwirtschaft und das Bergsteigen, werden außerdem Spezialwetterkarten herausgegeben.

Eine wichtige Aufgabe des Wetterberichts ist die Warnung vor Unwettern. Während der Hurrikan-Saison in den Vereinigten Staaten wird eine „Hurrikan-Vorankündigung" ausgegeben, wenn die Möglichkeit besteht, dass ein Hurrikan ein Gebiet in den nächsten 36 Stunden erreicht. Wird ein Hurrikan innerhalb von 24 Stunden erwartet, erfolgt „Hurrikan-Warnung". Die Menschen haben daraufhin die Küste zu verlassen. Solche Warnungen sind weltweit so wichtig, weil sie die Möglichkeit bieten, Leben zu retten und Schäden zu begrenzen.

Dieser Meteorologe erstellt eine synoptische Wetterkarte von Hand. Er trägt Meldungen von Wetterstationen und Linien ein, die Fronten und Drucksysteme darstellen. Anhand dieser Karte werden bevorstehende Wetterveränderungen vorhergesagt.

## SEI AKTIV!
🖐
## Das Wetter weltweit

Im Internet kannst du dich über das Wetter an deinem Wohnort und in fast allen anderen Gegenden der Welt informieren. Es gibt Hunderte von Webseiten mit Wetterinformationen. Fast alle nationalen Wetterdienste bieten regelmäßig aktualisierte Online-Wetterberichte an.

Unter der Internetadresse www.wetterbericht.de findest du in Deutschland zum Beispiel Informationen über das Wetter in den einzelnen Bundesländern, in ganz Europa und an ausgewählten Urlaubsorten.

Für Kinder in aller Welt gibt es im Internet die Möglichkeit, am GLOBE-Programm teilzunehmen. Es ist offen für Schulen, deren Lehrer und Schüler Informationen über das Wetter und andere Umweltfaktoren an ihrem Wohnort sammeln und an ein Zentralarchiv weiterleiten wollen. Im Gegenzug erhalten sie Informationen über Bedingungen in anderen Weltgegenden und können sich mit Meteorologen und anderen Wissenschaftlern austauschen. Wenn du dich informieren willst, hier die Adresse: www.globe.gov.

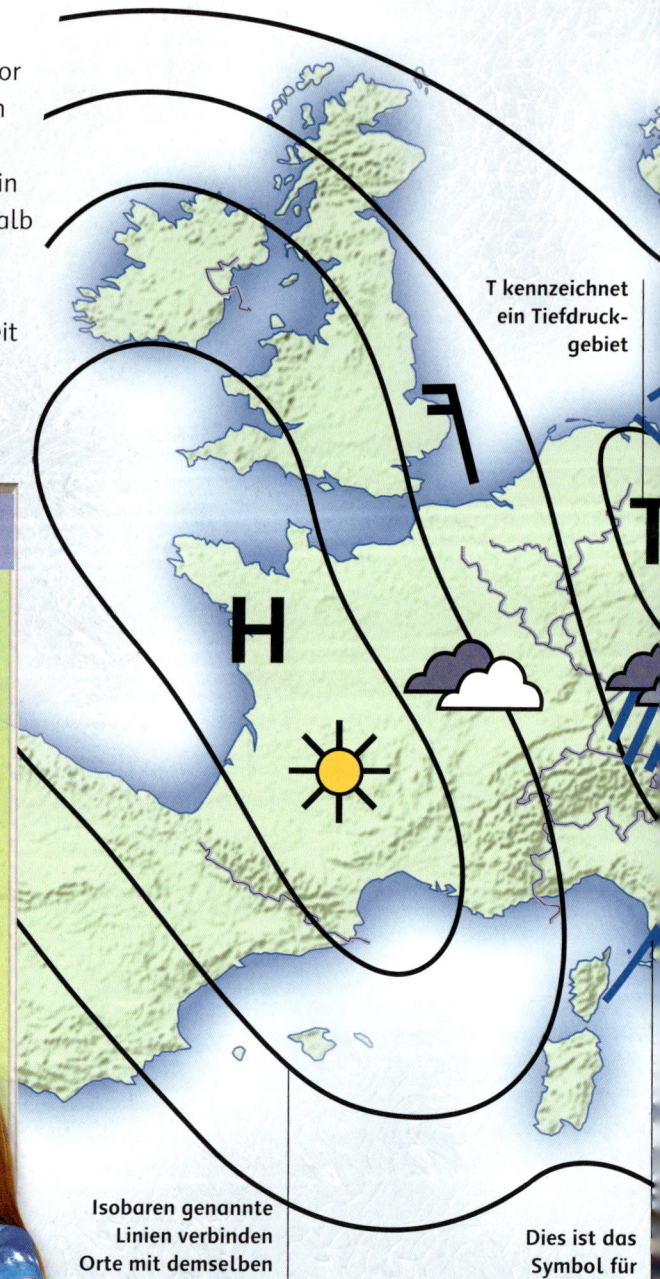

T kennzeichnet ein Tiefdruckgebiet

Isobaren genannte Linien verbinden Orte mit demselben Luftdruck.

Dies ist das Symbol für eine Kaltfront.

Leichter Wind

## WÖRTERBUCH

SYNOPTISCH ist von dem griechischen Wort synoptikos für „ein Überblick über das Ganze" abgeleitet.

PROGNOSE leitet sich vom griechischen prognosis für „Vorherwissen" ab.

In ISOBARE stecken zwei griechische Wörter: iso für „gleich" und baros für „Gewicht". Eine Isobare verbindet Punkte gleichen Luftdrucks, an denen die Luft also dasselbe wiegt.

## SCHON GEWUSST?

Bei einer Hurrikanwarnung an der amerikanischen Ostküste müssen alle Geschäfte schließen. Das kostet die Wirtschaft jedes Mal ungefähr 50 Millionen Dollar.

Am 3. Mai 1999 zogen über 200 Tornados durch den Mittleren Westen der USA. Dank frühzeitiger Warnung wurden schätzungsweise 700 Menschen gerettet.

## WEGWEISER

• Die vielen Quellen, die Daten für die Wettervorhersage liefern, findest du auf S. 38–39.
• Luftdruckunterschiede sind die Ursache des Windes. Siehe S. 6–7.
• In mittleren Breiten entstehen Unwetter meist an Fronten. Mehr über Frontensysteme auf S. 12–13.

Die Wetterkarte im Fernsehen oder in der Zeitung ist viel einfacher als die, mit der Meteorologen arbeiten. Die Linien auf der Karte unten sind Isobaren, die Orte gleichen Luftdrucks verbinden. Je geringer der Abstand verschiedener Isobaren, desto stärker macht sich die Druckdifferenz zwischen ihnen in Form kräftigen Windes bemerkbar.

Die meisten Wetterkarten werden heute von Computern erstellt. Diese Wetterkarte für Australien entstand durch Auflegen einer computergenerierten Karte auf eine farbverstärkte Satellitenaufnahme. Die gelben und roten Bereiche sind Zonen mit der höchsten Bewölkung.

H kennzeichnet ein Hochdruckgebiet.

Mäßiger Wind

### WETTERSYMBOLE

Meteorologen verwenden in ihren Wetterkarten international anerkannte Symbole. Die wichtigsten findest du hier.

**Das Wetter heute**

| Symbol | Bedeutung |
|---|---|
| | Nieselregen |
| | Regen |
| | Schnee |
| | Hagel |
| | Gefrierender Regen |
| | Tornado |
| | Staubsturm |
| | Nebel |
| | Gewitter |
| | Blitz |
| | Hurrikan/Orkan |

| Symbol | Bedeutung |
|---|---|
| | Stratus |
| | Stratocumulus |
| | Cumulus |
| | Cumulonimbus incus |
| | Altostratus |
| | Altocumulus |
| | Altocumulus casellanus |
| | Cirrus |
| | Cirrostratus |
| | Cirrocumulus |

41

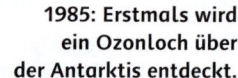

# Klimawandel

Im letzten Jahrhundert sind die Temperaturen weltweit um 0,6 °C gestiegen. Diese globale Erwärmung ist vermutlich das Ergebnis einer Zunahme der Treibhausgase, die natürlicher Bestandteil der Atmosphäre sind und unseren Planeten warm halten, indem sie von der Erdoberfläche abgestrahlte Wärme zurückhalten. Aber bei der Verbrennung fossiler Brennstoffe wie Erdöl und Kohle entstehen zusätzliche Treibhausgase, die zur übermäßigen Erwärmung der Atmosphäre führen können. Hält die Entwicklung an, würde das Eis an den Polen schmelzen, der Meeresspiegel steigen und Ackerland zu Wüste werden.

Ein weiteres Problem ist die Vernichtung der Ozonschicht, die schädliche Sonnenstrahlung von uns fern hält. Industriell erzeugte Fluorchlorkohlenwasserstoffe (FCKWs), die in Spraydosen, Kühlschränken und Klimaanlagen verwendet werden, haben die Ozonschicht schon beschädigt. Wir sind stärkerer Strahlung und damit einem höheren Risiko ausgesetzt, gesundheitliche Schäden zu erleiden.

Bewusst oder unbewusst trägt jeder von uns zu den Problemen bei. Das heißt aber auch, dass wir alle helfen können, den Schaden zu begrenzen – indem wir FCKW-freie Produkte kaufen, unseren Energieverbrauch senken oder auf alternative Energien, wie Wind- oder Sonnenenergie, umstellen. Es gilt, unsere Umwelt zu bewahren, für uns selbst und zukünftige Generationen.

**1985: Erstmals wird ein Ozonloch über der Antarktis entdeckt.**

**2000: Das Loch ist größer als je zuvor und erstreckt sich nach Norden bis Südamerika.**

**Das „Loch" in der Ozonschicht ist eine starke Verminderung des Ozons, das jedes Jahr von August bis Oktober über der Antarktis auftaucht. Seit der Entdeckung ist es immer größer geworden. (Niedrige Ozonanteile sind blau, hohe Ozonanteile sind rot dargestellt.)**

**Große Städte mit besonders hoher Luftverschmutzung wie Mexico City liegen unter einer Staubglocke, Smog genannt. Smog ist gesundheitsschädlich, bildet saure Gase, die Gebäude angreifen, und trägt zur globalen Erwärmung bei.**

## WÖRTERBUCH

**SMOG** ist ein Kunstwort aus den englischen Wörtern smoke und fog („Rauch" und „Nebel"). Schuld an der Smogbildung hatten früher vor allem die Rauchgase aus Heizungen. Heute sind Auto- und Industrieabgase die Hauptverursacher.

**OZON** ist von dem griechischen Wort ozein, „duften" abgeleitet. Ozon hat einen durchdringenden Geruch.

## SCHON GEWUSST?

Auf jedes Prozent Ozon, das zerstört wird, kommen zwei Prozent mehr schädliche ultraviolette Strahlen, die die Erdoberfläche erreichen.

Es gibt Schätzungen, nach denen die Temperatur auf der Erde in den nächsten 100 Jahren um 6 °C steigen wird.

## WEGWEISER

• Mehr über Ozonschicht und Treibhausgase steht auf S. 5.
• Durch die globale Erwärmung steigt die Gefahr von Überschwemmungen. Mehr über Hochwasser auf S. 30–31.

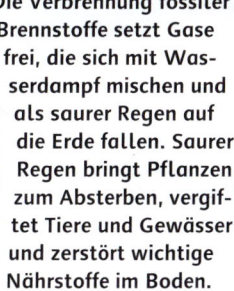

### ES WIRD WÄRMER

Je mehr die Temperatur der Atmosphäre steigt, desto dramatischer wird sich die globale Erwärmung auswirken.

Die Verbrennung fossiler Brennstoffe setzt Gase frei, die sich mit Wasserdampf mischen und als saurer Regen auf die Erde fallen. Saurer Regen bringt Pflanzen zum Absterben, vergiftet Tiere und Gewässer und zerstört wichtige Nährstoffe im Boden.

Eine wärmere Atmosphäre bringt mehr Regen und Überflutungen. Weltweit sind die Niederschläge im letzten Jahrhundert bereits um 1 Prozent gestiegen.

1990: Das Ozonloch erstreckt sich über die ganze Antarktis und hält sich bis zum Dezember.

Durch die Erwärmung schmelzen Gletscher und Pole, die Ozeane steigen. In den letzten 100 Jahren ist der Meeresspiegel weltweit um 15–20 cm gestiegen.

## INSIDESTORY

# Ein Himmelsloch

Niemand nahm Notiz davon. Im Jahr 1974 veröffentlichten die US-Wissenschaftler Mario Molina und Sherwood Rowland einen ungewöhnlichen Artikel und sagten voraus, dass die Verwendung von FCKWs ein Loch in die Ozonschicht reißen würde. Andere Forscher bezweifelten dies und auch Industrie und Politik wollten nichts davon wissen. 1985 stellten Mitglieder der britischen Antarktis-Forschungsgruppe auf dem Südpol (unten, rechts) einen so dramatischen Abfall des Ozonanteils fest, dass sie im ersten Moment glaubten, ihre Instrumente seien nicht in Ordnung. Das von Molina und Rowland vorausgesagte Loch war da. Die Nachricht erreichte und alarmierte endlich die Regierungen. 1987 unterzeichneten Mitgliedsstaaten der UN das Protokoll von Montreal, das den Einsatz vieler gefährlicher FCKWs untersagt. Und 1995 wurden Molina und Rowland mit dem Nobelpreis für Chemie ausgezeichnet; sie erhielten damit die höchste Anerkennung, die in ihrem Fach vergeben wird.

Bei einem Temperaturanstieg verwandeln sich semiaride in aride Zonen. Ackerland wird zu Wüste, und es wird weniger Nahrung produziert.

Hurrikan

Nebel

# Worterklärungen

**Abwind**  Abwärts gerichtete Luftströmung.

**Advektion**  Horizontale Zufuhr von Luftmassen.

**Alto**  Vorsilbe für Wolkenformationen in Höhen zwischen 2000 und 5000 m.

**Aufwind**  Aufwärts gerichtete Luftströmung.

**Auge**  Das wolkenlose Tiefdruckzentrum eines Wirbelsturms (Hurrikans).

**Beaufort-Skala**  Eine von William Beaufort 1805 entwickelte Skala zur Einteilung der Windgeschwindigkeit in 12 Windstärken.

**Breite**  Eine Einheit, die die Entfernung vom Äquator angibt.

**Cirro**  Vorsilbe für Wolkenformationen in Höhen oberhalb von 5000 m.

**Corioliskraft**  Die Ablenkung von Winden durch die Erdrotation.

**Desertifikation**  Ausdehnung der Wüsten als Folge zurückgehender Regenfälle und durch Eingriffe des Menschen in das Ökosystem der Wüste.

**Elmsfeuer**  Leuchterscheinung, die bei einem Gewitter an hohen Spitzen auftritt und durch Erhöhung elektrischer Ladungen entsteht.

**El Niño**  Die warme Meeresströmung, die alle drei bis acht Jahre vor der südamerikanischen Westküste ankommt.

**Fallstreifen**  Aus den Wolken ausfallender, gegen den Hintergrund sichtbarer Niederschlag, der nicht den Boden erreicht, wenn es unter der Wolke sehr trocken ist.

**Fluorchlorkohlenwasserstoffe** (FCKWs)  Industriell erzeugte Verbindungen, genutzt als Treibmittel für Spraydosen und Kältemittel in Kühlschränken und Klimaanlagen.

**fossile Brennstoffe**  Die in der Erde eingelagerten Überreste von Pflanzen und Tieren mit hohem Kohlenstoff- oder Wasserstoffanteil. Fossile Brennstoffe sind unter anderem Erdöl und Kohle.

**Front**  Die Grenze zwischen zwei Luftmassen von unterschiedlicher Temperatur.

**gemäßigt**  Zonen mittlerer Wärme und Kälte. Gemäßigte Zonen haben vier ausgeprägte Jahreszeiten.

**globale Erwärmung**  Anstieg der durchschnittlichen Temperatur der Atmosphäre.

**Golfstrom**  Meeresströmung, die warmes Wasser von der Karibik in den Nordatlantik und an die Küsten Europas transportiert.

**grüner Strahl**  Eine Erscheinung, die durch Streuung des Sonnenlichts bei Sonnenaufgang oder -untergang auftritt.

**Halo**  Farbiger Ring um Sonne und Mond, der durch Lichtbrechung in den Eiskristallen dünner Cirrostratuswolken entsteht. Er ist Vorbote für eine Wetterverschlechterung.

**Hemisphäre**  Erdhalbkugel. Europa und Nordamerika liegen auf der nördlichen, Australien und Südamerika auf der südlichen Hemisphäre.

**Isobare**  Eine Linie auf einer Wetterkarte, die Orte gleichen Luftdrucks verbindet.

**Kondensation**  Das Übergehen von Wasserdampf in Flüssigkeit durch Abkühlung.

**Konvektion**  Aufsteigen von am Erdboden erwärmter und daher leichterer Luft und gleichzeitiges Absinken kälterer Luft aus der Höhe.

**Luftdruck**  Der infolge der Schwerkraft von der Atmosphäre ausgeübte Druck.

**Molekül**  Der kleinste Teil, in den eine Substanz geteilt werden kann, ohne deren Eigenschaften zu verlieren.

**Monsun**  Jahreszeitlich bedingter Wind, der tropischen und subtropischen Zonen schwere Regenfälle bringt.

**Ozonschicht**  Dünne Schutzschicht aus dem Gas Ozon in einer Höhe von rund 24 km über der Erdoberfläche, die ultraviolette Strahlen der Sonne abfängt.

**Polarlicht**  Auch Nord- oder Südlicht. Farbige Lichtschleier, die auftreten, wenn elektrisch geladene Sonnenpartikel auf Sauerstoff- und Stickstoffmoleküle treffen und sie zum Leuchten bringen.

**Regenschatten**  Eine verhältnismäßig niederschlagsarme Region auf der geschützten Seite einer Bergkette.

**Rossbreiten**  Windschwache Zone im Bereich der Hochs in den Subtropen.

**saurer Regen**  Säurehaltige Niederschläge, die dadurch entstehen, dass bei der Verbrennung fossiler Brennstoffe entstehende chemische Verbindungen sich mit Wasserdampf in der Luft mischen.

**Treibhausgase**  Gase in der Atmosphäre, die die Wärmestrahlung der Erde zurückhalten.

Barometer

Kaltfront-Symbol

Cumulonimbus mit Amboss und Mammatus

# Vulkane und Erdbeben

## Inhalt

Das Innere
des Mondes

Das Innere
des Mars

Das Innere
der Venus

# Der heiße Kern

Niemand kann bis ins Innere der Erde vordringen,
denn die Hitze und der Druck sind dort so groß,
dass selbst der härteste Bohrer schon in einer Tiefe
von 13 Kilometern schmelzen würde. Aber wenn
eine solche Reise möglich wäre, würdest du zuerst
eine Gesteinsschicht passieren, die als Kruste
bezeichnet wird. Unter Land ist die Kruste dicker als
unter Ozeanen; an ihrer dünnsten Stelle beträgt ihre
Dicke nur 5 Kilometer, aber der dickste Teil der Kruste
ist 70 Kilometer tief. Unter der Kruste liegt der Mantel.
Sein oberer Teil ist fest, der tiefere dagegen weich. Der
Mantel ist mehr als 40-mal so dick wie der dickste Teil
der Kruste.

Wenn du den Mantel durchdringen könntest, kämest du zum
Kern. Sein äußerer Teil besteht aus geschmolzenem Eisen,
der innere dagegen ist fest. Der Mittelpunkt der Erde liegt
6370 Kilometer unter dir. Um diese Entfernung zu bewältigen,
müsstest du etwa 8 Stunden mit einem Flugzeug reisen. Hier
herrscht eine Temperatur, die 50-mal höher ist als die von
kochendem Wasser, und ein Druck, der 5 Millionen Mal
so groß ist wie der Druck der Luft auf unseren Körper.

Kruste
5 – 70 km dick

Mantel
2900 km dick

Äußerer Kern
2250 km dick

Innerer Kern
1200 km dick

**Im 17. Jahrhundert stieg der
deutsche Gelehrte Athanasius
Kircher in einen Vulkan ein,
um mehr über das Innere des
Planeten herauszufinden. Er
gelangte zu dem Schluss,
dass Vulkane durch Lava-
flüsse miteinander ver-
bunden sind, die aus Feuern
im Erdinnern entspringen.**

## EIN WACHSENDER PLANET

Unser Sonnensystem ist aus einer riesigen Staub- und Gaswolke entstanden. Vor ungefähr 4,6 Milliarden Jahren fing diese
Wolke an zu rotieren, wodurch heiße Gase in ihr Zentrum gezogen
wurden. Aus ihnen bildete sich die Sonne. In den äußeren Bereichen
prallten Staub und Gesteinsbrocken zusammen und verschmolzen
zu Planeten. Die Erde ist vor etwa 4,5 Milliarden Jahren entstanden.
Was an Staub und Gasen noch übrig war, wurde vom Strahlungsdruck der Sonne aus dem Sonnensystem herausgeblasen.

Die Erde wurde ständig
von Meteoriten bom-
bardiert, und radioaktive
Materialien im Erdinnern
zerfielen und setzten Wärme
frei. Gestein begann zu schmelzen,
schwerere Metalle sanken zur Mitte
hin ab, leichtere Mineralien blieben in den
äußeren Bereichen. Kurz nach ihrer Entstehung
stürzte ein kleiner Planet auf die Erde. Aus den
Trümmern entstand der Mond.

## WÖRTERBUCH

Das Wort **MANTEL** ist vom lateinischen mantellum abgeleitet, das Hülle oder Decke bedeutet.

Ein **METEOR** ist eine Lichterscheinung am Himmel. Sie entsteht, wenn ein Gesteinsbrocken aus dem Weltall in der Atmosphäre verglüht. Wenn er auf der Erde einschlägt, wird er **METEORIT** genannt. Beide Begriffe sind von griechisch meteoron (in der Luft schwebend) abgeleitet.

## SCHON GEWUSST?

Die bei der Entstehung der Erde freigesetzte Energie war so groß, dass sie noch heute, nach 4 Milliarden Jahren, Vulkanausbrüche antreibt.

Vulkane können Gesteine und Mineralien aus bis zu 600 Kilometern Tiefe nach oben bringen. Darunter können auch Diamanten sein.

## WEGWEISER

- Die feste Erdkruste besteht aus vielen Teilen, die ständig in Bewegung sind. Lies mehr darüber auf S. 48.
- Auch in den Ozeanen gibt es Vulkane. Lies weiter auf S. 50–51.

In vielen Teilen der Welt durchbrechen glühend heiße Ströme aus geschmolzenem Gestein, Magma genannt, die Erdkruste und treten als Lava an der Erdoberfläche hervor. Wissenschaftler untersuchen die in der Lava enthaltenen Gesteine und Mineralien, um mehr über das heiße Erdinnere zu erfahren.

Meteoriten sind Gesteinsbrocken aus dem Weltraum, die auf der Erde aufschlagen. Die meisten stammen aus dem Asteroidengürtel, einer Ansammlung von Brocken, die zwischen Mars und Jupiter um die Sonne kreisen. Viele von ihnen bestehen aus Eisen, ähnlich wie die Gesteine im Erdkern. Wissenschaftler studieren Asteroiden, um mehr über den Erdkern zu erfahren.

## INSIDESTORY

# Aus Wellen lernen

Wissenschaftler erforschen die Erde, indem sie die Schockwellen beobachten, die von Erdbeben ausgelöst werden. Geschwindigkeit und Verlauf der Wellen sagen ihnen, welche Arten von Gestein sie durchlaufen. Bis um 1930 wusste man nur, dass die Erde eine Kruste, einen Mantel und einen Kern hat. Dann begann die dänische Wissenschaftlerin Inge Lehmann, sich mit Erdbeben zu beschäftigen. Aus ihren Aufzeichnungen über die Geschwindigkeit von Schockwellen ging hervor, dass manche Wellen beim Passieren des Kerns ihre Richtung ändern. 1936 veröffentlichte Inge Lehmann einen Artikel, der auf die Möglichkeit eines festen inneren Kerns hinwies.

Die Bombardierung mit Meteoriten hinterließ auf der Oberfläche der Erde und des Mondes riesige Narben und gewaltige Lavameere. Als die Lava abkühlte, bildete sich auf beiden Himmelskörpern eine feste Kruste. Im Erdinnern entstand ein Metallkern. Vor ungefähr drei Milliarden Jahren hatte sich der Mond fast vollständig verfestigt.

Im Laufe der Zeit bildeten sich die Gesteine und Mineralien im Erdinneren drei Schichten – den Kern, den Mantel und die Kruste. Vulkane und Meteoriten brachten Gase und Wasser in die Erdatmosphäre. Ozeane entstanden und schließlich auch Pflanzen und Tiere.

Villarrica, ein
Vulkan in Chile

Torres del Paine, erodierte
Vulkankuppen in Chile

Cotopaxi, ein Vulkan
in Ecuador

# Driftende Kontinente

In einer Tiefe von 80 bis 240 Kilometern unter der Erdoberfläche werden die Gesteine des Mantels weich, und an manchen Stellen schmelzen sie. So entsteht eine Zwischenzone, die Asthenosphäre genannt wird. Über der Asthenosphäre bilden die feste obere Schicht des Mantels und die Kruste eine harte Schale. Diese Schale, die Lithosphäre, schwimmt auf der zähflüssigen Asthenosphäre. Weil die Asthenosphäre weich ist, steigen ihre heißeren Teile auf und beginnen abzukühlen. Sobald sie kühl genug sind, sinken sie wieder ab. Durch dieses ständige Aufsteigen und Absinken entsteht eine Art Zirkulation, die als Konvektionsströmung bezeichnet wird. Diese Ströme stoßen und zerren an der Lithosphäre, sodass die äußere Schale der Erde in viele Teile, die tektonischen Platten, zerbrochen ist. Wo die Konvektionsströme nach oben drängen, schieben sie die tektonischen Platten auseinander. Im Laufe von Jahrmillionen zerbersten driftende Platten, sodass Kontinente zusammenstoßen und Ozeane sich öffnen oder verschwinden. Dieser Prozess dauert an und verändert langsam die Oberfläche unseres Planeten.

*Der Ostpazifische Rücken im Pazifischen Ozean ist ein divergierender Rand. Hier treibt aufsteigendes Magma die Pazifische und die Nazca-Platte auseinander. Da Teile der Platten unterschiedlich schnell driften, bilden sich Risse, die als Transform-Verwerfungen bezeichnet werden. Dort, wo die Nazca-Platte mit der Südamerikanischen Platte zusammenstößt, hat sie einen konvergierenden Rand. Hier schiebt sich die dünne ozeanische Platte unter die kontinentale Platte und schmilzt im Mantel.*

Die Lithosphäre setzt sich aus tektonischen Platten zusammen. Diese Platten haben drei verschiedene Ränder. Wo Platten auseinanderdriften, spricht man von divergierenden, wo sie zusammenstoßen, von konvergierenden Rändern. Wenn sie aneinander vorbeigleiten, entstehen Verwerfungsränder.

Nansenrücken
EURASISCHE PLATTE
Reykjanesrücken
Anatolische Verwerfung
ARABISCHE PLATTE
AFRIKANISCHE PLATTE
Mittelatlantischer Rücken
Ostafrikanischer Graben
Javagraben
INDO-AUSTRALISCHE PLATTE
Südwestindischer Rücken
Südostindischer Rücken

PAZIFISCHE PLATTE
Divergierender Rand
Transform-Verwerfung
NAZCA-PLATTE
Konvergierender Rand
Lithosphäre
Konvektions-ströme
Asthenosphäre
SÜD-AMERIKANISCHE PLATTE

Durch ständiges Messen des Abstands zwischen einem Satelliten, wie dem hier abgebildeten, und einer Empfangsstation auf der Erde können Wissenschaftler die Bewegungen der tektonischen Platten verfolgen.

## WÖRTERBUCH

**LITHOSPHÄRE** ist aus den griechischen Wörtern lithos (Stein) und sphaira (Kugel) zusammengesetzt. Die weiche Asthenosphäre erhielt ihren Namen nach sphaira und dem griechischen Wort asthenes (weich).

Das griechische Wort tektonikos bedeutet „zum Bau gehörig". In der Geologie bezieht sich **TEKTONISCH** auf die Strukturen der Erdoberfläche.

## SCHON GEWUSST?

Gesteine in Südamerika und Südafrika, die heute 10 000 km voneinander entfernt sind, lagen einst dicht beisammen. Sie wurden durch die Bewegung des Meeresbodens getrennt.

Die Pazifische und die Nazca-Platte bewegen sich jährlich etwa 18 Zentimeter voneinander fort.

## WEGWEISER

- Divergierende Platten können Ozeane entstehen lassen. Wie das passiert, erfährst du auf S. 52–53.
- Platten stoßen auf unterschiedliche Weise zusammen. Lies S. 52–53.
- Wissenschaftler benutzen Satelliten zur Erdbebenvorhersage. Mehr darüber steht auf S. 62–63.

### SYMBOLE

| | |
|---|---|
| Bewegungsrichtung | |
| Divergierender Rand | |
| Konvergierender Rand | |
| Transform-Verwerfung | |
| Kleinere Transform-V. | |

**NORD-AMERIKANISCHE PLATTE**

Aleutengraben

JUAN DE FUCA-PLATTE

GORDA-PLATTE

San-Andreas-Verwerfung

Kurilengraben

Marianengraben

PHILIPPINEN-PLATTE

KARABISCHE PLATTE

COCOS-PLATTE

KAROLINEN-PLATTE

**PAZIFISCHE PLATTE**

**SÜD-AMERIKANISCHE PLATTE**

FIDSCHI-PLATTE

Tongagraben

Ostpazifischer Rücken

**NAZCKA-PLATTE**

Alpenverwerfung

Peru- und Atacamegraben

SCOTIA-PLATTE

**ANTARKTISCHE PLATTE**

## TEILE EINES PUZZLES

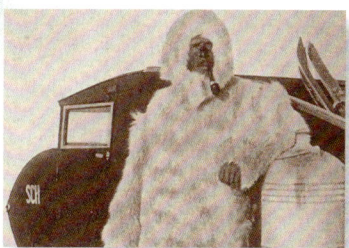

Der deutsche Wissenschaftler Alfred Wegener vermutete, dass die Kontinente einst einen einzigen Kontinent gebildet hatten, den er Pangaea nannte. Neuere Untersuchungen haben seine Theorie bestätigt. Diese Karten zeigen die Wanderungen der Kontinente über ihren heutigen Positionen.

**Vor etwa 200 Millionen Jahren bildeten die Landmassen einen einzigen Kontinent. Dann dehnte sich der Meeresboden aus, und der Riesenkontinent zerbrach.**

**Vor 120 Millionen Jahren wurde Nordamerika von Afrika getrennt, und der breiter werdende Indische Ozean schob Indien nach Norden.**

**Vor 65 Millionen Jahren war der Atlantik bereits ein breiter Ozean und Indien auf Kollisionskurs mit der Eurasischen Platte.**

## SEI AKTIV!

# Konvektionsströme

Du kannst selbst herausfinden, wie Konvektionsströme entstehen.

1. Fülle ein großes Glas mit kaltem Wasser. Dann füllst du ein kleineres Glas mit heißem Wasser und tust ein paar Tropfen rote Speisefarbe hinein.

2. Decke das kleinere Glas mit der Hand ab und stelle es auf den Boden des größeren Glases. Nimm die Hand weg und sieh zu, was passiert.

Das rote Wasser steigt im kalten Wasser auf und breitet sich nach außen aus. Das passiert, weil das rote Wasser heißer ist als das klare. Sobald das rote Wasser abkühlt, beginnt es zu sinken. Auf diese Weise entsteht ein Konvektionsstrom. Dasselbe passiert im Mantel der Erde. Heißes Gestein steigt in Richtung Lithosphäre auf. Dort kühlt es ab und sinkt. Diese Gesteinsbewegungen verschieben die tektonischen Platten der Erde.

# Auf dem Meeresboden

Tief unter den Ozeanen ragen hohe Rücken vom Meeresboden auf und bilden die längste Gebirgskette der Erde. In diesen Rücken liegen gewaltige Spalten der Erdkruste. Konvektionsströme im Mantel pressen Magma durch diese Spalten. Lava ergießt sich über den Meeresboden oder erstarrt in den Spalten. Wenn die Lava abkühlt, drückt sie den Meeresboden nach außen weg, und die Platten zu beiden Seiten der Spalten werden wie auf Fließbändern in entgegengesetzte Richtungen befördert.

Neue ozeanische Kruste bildet sich in zwei Schichten. Lava, die den Meeresboden erreicht, kühlt rasch ab und erstarrt zu Blöcken, sogenannter Kissenlava. In den Spalten erstarrte Lava bildet senkrechte Säulen, Gänge genannt. Unter den Gängen bildet der Mantel gewaltige Blöcke grobkörnigen Gesteins.

Von Schiffen oder Satelliten ausgesandte Laserstrahlen sowie Radar- und Sonarsignale werden vom Meeresboden zurückgeworfen und geben Aufschlüsse über seine Form. Bagger und Bohrer holen Gesteinsproben aus der Tiefe, und mutige Männer erforschen den Meeresboden von Tauchbooten aus.

Forscher stoßen in den ozeanischen Rücken auf eine unheimliche Welt. Ständig brechen Vulkane aus. Aus sogenannten „Schwarzen Schloten" quillt heißes Wasser hervor, das reich an Mineralien ist und bestimmten Fischen und Würmern einen Lebensraum bietet.

## INSIDESTORY
## Eine neue Theorie

Der amerikanische Geologe Harry Hess war der erste Wissenschaftler, der erklären konnte, weshalb sich der Meeresboden verbreitert. Während des Zweiten Weltkriegs befehligte Hess ein Landungsschiff, das über Echolot verfügte und mit dem er den Meeresboden vermessen konnte. In den 1960er-Jahren fanden andere Forscher heraus, dass der Meeresboden sehr dünn ist. Hess gelangte zu dem Schluss, dass geschmolzenes Gestein emporquillt und neue Kruste und Gebirge bildet. Außerdem vermutete er, dass der Meeresboden, wenn er sich verbreiterte, mit Kontinenten zusammenstieß und wieder in den Mantel absank.

Mithilfe von Informationen, die ihnen Satelliten sowie Sonar- und Radargeräte liefern, können die Wissenschaftler Karten vom Meeresboden anfertigen. Hier sind die ozeanischen Rücken in Hellblau dargestellt.

**ZERREISSUNGSVORGÄNGE**
Viele Ozeane begannen ihr Leben als Grabenzonen. Ein Graben entsteht, wenn Konvektionsströme aufsteigen und die Kruste dehnen, bis sie zerreißt. Wenn der Graben breiter wird, kann Wasser aus einem nahen Ozean einfließen. So entsteht ein neues Meer, das ständig größer wird.

**Wenn Konvektionsströme Land zerreißen, entstehen Verwerfungen. Das Land kippt zur Seite, sinkt ab und bildet ein breites Tal, aus dessen Grund Lava herausquellen kann.**

**Die heiße Asthenosphäre wölbt sich in die Verwerfungszone hinein. Sinkt das Land noch weiter ab, strömt Wasser ein. Neuer Meeresboden schiebt die Landmassen auseinander.**

## WÖRTERBUCH

Aus vom Meeresboden zurückgeworfenen **RADAR**- und **SONAR**signalen können Wissenschaftler ein Bild von der Form des Meeresbodens erstellen. Radar ist die Abkürzung von „Radio Detection and Reading" und Sonar die von „Sound Navigation Ranging".

**RIFT** kommt vom dänischen Wort rift, was „Spalte" bedeutet.

## SCHON GEWUSST?

Der mittelozeanische Rücken ist 75 000 Kilometer lang und zieht sich von der Arktis durch den Atlantik, um Afrika und Australien herum und durch den Pazifik bis nach Nordamerika.

In den 1980er-Jahren wurden rund um Schwarze Schlote im Pazifik zwei neue Arten von Röhrenwürmern entdeckt, die bis zu 3 Meter lang werden können. Sie leben in bis zu 300 °C heißem Wasser und ernähren sich von Bakterien.

## WEGWEISER

• Ozeanische Rücken bilden sich dort, wo Konvektionsströme Magma hochpressen. Auf S. 49 steht, wie du Konvektionsströme erzeugen kannst.
• Grabenbrüche sind Verwerfungen. Mehr darüber steht auf S. 54–55.

Schwarze Schlote

Kissen-lava

Gang

Das Rote Meer in Nordafrika begann sich vor 20 Millionen Jahren zu bilden. Es fing damit an, dass die Kruste zerriss und ein Graben entstand. Als er sich verbreiterte und vertiefte, strömte Wasser ein. Das Rote Meer wächst auch heute noch und schiebt Afrika und die Arabische Halbinsel auseinander.

**Mittelozeanischer Rücken**

Mit dem Graben wird auch das Meer breiter. Der Meeresboden bewegt sich nach außen, wird fest und sinkt ab, und beiderseits des Grabens ragt ein Gebirge auf.

Wie Bäume weist auch der Meeresboden Wachstumsringe auf. Wenn geschmolzenes Gestein abkühlt, richten sich die in ihm enthaltenen Eisenteilchen wie eine Kompassnadel nach dem jeweiligen Magnetfeld der Erde aus. Dieses Magnetfeld hat sich im Laufe von Millionen von Jahren mehrmals umgekehrt. So sind Gesteinsbänder entstanden, die teils zum Nordpol, teils zum Südpol hin gerichtet sind. Mit ihrer Hilfe können Geologen das Alter des Meeresbodens bestimmen und messen, wie schnell er sich verbreitert.

▲ normales Magnetfeld
▼ umgekehrtes Magnetfeld

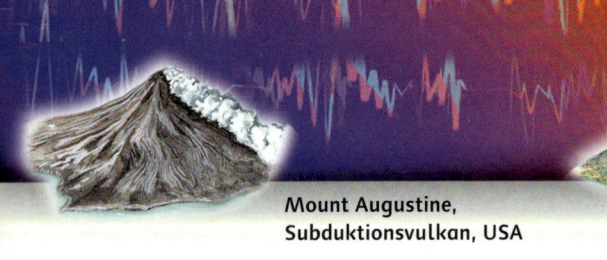

Mount Augustine,
Subduktionsvulkan, USA

Mayon, Inselbogen-
vulkan, Philippinen

# Zusammenstöße

Tektonische Platten befinden sich immer auf einem Kollisionskurs. Wo sie aufeinandertreffen, stoßen sie mit unvorstellbarer
Gewalt aneinander. Wenn zwei kontinentale Platten frontal
kollidieren, wird das Land gestaucht und große Gebirge falten
sich auf. Platten, die in einem kleinen Winkel zusammenstoßen,
reiben sich aneinander und bilden eine Verwerfung. Bei den
meisten Zusammenstößen drückt die dickere, stärkere Platte
die dünnere, schwächere herunter. Dieser Vorgang wird
Subduktion genannt.

Subduktion findet in der Regel dann statt, wenn eine dünne
ozeanische Platte mit einer dickeren ozeanischen oder einer
kontinentalen Platte kollidiert. Der Rand der dickeren Platte
verformt sich und wird aufgefaltet, der der dünneren sinkt ab.
Dieser Vorgang kann Erdbeben auslösen. Die in den Mantel
absinkende dünnere Platte beginnt zu schmelzen. Hitze und
Druck befördern das geschmolzene Gestein an die Oberfläche,
wo Vulkane ausbrechen. An Land entsteht auf diese Weise
meist ein Gebirge mit zahlreichen Vulkanen. Wenn
es um zwei ozeanische Platten geht, entsteht
eine Kette von Vulkaninseln, ein
sogenannter Inselbogen.

Das höchste Gebirge der Erde, der
Himalaja in Asien, ist entstanden,
als vor 60 Millionen Jahren die
Indische und die Eurasische Platte
zusammenstießen. Durch die Auffaltung der Gesteinsschichten
ist die kontinentale Kruste
hier bis zu 70 Kilometer dick.

Dieses Profil zeigt die drei Haupttypen von Platten-
kollisionen. Links stößt ozeanische Kruste mit
kontinentaler Kruste zusammen, und es entstehen
Subduktionsvulkane. In der Mitte führt der Zusammenstoß von zwei Kontinenten zur Auffaltung eines
Gebirges. Rechts treffen zwei ozeanische Platten
aufeinander, und es bildet sich ein Inselbogen.

Im Laufe der Subduk-
tion kann ein Tiefsee-
graben entstehen.

Kontinentale Kruste
wird zu einem hohen
Gebirge aufgefaltet.

Magma quillt
empor und
bildet Vulkane.

Subduktions-
zone

**KONTINENTE IN BEWEGUNG**
Nachdem Pangaea zerbrach, gehörte
Indien zu dem großen Südkontinent
Gondwana. Vor rund 145 Millionen Jahren
brach Indien von Gondwana ab und driftete nach Norden.

Vor etwa 60 Millio-
nen Jahren waren sich
Indien und Eurasien sehr
nahe gekommen. Der indische Meeresboden schob
sich unter Eurasien; dadurch wurde die Kruste
aufgefaltet, und es entstand eine Vulkankette.

## SEI AKTIV!

# Falte selbst Kruste auf

Du kannst zusehen, wie sich die Erdkruste wölbt und auffaltet.

1. Nimm mehrere Stücke bunte Knetmasse, rolle sie zu dünnen Streifen aus und lege die Streifen dann aufeinander. Stell dir vor, das wäre ein Teil der Erdkruste.
2. Lege die Knetmasse auf eine glatte Fläche und schiebe die Ränder mit den Fingern oder zwei Holzklötzen aufeinander zu. Was passiert?

In der Mitte faltet sich die Masse zusammen und hebt sich. Dasselbe passiert, wenn zwei Kontinente zusammenstoßen. Die Kruste wölbt und hebt sich und wird zu einem Gebirge aufgefaltet.

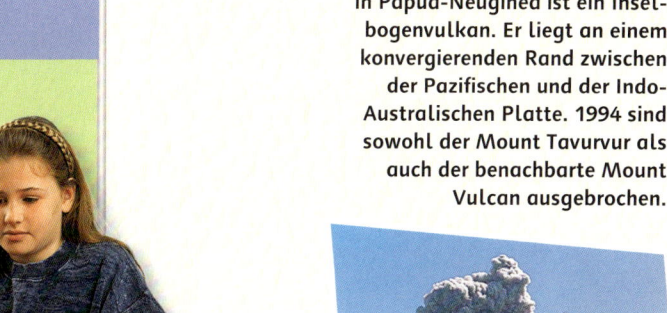

Der Mount Tavurvur nahe Rabaul in Papua-Neuginea ist ein Inselbogenvulkan. Er liegt an einem konvergierenden Rand zwischen der Pazifischen und der Indo-Australischen Platte. 1994 sind sowohl der Mount Tavurvur als auch der benachbarte Mount Vulcan ausgebrochen.

Magma durchbricht die Kruste und bildet einen Vulkaninselbogen.

Die dünne ozeanische Platte wird unter die dickere ozeanische Platte gedrückt.

Subduktionszone

Als die beiden Landmassen gegeneinanderdrückten, wurden Teile des Meeresbodens hochgeschoben. Noch heute kann man auf dem Himalaja, Tausende von Metern über dem Meeresspiegel, fossile Muscheln finden.

Als die Auffaltung weiterging, wurde ein Teil der Kruste wie die Bugwelle eines Schiffes nach außen gedrückt. Der Himalaja wächst noch heute weiter – in den letzten 3 Millionen Jahren ist er 3000 Meter höher geworden.

# Verwerfungen

Der ungeheuere Druck, den die driftenden Platten ausüben, kann auch härtestes Gestein zerbrechen lassen. Solche Bruchzonen werden Verwerfungen genannt. Kleinere Verwerfungen kann man an Felswänden und Uferböschungen sehen. Große Verwerfungen können Hunderte von Kilometern lang sein. Der Typ einer Verwerfung hängt davon ab, wie sich das Gestein bewegt. Wenn es sich auseinanderbewegt, rutscht eine Seite ab, und man spricht von einer Abschiebung. Wenn es sich zusammenschiebt, erhebt sich die eine Seite gewöhnlich über die andere, und es kommt zu einer Aufschiebung. Manchmal gleiten die Gesteine auf beiden Seiten der Bruchzone in entgegengesetzter Richtung oder mit unterschiedlicher Geschwindigkeit aneinander vorbei. Dadurch entsteht eine Verwerfung, die als Seitenverschiebung bezeichnet wird.

Bei einer Abschiebung entstehen lange Klippen, und zwischen zwei Abschiebungen kann das Land zu einem tiefen Graben einsinken. Bei Aufschiebungen können Berge entstehen, die aussehen wie Häuser mit steilen Pultdächern. Aufschiebungen in einem flachen Winkel werden Überschiebungen genannt und können lange, niedrige Bergketten bilden. Bei Seitenverschiebungen können die Gesteinsarten an beiden Seiten sehr unterschiedlich sein, sodass die Verwerfung deutlich zu erkennen ist.

Die San-Andreas-Verwerfung in Kalifornien, USA, ist 1000 km lang. Von einem Flugzeug aus ist sie auf fast ganzer Länge deutlich zu sehen. An ihrer Westseite gleitet die Pazifische Platte langsam nach Nordwesten, und an ihrer Ostseite bewegt sich die Amerikanische Platte nach Südosten. In den letzten 150 Millionen Jahren haben sich die Platten 560 km in entgegengesetzte Richtungen verschoben.

**Kleine Verwerfungen sind in Schichtgestein zu erkennen. Auf diesem Foto ist deutlich zu sehen, dass die linke Seite um Armeslänge abgesackt ist. Man spricht von einer Abschiebung.**

## GROSSE VERWERFUNGEN

**Seitenverschiebung**　　　　　　**Aufschiebungen**

**Seitenverschiebungen durchziehen die Landschaft mit tiefen Rissen und stellen unterschiedliche Gesteinsarten nebeneinander. Manchmal wird das Land auch zu niedrigen Gebirgen aufgefaltet. Große Seitenverschiebungen sind die San Andreas-, die Atacama- und die Philippinen-Verwerfung.**

**Große Aufschiebungen können Bergketten entstehen lassen. Wenn eine Platte gegen eine andere stößt, zerbrechen Teile der Erdkruste und kippen. Landblöcke werden in die Höhe geschoben. Die Berge fallen an der einen Seite steil und an der anderen Seite in einem flacheren Winkel ab.**

## WÖRTERBUCH

Wenn Land zwischen zwei Abschiebungen einsackt, entsteht ein Graben. Die englische Bezeichnung ist **RIFT VALLEY**; das Wort rift kommt aus dem Dänischen und bedeutet Riss oder Spalte. Deshalb wird das Ostafrikanische Grabensystem auch „Great Rift Valley" genannt.

## SCHON GEWUSST?

An der Alpenverwerfung in Neuseeland liegt heute 1 Milliarde Jahre altes Gestein der Australischen neben 300 Millionen Jahre altem Gestein der Pazifischen Platte. Die Gesteine lagen einst Hunderte von Kilometern auseinander, wurden aber durch Bewegungen entlang der Verwerfung zusammengebracht.

In 30 Millionen Jahren wird das Land östlich des Ostafrikanischen Grabens vermutlich abbrechen, und eine neue Insel und ein neuer Ozean werden entstehen.

## WEGWEISER

- Verwerfungen gibt es in vielen Teilen der Erde. Welche am nächsten liegt, siehst du auf der Karte auf S. 48–49.
- Falte eine selbstgemachte Erdkruste auf. Auf S. 53 steht, wie das geht.

Plattenbewegungen reißen Ostafrika langsam auseinander. Durch aufsteigendes Magma wurde die Erdkruste gedehnt, bis sie aufriss und das Ostafrikanische Grabensystem entstand, das 4000 km lang ist und sich vom Roten Meer bis nach Mosambik erstreckt.

## SEI AKTIV!

# Kuchen in Bewegung

Ein Kuchen kann dir helfen, Verwerfungen besser zu verstehen.

1. Kaufe oder backe einen Schichtkuchen. Schneide den Kuchen in Hälften und dann die eine Hälfte in Viertel. Lege die Viertel auf einen Tisch und schiebe sie in entgegengesetzte Richtungen. Das ist eine Seitenverschiebung.
2. Nimm die andere Hälfte und schneide sie schräg durch. Betrachte die Zeichnungen auf der gegenüberliegenden Seite oben und mache eine Auf- und eine Abschiebung. Danach darfst du den Kuchen essen.

Graben            Überschiebungen

Wenn ein Kontinent von einander entgegengesetzten Plattenbewegungen auseinandergerissen wird, bilden sich parallele Verwerfungen. Das Land zwischen den Verwerfungen kann einsinken und ein breites Tal entstehen lassen, das als Graben bezeichnet wird.

Überschiebungen entstehen, wenn Plattenbewegungen eine Gesteinsschicht in einem flachen Winkel über eine andere drängen. Hier hat Subduktion einen Teil des Meeresbodens über den Kontinent geschoben. Ähnliche Vorgänge schufen die Japanischen Alpen und der Appalachen in den USA.

Bora-Bora, Französisch-Polynesien
(10 Millionen Jahre alt)

Lord-Howe-Insel, Australien
(7 Millionen Jahre alt)

Molokini, Hawaii, USA
(4000 Jahre alt)

# Hot Spots

An vielen Orten haben sich im Laufe der Erdgeschichte tief im Mantel Regionen mit extrem heißem Gestein gebildet, die Hot Spots (Heiße Stellen) genannt werden. Das heiße Gestein steigt in Säulen auf, schmilzt und wird zu Magma, das sich wie ein Schneidbrenner seinen Weg durch die Lithosphäre bahnt, als Lava an die Oberfläche gelangt und dort einen Vulkan bildet.

Weil die Platten ständig in Bewegung sind, erzeugen Hot Spots in der Regel eine Kette von Vulkanen. Während der erste Vulkan emporwächst, wird er vom Hot Spot weggetragen, und ein weiterer Vulkan tritt an seine Stelle. Das kann viele Millionen Jahre dauern, wobei die Vulkane der Kette aufgereiht sind wie die Pfosten eines Zauns. Irgendwann befördert die Platte die Hot-Spot-Vulkane vielleicht in eine Subduktionszone, wo sie in den Mantel hinabgedrückt und geschmolzen werden. Gelegentlich kommt es vor, dass ein Hot Spot unter einem ozeanischen Rücken eine Vulkankette in einem Graben emporwachsen lässt. So ist Island im Nordatlantik entstanden.

Hot Spots können fast überall vorkommen. Sie erschaffen Gebirge auf dem Meeresboden, Inseln in den Weltmeeren und Vulkane an Land, und die dabei entstehenden Vulkanketten können im Meer oder auf einem Kontinent liegen.

Die Glasshouse Mountains in Queensland, Australien, sind alles, was von einer Hot-Spot-Kette übrig geblieben ist. Im Laufe von 25 Millionen Jahren ist das weichere Gestein verwittert. Stehen geblieben sind nur die harten Kerne der Lava, mit der einst die Schlote der Vulkane gefüllt waren.

Erodierte, erloschene Vulkane

Korallenatolle

Aktiver Schildvulkan über einem Hot Spot

Neuer Vulkan entsteht

Magmakammer

Magmasäule

Erhitzte magmatische Schmelze

## WÖRTERBUCH

**HOT SPOTS** lassen meist breite, niedrige Vulkane entstehen. Sie werden Schildvulkane genannt, weil sie den Schilden ähneln, mit denen Krieger einst in den Kampf zogen.

Ein **ATOLL** ist eine ringförmige Koralleninsel, die eine Lagune umgibt. Auf den Malediven im Indischen Ozean heißt diese Art von Insel atalou.

## SCHON GEWUSST?

Vom Meeresboden bis zum Gipfel gemessen ist der Mauna Loa auf Hawaii der höchste Berg der Erde. Er ist mit mehr als 9000 Meter höher als der Mount Everest, der höchste Berg auf dem Festland.

Ein Hot Spot, der heute unter der Insel Marion im Indischen Ozean liegt, ist seit 185 Millionen Jahren aktiv.

## WEGWEISER

- Wissenschaftler vermuten, dass heiße Regionen auf dem äußeren Erdkern Hot Spots verursachen. Mehr über den Kern steht auf S. 46–47.
- Von Hot Spots verursachte Lavaströme – Flutbasalte – bedecken große Gebiete der Erde. Lies nach auf S. 74–75.

---

Hier ist die Geburt, das Leben und der Tod von Hot-Spot-Vulkanen dargestellt. Vorn brechen aktive Vulkane über einem Hot Spot aus. Dahinter liegen ältere, erodierte Vulkane. Diejenigen, auf denen sich Korallen angesiedelt haben, werden Atolle genannt, andere, die nicht über die Wasserfläche emporragen, heißen Unterwasserberge. Die ältesten Unterwasserberge gleiten in einen Subduktionsgraben und kehren ins heiße Erdinnere zurück.

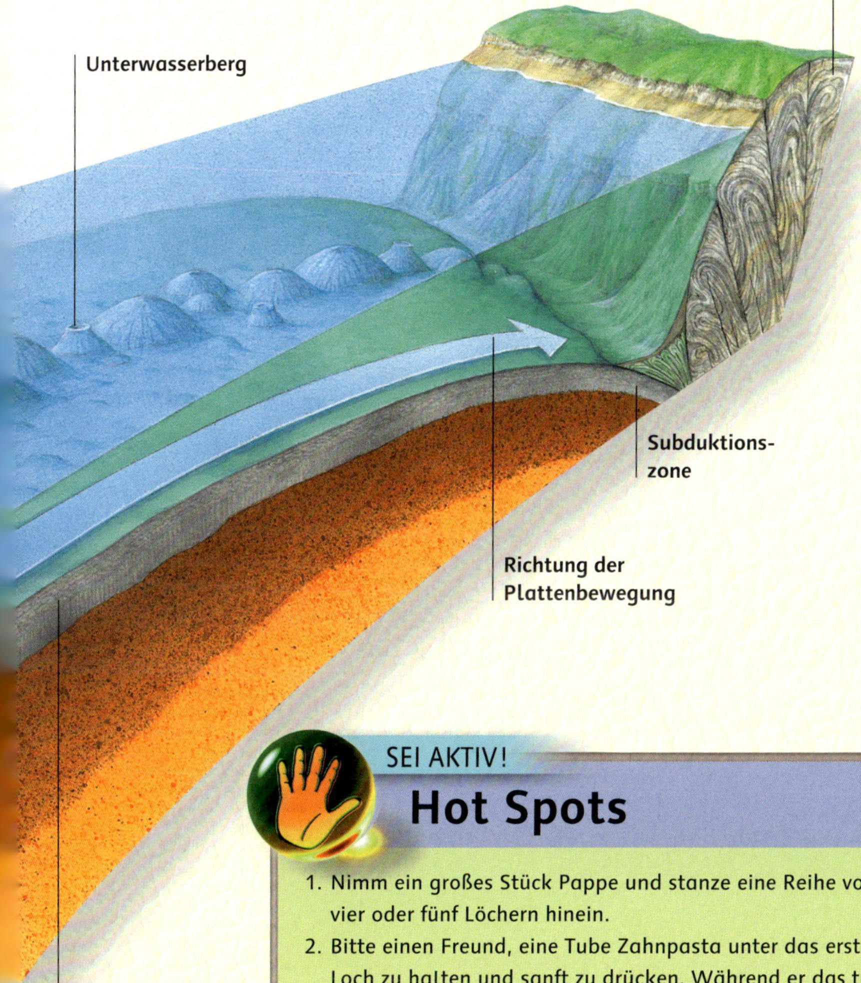

Kontinentale Platte

Unterwasserberg

Subduktionszone

Richtung der Plattenbewegung

Ozeanische Platte

## DIE GLIEDER EINER KETTE

Wenn Magma eine Platte durchbricht, fließt so viel Lava heraus, dass sie im Laufe von Millionen Jahren tiefer als der Grand Canyon und breiter als Grönland werden kann. Aber dann versiegt der Lavastrom, und es bilden sich kleinere Vulkane.

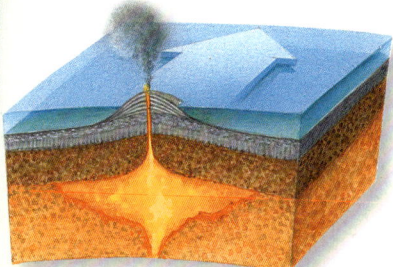

Zuerst bildet sich über einem Hot Spot ein einzelner Vulkan, der umso höher wächst, je mehr Lava sich aufstaut. Dann bewegt sich die Platte weiter und trägt den Vulkan von dem Hot Spot fort.

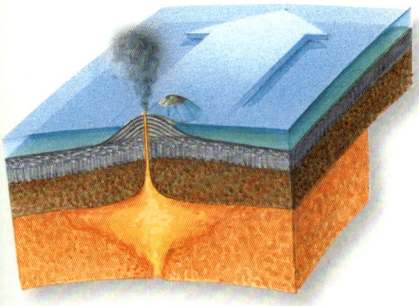

Nach Millionen von Jahren steht der Vulkan nicht mehr mit dem Hot Spot in Verbindung. Die Lavazufuhr hört auf, und der Vulkan erlischt. Über dem Hot Spot bildet sich ein neuer Vulkan.

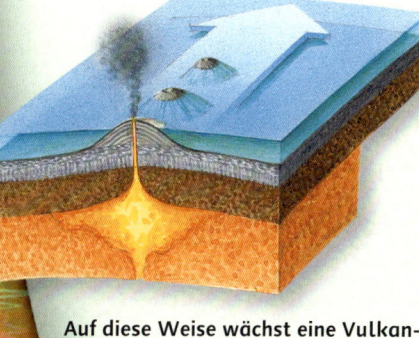

Auf diese Weise wächst eine Vulkankette heran, die in der Richtung der Plattenbewegung verläuft. Erst wenn der Hot Spot abkühlt, wächst die Kette nicht mehr weiter.

## SEI AKTIV!
# Hot Spots

1. Nimm ein großes Stück Pappe und stanze eine Reihe von vier oder fünf Löchern hinein.
2. Bitte einen Freund, eine Tube Zahnpasta unter das erste Loch zu halten und sanft zu drücken. Während er das tut, bewegst du langsam die Pappe, sodass die anderen Löcher über die Tube gleiten. Beobachte, was passiert.

Wenn du die Pappe bewegst, erscheint auf ihr eine Reihe von Tupfen. Das sind deine Hot-Spot-Vulkane. Die Zahnpasta durchdringt die Pappe so wie das Magma, das aus einer Platte herausdrängt und die Hot-Spot-Vulkane entstehen lässt.

57

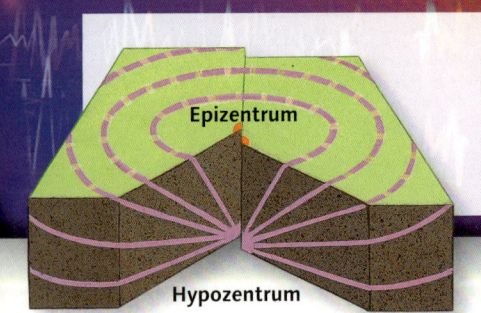

Das Hypozentrum eines Erdbebens kann in mehreren Kilometern Tiefe liegen. Die Stärke der seismischen Wellen nimmt mit zunehmender Entfernung vom Epizentrum ab.

Epizentrum

Hypozentrum

# Der Boden schwankt

Täglich gibt es in verschiedenen Regionen der Welt Hunderte von leichten Beben, und viele Leute haben sie gespürt. Andere aber befanden sich im Zentrum eines starken Bebens. Das kann ein fürchterliches Erlebnis sein. In Gebäuden stürzen Decken ein, Möbelstücke rutschen herum, Fensterscheiben bersten. Im Freien ist der Boden in heftige Bewegung geraten. Bäume und Telegrafenmasten stürzen um, Gas-, Wasser- und Stromleitungen reißen.

Wie schwer ein Erdbeben ist, hängt von seiner Stärke ab, seiner Tiefe und seiner Entfernung. Das Hypozentrum (der Herd) ist der Ort, an dem ein Beben beginnt. Das Epizentrum liegt direkt über dem Hypozentrum auf der Erdoberfläche. Die von dort ausgehenden Schockwellen werden mit zunehmender Entfernung schwächer. Je weiter du also vom Epizentrum entfernt wohnst, desto besser. Die Auswirkungen eines Bebens hängen von der Art des Untergrunds ab. Gewachsener Fels widersteht den Erschütterungen, aber weicher, lockerer Boden bebt heftig und kann sich sogar in Schlamm verwandeln.

Die Seitenbewegungen von Erdbeben sind oft an Eisenbahnschienen zu erkennen. Diese Schienen in der japanischen Stadt Kobe wurden von schlangenförmig verlaufenden Oberflächenwellen verbogen, die während eines schweren Bebens im Jahr 1995 auf die großen Schockwellen folgten.

**DIE MERCALLI-SKALA**
1883 entwickelte der italienische Seismologe Giuseppe Mercalli eine zwölfstufige Skala, die auf den beobachteten Auswirkungen eines Erdbebens auf Gebäude und Menschen basiert.

**STÄRKE 1–3**
Bei Stärke 1, der niedrigsten, werden Erschütterungen kaum bemerkt. Bei 2 spürt man leichte Bewegungen. Bei 3 schaukeln hängende Gegenstände.

**STÄRKE 4–5**
Bei Stärke 4 wackeln Gegenstände. Bei 5 spüren alle Leute das Beben, Flüssigkeiten schwappen über, Bilder verrutschen, Türen klappen.

## WÖRTERBUCH

**HYPOZENTRUM**, der Ort im Erdinnern, von dem ein Beben ausgeht, ist von den griechischen Wörtern kentres (Ort oder Zentrum) und der Vorsilbe hypo (unter) abgeleitet.

**EPIZENTRUM**, der direkt über dem Hypozentrum liegende Punkt an der Oberfläche der Erde, setzt sich aus kentres und der Vorsilbe epi (über) zusammen.

## SCHON GEWUSST?

Die allergrößten Erdbeben wurden von riesigen Meteoriten ausgelöst. Ein solcher Meteorit, der vor 65 Millionen Jahren die Halbinsel Yucatan traf, hat möglicherweise das Aussterben der Dinosaurier verursacht.

## WEGWEISER

- Es ist nicht alles überstanden, wenn das Beben aufhört. Über Nachwirkungen von Erdbeben auf S. 60–61.
- Erdbeben lassen sich nicht mit Gewissheit voraussagen. Aber durch das Studium von Bodenbewegungen können Wissenschaftler warnen. Lies auf S. 62–63.

Schwere Beben richten die größten Schäden an, wenn sie in der Nähe von dicht besiedelten Städten auftreten. Die größte Gefahr stellen einstürzende Häuser dar, aber auch Brücken und Hochstraßen können einstürzen und Autofahrer mit in die Tiefe reißen. Geborstene Gas- und Stromleitungen können gefährliche Brände verursachen. Erdbeben können auch große Erdrutsche auslösen.

## SEI AKTIV!

# Seismische Wellen

Mithilfe eines kleinen Tisches, eines Hammers und etwas Sand kannst du seismische Wellen nachahmen.

1. Verstreue eine Handvoll Sand auf einer Seite des Tisches. Dann schlage 8 bis 10 Zentimeter von dem Sand entfernt auf den Tisch. Beobachte, wie die Sandkörnchen hochhüpfen, sobald die Schockwellen sie erreicht haben.
2. Jetzt schlage ungefähr 20 Zentimeter von dem Sand entfernt auf den Tisch. Die Körnchen hüpfen, aber nicht so hoch.

Je weiter ein Ort vom Epizentrum eines Erdbebens entfernt ist, desto weniger Schaden richten die seismischen Wellen an.

**STÄRKE 6–7**
Bei Stärke 6 ist das Gehen schwierig, Scheiben zerbrechen, Bilder fallen herunter, Putz reißt. Bei 7 fallen Leute und Schornsteine reißen.

**STÄRKE 8–9**
Bei Stärke 8 sind Autos kaum zu lenken, Wände stürzen ein, Schornsteine fallen um. Bei 9 stürzen Gebäude ein, die Erde reißt auf, Leitungen bersten.

**STÄRKE 10–12**
Gebäude stürzen ein, an Bergen kommt es zu Erdrutschen. Schienen werden verbogen, Rohrleitungen zerstört. Bei 12 ist alles verwüstet.

# Nach dem Erdbeben

Schwere Beben haben chaotische Zustände zur Folge, vor allem wenn Großstädte betroffen sind. Rettungsmannschaften benutzen Kräne, um schwere Trümmer beiseite zu räumen, und Suchhunde, die Verschüttete aufspüren sollen.

Ständig muss mit Nachbeben gerechnet werden, weil nach dem ersten Stoß immer noch eine gewisse Spannung in der Kruste herrscht. Meist sind Nachbeben schwächer als das Hauptbeben, aber gelegentlich sind sie sogar noch stärker, und sie können lange anhalten. So gab es zum Beispiel nach einem schweren Beben in New Madrid, Missouri, USA, im Jahr 1811 noch über ein Jahr lang Nachbeben. Einige von ihnen waren heftiger als das ursprüngliche Beben, und viele Leute mussten die Gegend für immer verlassen. In Gebirgsregionen können Erdbeben Erdrutsche und Lawinen auslösen, die weitere Gebäudeschäden anrichten und Straßen und Bahnlinien unpassierbar machen können. Seebeben können Tsunamis auslösen. Das sind Wellen, die mit der Geschwindigkeit eines Düsenflugzeugs übers Meer rasen und sich auftürmen, sobald sie die flachen Küstengewässer erreicht haben.

Nach einem schweren Beben gerät oft aus geborstenen Leitungen ausströmendes Gas in Brand. Hier bekämpfen Feuerwehrleute ein Feuer, das 1994 nach dem Northridge-Beben nahe der kalifornischen Stadt Los Angeles ausbrach. Wenn Brände wie dieser nicht rasch eingedämmt werden, können sie große Verheerungen anrichten.

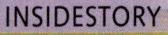
INSIDESTORY

## Verwandeltes Land

Die lange anhaltenden Nachbeben, die auf das Erdbeben von New Madrid, Missouri, USA, im Jahr 1811 folgten, verwandelten die Landschaft. Spalten taten sich auf, Kohlenstaub und Schwefeldünste von Kohlebergwerken hingen in der Luft und Felder und ganze Wälder verschwanden unter Wasser. Flüsse änderten ihren Lauf und ließen neue Sümpfe und Seen entstehen, darunter den Reelfoot Lake in Tennessee. In Kentucky notierte der Naturforscher John Audubon: „Der Boden hob und senkte sich in aufeinander folgenden Furchen wie das aufgewühlte Wasser eines Sees. Die Erde wogte wie ein Maisfeld im Wind." Trotz der erheblichen Verwüstungen des Landes gab es nur wenige Tote, weil die Gegend dünn besiedelt war.

Ein haushoher Tsunami ist ein erschreckender Anblick. Wenn so eine Flutwelle das Land erreicht, bricht sie in sich zusammen, zertrümmert Häuser und schleudert Boote an Land. Häufig richten Tsunamis noch größere Schäden an als das Beben, das sie ausgelöst hat.

### WÖRTERBUCH

**TSUNAMI** ist ein japanisches Wort, das „große Hafenwelle" bedeutet. Daraus geht hervor, dass die Flutwellen kaum zu bemerken sind, bis sie seichtes Wasser z. B. in der Nähe eines Hafens erreicht haben. Tsunamis sind noch verheerender als Sturmfluten.

### SCHON GEWUSST?

Am 9.7.1958 löste Felsgestein, das in die Lituya Bay (Alaska, USA) stürzte, den höchsten Tsunami aus, von dem wir wissen. Die Welle war mit 530 m höher als das höchste Gebäude der Welt.

Am 26.12.2004 verwüstete ein Tsunami, ausgelöst durch ein Seebeben der Stärke 9, 1, Teile Südasiens und Ostafrikas. Mehr als 230 000 Menschen kamen ums Leben.

### WEGWEISER

- Wo die Haupterdbebenzonen liegen, erfährst du auf S. 48–49.
- Wie man Erdbeben erforscht, findest du auf S. 62–63.

### TODBRINGENDE WELLEN

Die meisten Tsunamis werden von Erdbeben auf dem Meeresboden ausgelöst. Die Wellen breiten sich mit einer Geschwindigkeit von bis zu 800 km/h aus und türmen sich zu großer Höhe auf, wenn sie flache Gewässer erreichen.

1946 löste ein Erdbeben auf den Aleuten einen Tsunami aus, der den Leuchtturm auf der Insel Unimak zerstörte. Dann raste die Welle über den Pazifik und traf fünf Stunden später auf Hawaii, wo bis zu 9 m hohe Wellen 159 Menschen töteten.

1960 wurde Hilo von einem Tsunami verwüstet, Auslöser war ein Beben in Chile. Der Flutwelle fielen auf Hawaii 60 Menschen zum Opfer. Auf den Philippinen und in Japan gab es 120 Tote. Danach wurde ein Tsunami-Frühwarnsystem eingerichtet.

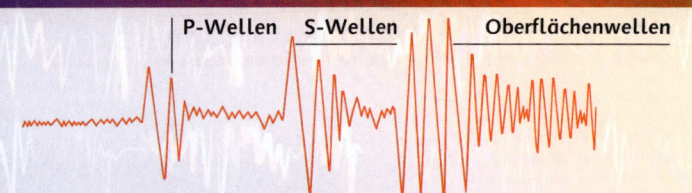

**ERDBEBENMESSUNG**

Ein Seismogramm ist die Aufzeichnung eines Erdbebens. Auf dem links abgebildeten erscheinen zuerst die P-Wellen als dicht gedrängte Erschütterungen. Wenig später folgen die der größeren S-Wellen, und als letzte treffen die Oberflächenwellen ein, die die größten Schäden anrichten.

# Erdbebenforschung

Die Erdbebenkunde wird als Seismologie bezeichnet, und die Leute, die Erdbeben erforschen, nennt man Seismologen. Im Jahr 1876 erfanden zwei italienische Seismologen, Luigi Palmeri und Filippo Cecchi, das Seismometer. Ihr Instrument bestand aus einer Säule, an der ein Pendel befestigt war. Wenn die Säule erschüttert wurde, zeichnete ein Stift am Ende des Pendels die Erschütterung auf Papier auf.

Heute werden moderne Seismometer und andere Instrumente in erdbebengefährdeten Gegenden aufgestellt. Beobachtungsstationen registrieren und verwerten alle gesammelten Informationen. Indem sie diese Informationen mit Wissenschaftlern in anderen Stationen austauschen, können sie die Geschwindigkeit und die Stärke der seismischen Wellen an verschiedenen Orten vergleichen und auch den Herd und das Epizentrum eines Bebens ermitteln.

Anhand dieser Aufzeichnungen können die Seismologen erkennen, dass ein schweres Beben bevorsteht. Aber Zeitpunkt und Stärke eines Bebens werden von vielen Faktoren bestimmt, und selbst mit ihren modernen Instrumenten können die Seismologen nur feststellen, dass ein schweres Beben möglich ist, nicht aber, ob und wann es eintreten wird.

In Erdbebenzonen stellen Seismologen Instrumente entlang der Verwerfung auf, um Bodenbewegungen oder andere Veränderungen zu messen, die Anzeichen für ein bevorstehendes Erdbeben sein könnten. Die meisten Instrumente funktionieren automatisch und senden über Telefonleitungen Daten an Beobachtungsstationen.

## SEI AKTIV!
## Dein Seismometer

Mit einem selbst gebauten Seismometer kannst du Beben aufzeichnen.

1. Fülle ein Glas mit Wasser, schraube den Deckel auf und stelle das Glas auf eine Papierrolle auf einem Tisch. Klebe einen Stift so an das Glas, dass seine Spitze das Papier berührt. Ziehe das Papier langsam unter dem Glas hervor. Der Stift sollte eine gerade Linie zeichnen.

2. Zieh das Papier weiter heraus, bitte aber jemanden, den Tisch sanft hin und her zu rütteln. Die Linie wird sich in Schnörkel von P-Wellen verwandeln. Bei stärkerem Rütteln entstehen größere Schnörkel, die S-Wellen ähneln. Wenn dein Freund nach stärker am Tisch rüttelt, erscheinen auf dem Papier noch größere und längere Schnörkel, die den Oberflächenwellen entsprechen. Das ist dein Seismogramm!

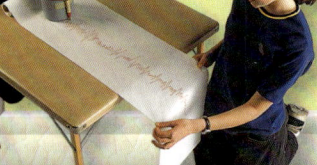

**SYMBOLE**

🔺 GPS

📟 Seismometer

🔧 Kriechmesser

🔋 Magnetometer

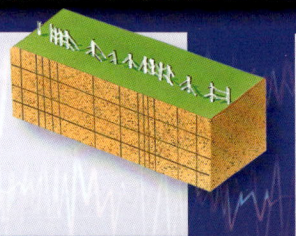

**P-WELLEN**

Die ersten Wellen, die während eines Erdbebens eintreffen, werden Primär- oder P-Wellen genannt. P-Wellen stauchen oder dehnen das Gestein, das sie durchlaufen.

**S-WELLEN**

Sekundär- oder S-Wellen bewegen sich langsamer als P-Wellen. Auf ihrem Weg durch den Untergrund bewegen sich Gesteinsschichten auf und ab und hin und her.

## WÖRTERBUCH

**SEISMOLOGIE** ist aus den griechischen Wörtern seismos (Erschütterung) und logos (Wissensgebiet) zusammengesetzt. **SEISMOMETER** kommt von seismos und einem weiteren griechischen Wort, metron (messen).

**SEISMOGRAMM** enthält ein weiteres griechisches Wort, nämlich gramma, das „Geschriebenes" bedeutet.

## SCHON GEWUSST?

Gelegentlich spüren Tiere Erdbeben, bevor sie eintreten. 1975 beobachteten Seismologen in der chinesischen Provinz Lianong, dass Mäuse und Kaninchen ihre Baue verließen und Schlangen aus dem Winterschlaf erwachten. Sie sahen darin einen Hinweis auf ein unmittelbar bevorstehendes Erdbeben und veranlassten die Evakuierung von vielen Tausend Menschen. Am nächsten Tag kam es zu einem schweren Beben in der Provinz.

## WEGWEISER

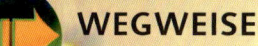

• Wissenschaftler, die Vulkane studieren, werden Vulkanologen genannt. Was sie tun, erfährst du auf S. 76–77.
• Wie man die Stärke von Erdbeben misst, steht auf S. 58–59.

In einer Beobachtungsstation treffen Informationen von den im Freien aufgestellten Instrumenten ein und werden dort von Seismologen ausgewertet. Wenn etwas darauf hindeutet, dass ein Erdbeben bevorsteht, warnen sie die zuständigen Behörden.

Globale Positionssatelliten (GPS) übermitteln Signale an eine Beobachtungsstation. Aus den Signalen geht die genaue Position der GPS hervor. Eine Änderung deutet auf eine Verschiebung der Erdkruste hin.

Seismometer zeichnen Bodenerschütterungen auf. Moderne Instrumente sind so empfindlich, dass sie schon leichteste Vibrationen registrieren. Viele Seismometer werden mit Sonnenenergie betrieben.

Ein Kriechmesser besteht aus einem Draht zwischen zwei Stangen zu beiden Seiten der Verwerfung. Ein Gewicht an einem Ende des Drahtes ist mit einer Skala verbunden.

Das Magnetfeld der Erde verändert sich, wenn sich der Druck im Gestein ändert. Magnetismus wird mit einem Magnetometer gemessen, das zwischen normalen Veränderungen und solchen, die von Plattenbewegungen bewirkt werden, unterscheiden kann.

## LOVE-WELLEN
Auf P- und S-Wellen folgen Oberflächenwellen, die auf die Erdoberfläche beschränkt sind. Ein Typ, die Love-Wellen, bewirkt, dass sich die Erdoberfläche seitlich hin und her bewegt.

## RAYLEIGH-WELLEN
Der zweite Typ von Oberflächenwellen, die Rayleigh-Wellen, bewirkt, dass sich die Erde auf und ab bewegt wie die Meeresoberfläche unter einer großen Welle.

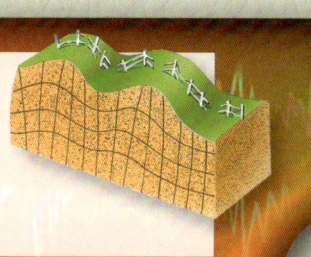

Ätna,
Italien

Anak Krakatau,
Indonesien

# Unter dem Vulkan

Ein Vulkanausbruch ist beängstigend und überaus gefährlich.
Es gibt Anzeichen, die auf eine bevorstehende Eruption hin-
deuten. Oft rumpelt der Boden, bläht sich auf und zerreißt.
Gas strömt aus, und es riecht nach Schwefel. Aus Erdlöchern
wird Gestein emporgeschleudert und aus Spalten sickert
Lava. Wenn Tiere die Flucht ergreifen, sollten die Menschen
es auch tun.

Ein kleiner Ausbruch kann nicht mehr sein als ein Ausstoß von
Gas. Aber manchmal schleudert das Gas geschmolzenes Gestein
heraus. Sobald der Druck nachlässt, fließt ein stetiger Lavastrom
heraus. Gelegentlich verstopft Lava den Schlot des Vulkans.
Wenn sich eine große Menge Gas darunter angesammelt hat,
können bei dem Ausbruch Gesteinsbrocken, Lavaklumpen und
Staub und Asche emporgeschleudert werden.

Manche Eruptionen sind nach ein paar Stunden vorüber, andere
können Jahrzehnte andauern. Lavaströme zerstören alles, was
in ihrer Bahn liegt. Fliegende Gesteinbrocken können Menschen
töten, und herabrieselnde Asche deckt binnen Stunden alles zu:
Pflanzen, Gebäude, Autos, ganze Landschaften.

Vulkane können ihr eigenes Wetter machen. Staub
und Gase schaffen eine feuchtwarme Atmosphäre,
die ideal für Gewitter ist. Deshalb zucken bei
Vulkanausbrüchen häufig Blitze vom Himmel.

## Ein Vulkan wächst

Ende 1943 spürte Masao Mimatsu, ein Postbeamter im Süden
der japanischen Insel Hokkaido, ein vom nahe gelegenen
Vulkan Usu ausgehendes Beben. Kurz darauf bemerkte er an
der Flanke des Usu eine neue Kuppe. Er begann, den neuen
Berg, der Schowa-Schinsan genannt wurde, täglich zu zeichnen.
Als der Vulkan im September 1945 zu wachsen aufhörte, hatte
Mimatsu einen dicken Packen Zeichnungen. Sie stellten eine
vollständige Dokumentation über einen Ausbruch dar.

10. Sept. 1945

5. Juni 1944

Spalte

Gang: ein
senkrechter
Magma-
kanal

Lavastrom
aus Neben-
schlot

Lakkolith:
Magmamasse,
die Gesteins-
schichten in
die Höhe
drückt

Lagergang:
Magma, das
zwischen Ge-
steinsschichten
gedrungen ist

Wenn Lava aus einem langen
Riss in der Erdkruste hervorbricht,
kann sie einen prächtigen roten
Vorhang bilden. Derartige
Spalten können bis zu 30 km
lang sein und gewaltige
Lavamengen herausschleudern.

## WÖRTERBUCH

Wenn ein Vulkan ausbricht, ist er **AKTIV** oder tätig. Wenn er lange nicht ausgebrochen ist, es aber immer noch Anzeichen von Aktivität gibt, ist er **RUHEND** oder untätig. Ist er seit Jahrtausenden nicht mehr aktiv, wird er als **ERLOSCHEN** bezeichnet.

Das Wort **VULKAN** kommt von Vulcanus, dem römischen Gott des Feuers.

## SCHON GEWUSST?

Im Februar 1943 hörte ein Bauer, der in Paricutin in Mexiko lebte, auf einem seiner Felder ein seltsames Rumpeln. Aus einem Loch quoll Rauch, und eine Woche später war auf seinem Feld ein 120 m hoher Vulkan gewachsen. Im September 1944 hatte Lava das ganze Dorf unter sich begraben.

## WEGWEISER

• Viele Vulkane bilden sich über Subduktionszonen. Lies auf S. 52–53.
• Vulkanianische, plinianische und peléanische Ausbrüche können Asche- und Gesteinsströme auslösen. Mehr darüber steht auf S. 68–69.

Aschewolke

Lava bricht durch den Krater aus.

Bei einem Ausbruch drängt Lava an die Oberfläche. Ein Teil davon entweicht durch Schlote oder Spalten, aber ein weiterer Teil ergießt sich zwischen Gesteinsschichten und erstarrt dort. Diese Ablagerungen werden als Gänge bezeichnet.

Glutlawine: Strom aus heißer Lava, Asche und Gasen

Lava steigt im Zentralschlot auf.

Erloschene Magmakammer

Magma steigt aus einem See aus geschmolzenem Gestein, der Magmakammer, auf.

## AUSBRUCHSTYPEN

Wissenschaftler bezeichnen die verschiedenen Ausbruchstypen mit folgenden Namen:

**HAWAIIANISCH**
Aus Krater, Schloten und Spalten schießen Lavafontänen heraus. Die Lavaströme lassen breite, niedrige Schildvulkane entstehen.

**STROMBOLIANISCH**
Bei Explosionen in teilweise erstarrter Lava werden Gesteinsbrocken, Asche und Schlacke herausgeschleudert, die sich zu steilen Kegeln auftürmen, die einstürzen können, wenn sie zu hoch sind.

**VULKANIANISCH**
Heftige Explosionen schleudern große Gesteinsbrocken und Lavabomben in die Luft, wenn sich unter zähflüssiger Lava sehr viel Gas aufgestaut hat.

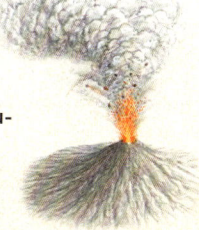

**PLINIANISCH**
Bei diesen gewaltigen Explosionen wird die Magmakammer des Vulkans entleert. Es bilden sich Aschesäulen, die bis zu 50 km hoch sein können.

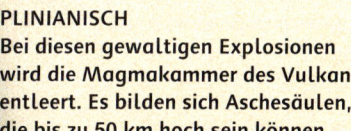

**PELÉANISCH**
Eine Kuppel aus harter Lava im Krater bricht ein und setzt eine Glutlawine frei. Aufsteigende Gase bilden Aschewolken über der Lawine.

Bimsstein

Obsidian

Lavabombe

# Lavaströme

Bei jedem Ausbruch eines Vulkans tritt Lava aus. Sie kann unterschiedliche Formen haben, je nachdem, welche Gase und Chemikalien sie enthält, und auch von der Art des Ausbruchs. Bei explosiven Ausbrüchen wird zähflüssige Lava ausgestoßen, die in Form von „Bomben" empor-geschleudert wird oder wie Sirup langsam talwärts fließt. Bei weniger heftigen Ausbrüchen treten Ströme dünnflüssiger Lava aus.

Wenn Lava ausfließt, kühlt sie ab und erstarrt. Vulka-nologen haben den verschiedenen Lavaformen Namen gegeben. Die meisten davon stammen aus Hawaii, wo es besonders viele Vulkane gibt. Lava, die mit einer verhältnis-mäßig glatten Oberfläche erstarrt, wird Pahoehoe genannt. Wenn die Lava raue, scharfkantige Krusten bildet, heißt sie Aa-Lava. Dünne Lavastränge werden nach der Vulkangöttin Hawaiis „Pelés Haar" genannt.

Dünnflüssige Lava erstarrt gewöhnlich zu Basalt. Aus zähflüssiger Lava bilden sich Gesteine wie zum Beispiel Rhyolit. Die Gase, die aus der brodelnden Lava entweichen, hinterlassen Löcher im Gestein. Gasreiche Formen von Basalt und Rhyolit werden Schlacke und Bimsstein genannt. Lava, die sofort abkühlt, bildet vulkanisches Glas. Wenn es sich um Basaltlava handelt, wird dieses Glas Tachylit genannt, bei Rhyolitlava heißt es Obsidian.

Bei Ausbrüchen auf Hawaii tritt dünnflüssige Lava aus dem Krater oder aus Schloten und Spalten aus. Sie strömt die Flanken des Berges hinunter, ergießt sich über Simse und Klippen und füllt Täler. Zuerst kühlt die Lava an der Oberfläche der Ränder des Stroms ab. Manchmal kühlt die gesamte Oberfläche ab, und es bilden sich Tunnel, durch die die glühend heiße Lava weiterfließt.

Lavatunnel

Wenn dünnflüssige, langsam fließende Lava abkühlt, bildet sich auf ihrer Oberfläche eine dünne, geriffelte Haut. Diese Lava wird nach dem hawaiianischen Wort für dünnflüssig Pahoehoe genannt. Weil die erstarrte Lava zusammengerollten Tauen ähnelt, heißt sie auch Strick-, Seil- oder Wulstlava. An den Enden bilden sich oft rundliche Lappen.

## WÖRTERBUCH

Einige Lavaformen sind nach der hawaiianischen Vulkangöttin **PELÉ** benannt. Die Menschen auf Hawaii glauben, dass sie im Krater des Vulkans Kilauea lebt.

**Aa** ist ein hawaiianisches Wort und drückt den Schmerzensschrei aus, den man ausstößt, wenn man barfuß über die scharfkantigen Lavablöcke läuft.

## SCHON GEWUSST?

Zwischen 1983 und 1989 ist aus dem Vulkan Kilauea auf Hawaii so viel Lava herausgeströmt, dass man daraus eine Straße bauen könnte, die viermal um die ganze Welt führt.

Der längste Lavastrom kam aus einem Vulkan, der vor 190 000 Jahren bei Undara in Nordostaustralien ausbrach. Er war 160 km lang, und seine Lavatunnel sind noch heute zu sehen.

## WEGWEISER

• Auf dem Meeresboden erstarrt Lava rasch zu rundlichen Blöcken, die Kissenlava genannt werden. Lies S. 50–51.
• Die Hawaii-Inseln sind aus einem Hot-Spot-Ausbruch hervorgegangen. Mehr darüber steht auf S. 56–57.
• Lava kann aus Kratern herausschießen, aus Spalten hervorquellen oder aus Schloten heraussickern. Welche Arten von Ausbrüchen es gibt, steht auf S. 65.

Auf Hawaii erreichen die Lavaströme oft das Meer. Wenn sich die glühende Lava ins Wasser ergießt, kühlt sie rasch ab und verwandelt sich in Gestein, das die Insel vergrößert.

## SEI AKTIV!

# Dein Lavastrom

1. Nimm 1 Tasse Mehl, etwas Backpulver, 1/2 Tasse Zucker, 2 gehäufte Esslöffel Kakao, 1/2 Tasse Milch, 2 Esslöffel Butter und 1/2 Teelöffel Salz. Vermische die Zutaten zu einem Teig und gieße ihn in eine gefettete Kuchenform. Forme mit den Händen in der Mitte einen kleinen Berg.
2. Vermische 1/2 Tasse braunen Zucker mit 2 Esslöffeln Kakao und streue die Masse auf den Teig. Dann gieße ganz vorsichtig eine Tasse sehr heißes Wasser darüber.
3. Schiebe die Form in einen auf 220 °C vorgeheizten Backofen und lasse sie 30–40 Minuten darin. Der Kuchen ist fertig, wenn die Schokoladen-„Lava" zu fließen beginnt. Vergiss nicht: Lava ist sehr heiß – also warte, bis sie abgekühlt ist, bevor du sie isst!

Wenn große Mengen Lava langsam fließen und nicht allzu heiß sind, bildet sich beim Abkühlen die raue, oft scharfkantige Aa-Lava. Eine Zeit lang kann noch frische Lava nachfließen, aber irgendwann ist die gesamte Masse zu Gestein erstarrt.

Der Wind oder die Gewalt eines Vulkanausbruchs kann Lavaklumpen in dünne Stränge zerreißen. Beim Herabfallen kühlen diese Stränge ab und bilden glasartige und haarähnliche Fäden.

# Asche und Gase

Zu Vulkanausbrüchen kommt es, wenn Gase aus dem aufsteigenden Magma entweichen; weil der Druck im Erdinnern so stark geworden ist, dass das darüberliegende Gestein ihm nicht mehr standhalten kann; wenn der Druck durch das Einstürzen des Vulkans plötzlich verringert wird. Die Gase schleudern pulverisiertes Gestein, Lavaklumpen und feine Asche in die Atmosphäre. Die häufigsten bei Vulkanausbrüchen freigesetzten Gase sind Wasserdampf, Schwefeldioxid und Kohlendioxid. Wasserdampf kann verbrühen, große Mengen Kohlendioxid lassen Sauerstoff atmende Lebewesen ersticken.

Schwefeldioxid kann sich mit Wasserdampf verbinden und in der Atmosphäre Schwefelsäure bilden. Seltenere Gase sind Chlor und Fluor, die giftig sind und Metalle angreifen, und Schwefelwasserstoff. Eine Gasmaske, ein Schutzhelm und eine Schutzbrille bieten einen gewissen Schutz.

Herabregnende Asche kann den Himmel tagelang verfinstern und eine riesige Fläche unter sich begraben, Straßen verstopfen und Häuser einstürzen lassen. Noch gefährlicher sind Glutlawinen aus Asche und Gasen, die sich mit einer Geschwindigkeit von bis zu 100 km/h an der Flanke des Berges herabwälzen und alles vernichten, was auf ihrer Bahn liegt.

Der Vulkan Soufrière Hills auf der Karibikinsel Montserrat brach im Juli 1995 aus. Explosionen von Wasserdampf und schwefligen Gasen überschütteten das Land mit Asche. Über den Kraterrand wölbten sich Lavakuppen auf, die von Juli 1996 an mehrmals einstürzten und gewaltige Glutlawinen auslösten, die sich schließlich ins Meer ergossen. 16 Bauern kamen ums Leben, und viele Bewohner der Insel mussten ihre Häuser verlassen.

**SEI AKTIV!**

## Eine explosive Reaktion

Dies ist eine Möglichkeit, einen Vulkanausbruch gefahrlos zu beobachten. Ein Erwachsener sollte bei dem Versuch zugegen sein.

1. Nimm eine leere Sprühflasche und entferne die Sprühdüse. Dieser Behälter soll dein Vulkan sein.
2. Fülle den Behälter zu einem Drittel mit weißem Essig, gemischt mit ein paar Tropfen roter Speisefarbe. Stelle ihn in einen Ausguss oder in den Garten.
3. Nun nimm 1/2 Tasse Wasser, rühre einen Esslöffel Natriumbikarbonat hinein und gieße diese Mischung rasch in den Behälter. Tritt ein paar Schritte zurück.

Eine Gaswolke wird aus dem Behälter herausschießen, wie bei einem explosiven Vulkanausbruch. Du kannst das Experiment wiederholen und ein paar Tropfen Spülmittel in den Essig geben. Wenn du jetzt die Bikarbonat-Mischung hineinschüttest, wird Schaum aus dem Behälter quellen – wie eine Glutlawine!

Im August 1995 verfinsterte dichter Ascheregen den Himmel über Plymouth, der Hauptstadt der Karibikinsel Montserrat. Weitere Ausbrüche brachten neue Aschenregen mit sich. 1996 mussten der Flughafen geschlossen und Teile der Stadt aufgegeben werden.

### 📖 WÖRTERBUCH

**NUÉE ARDENTE** für Glutwolke kommt aus dem Französischen: nuée (Wolke) und ardente (glühend). Der Franzose Alfred Lacroix beschrieb als Erster den Ausbruch des Mount Pelée auf Martinique im Jahr 1902.

**LATERAL** (lateinisch latus = Seite) bedeutet „seitlich". Vertikal (lateinisch vertex = Scheitel) bedeutet „senkrecht". Eine Ausbruch kann vertikal oder lateral sein.

### ✴ SCHON GEWUSST?

Eine gewaltige Glutlawine, die 186 n. Chr. beim Ausbruch des Taupo in Neuseeland freigesetzt wurde, raste vermutlich mit einer Geschwindigkeit von 725 km/h über das Land – so schnell wie ein Düsenflugzeug.

In Japan legte eine Glutlawine aus dem Kagoschima eine Strecke von 60 km zurück. Sie war so schnell, dass sie dabei sogar 10 km offenes Meer übersprang.

### ➡ WEGWEISER

• Asche von Vulkanausbrüchen kann sich mit Regenwasser zu gefährlichen Schlammströmen verbinden. Lies S. 71.
• Alles über die Arbeit von Vulkanforschern findest du auf S. 76–77.

## GLUTLAWINEN

Glutlawinen sind eine Folge von heftigen Eruptionen. Es gibt zwei Haupttypen von Eruptionen.

### VERTIKALE ERUPTION

Bei einem Ausbruch wird eine riesige Wolke aus vulkanischen Materialien herausgeschleudert. Später stürzt ein Teil der Wolkensäule in sich zusammen und fällt auf die Erde zurück. Dann wälzt sich eine Mischung aus Asche und Gasen den Berg hinunter.

### LATERALE ERUPTION

Dicke Lava, die den Hauptschlot oder einen Seitenschlot verstopft, wird plötzlich von aufgestauten Gasen herausgesprengt. Dabei werden Asche, Gase und Gestein an einer Seite des Vulkans herausgeschleudert. Eine solche Glutlawine nennt man auch nuée ardente.

1991 löste eine laterale Eruption des Vulkans Unzen auf der japanischen Insel Kiuschu verheerende Glutlawinen aus. 41 Menschen starben, eine Grundschule und 705 Häuser wurden zerstört, und fast 9000 Menschen mussten evakuiert werden.

# Nachwirkungen

Lava, Asche und Gase sind nicht die einzigen Gefahren, die ein Vulkanausbruch mit sich bringt. Die Nachwirkungen sind häufig ebenso
lebensbedrohend und sogar noch verheerender. Regen aus Eruptions-
wolken, Eis und Schnee, die in der Hitze schmelzen, einbrechende
Kraterseen und Erdbeben können Erdrutsche und Schlammströme,
sogenannte Lahars, auslösen. Wenn Lava, Schlamm und Glutlawinen
Flüsse füllen, kommt es zu Überschwemmungen. In Küstenregionen
können Erdrutsche Tsunamis auslösen.

Von einem Vulkanausbruch betroffene Ortschaften können auch in
anderer Hinsicht bedroht sein. Wenn Wasserversorgung und Kana-
lisation zerstört sind, können Seuchen ausbrechen. Blockierte
Straßen und Bahnstrecken machen die medizinische Versorgung
der Bevölkerung fast unmöglich. Und wenn die Ernte vernichtet
wurde, droht eine Hungersnot.

Vulkane können sich auch langfristig auf das lokale und das Weltklima
auswirken. Die aus den Schloten entweichenden Aerosole (Schweb-
stoffe) verbreiten sich in der Atmosphäre. Heftige schwefelreiche Ausbrüche füllen die Luft mit winzigen Schwefelsäuretröpfchen, die einen
Teil der Sonnenstrahlen blockieren und die Temperatur auf der Erde
sinken lassen. Fluor und Chlor können die Ozonschicht beschädigen,
die uns vor schädlichen Sonnenstrahlen schützt.

Am 13. November 1985 ergoss sich ein
gewaltiger Schlammstrom über die
kolumbianische Stadt Armero und tötete
23 000 Menschen. Ausgelöst wurde er durch
einen Ausbruch des 45 km entfernten
Nevado del Ruiz, bei dem der Schnee auf
seinem Gipfel schmolz.

## INSIDESTORY

### Gefahr am Himmel

Im Dezember 1989 wurden Besatzung und Passagiere einer französischen Linien-
maschine, die gerade über Alaska hinwegflog, zu Tode erschreckt. Asche von einem
Ausbruch des Redoubt verstopfte alle vier Triebwerke des Flugzeugs, das daraufhin
3200 Meter tief absackte, bevor es dem Piloten gelang, die Maschine abzufangen und
sicher zu landen. Dieser Vorfall führte dazu, dass die Bedrohung durch Vulkanasche
sehr ernst genommen wurde. Heute werden sämtliche Ausbrüche im Bereich des Nord-
pazifiks von einem Observatorium in Alaska überwacht. Dort treffen ständig Berichte
von amerikanischen und russischen Vulkanologen ein,
und Satelliten registrieren Aschewolken. Auch werden Seismometer eingesetzt, und der Gasausstoß
der 16 gefährlichsten Vulkane Alaskas wird
regelmäßig kontrolliert.

### DAS JAHR OHNE SOMMER

Der Ausbruch des Tambora in Indonesien im April
1815 war der heftigste in geschichtlicher Zeit. Ungefähr
10 000 Menschen starben sofort, aber ungezählte
weitere litten unter den Nachwirkungen des Ausbruchs,
darunter auch viele auf der anderen Seite der Erde.

Bei der gewaltigen
plinianischen Eruption
wurden etwa, 1,7 Millionen
Tonnen Asche in die Atmo-
sphäre geschleudert und riesige
Glutlawinen ausgelöst. Die
Asche regnete auf weite Teile
Indonesiens herab. Die Ernte
fiel aus, und mehr als 80 000
Menschen verhungerten.

## WÖRTERBUCH

**LAHAR** ist das indonesische Wort für einen vulkanischen Schlammstrom. Lahars kommen in Indonesien relativ häufig vor, und Vulkanologen aus aller Welt reisen in das Land, um ihre Auswirkungen zu studieren.

Das Wort **AEROSOL** ist von griechisch aer (Luft) und lateinisch solutus (aufgelöst) abgeleitet und bezeichnet ein Gas, das feste oder flüssige Stoffe in feinst verteilter Form enthält.

## SCHON GEWUSST?

1982 flog ein Jumbojet durch eine Aschewolke aus dem Vulkan Galunggung in Indonesien. Alle vier Triebwerke fielen aus, und die Maschine sackte fast 8000 Meter ab, bevor der Pilot die Triebwerke wieder starten konnte.

Aerosole und Aschepartikel aus Vulkanausbrüchen können die aufgehende Sonne erst grün, dann blau aussehen lassen.

## WEGWEISER

- Welche Gase aus Vulkanen entweichen, steht auf S. 68–69.
- Auch Erdbeben können Erdrutsche und Schlammströme auslösen. Lies mehr darüber auf S. 60–61.

Beim Ausbruch des Pinatubo auf den Philippinen am 15. und 16. Juni 1991 starben 320 Menschen und rund 200 000 mussten ihre Häuser verlassen. Noch Jahre danach vermengte sich sintflutartiger Regen mit der Asche zu gewaltigen Schlammströmen. Ihnen fielen 600 Menschen zum Opfer. 1995 machte in einziger Lahar 100 000 Menschen obdachlos.

Die Asche des Tambora wanderte um den ganzen Globus und ließ die Temperatur in vielen Teilen der Welt sinken. Auf der Nordhalbkugel gab es einen ungewöhnlich strengen Winter und einen der kältesten Sommer. 1816 wurde als „das Jahr ohne Sommer" bekannt.

Ascheteilchen in der Luft verstärken die Gelb- und Rottöne von Sonnenauf- und -untergängen. Nach dem Ausbruch des Tambora waren sie überall auf der Welt besonders spektakulär.

# Geysire und heiße Quellen

Noch Tausende von Jahren nach dem letzten Ausbruch kann das Gebiet unter einem Vulkan heiß bleiben. In diesen sogenannten geothermalen Regionen trifft aus sehr alten Magmakammern aufsteigende Wärme auf Wasser, das durch Spalten in der Erde herabsickert. Das Wasser kann bis auf 270 °C aufgeheizt werden, aber der Druck von kühlerem Wasser in dem darüber liegenden Gestein verhindert, dass es kocht. Aber wenn das Wasser in den oberen Gesteinsschichten an der Oberfläche ausfließt, lässt der Druck nach, und das heißere Wasser aus der Tiefe verwandelt sich in Dampf, der dann emporschießt. Je nach der Stärke des Druckes können Wasser und Wasserdampf in Form einer gewaltigen Fontäne, die Geysir genannt wird, ausbrechen oder als heiße Quelle sanft herausprudeln. Manchmal bahnen sich Wasser und Dampf ihren Weg durch weiches Erdreich; dann bilden sich brodelnde Schlammkessel. Heißes Grundwasser wäscht die Mineralien im umliegenden Gestein heraus und befördert sie an die Oberfläche. Wenn das Wasser dann verdunstet, bleiben die Mineralien zurück. Diese Ablagerungen werden Sinter genannt und sind oft überaus schön geform und gefärbt.

In geothermalen Regionen sprudeln Geysire aus Sintergestein, und heißes Wasser tropft von Sinterterrassen. In Vertiefungen brodeln Schlammkessel. Und alles ist in wogende Dampfwolken eingehüllt.

Sinterterrassen

Schlammkessel

In Japan gibt es zahlreiche heiße Quellen. In den Japanischen Alpen auf der Insel Honschu haben Makaken gelernt, wie sie sich im Winter aufwärmen können. Sie baden in dem heißen Wasser.

Das Wasser in diesem Schwimmbecken kommt aus heißen Quellen. Im nahe gelegenen Kraftwerk treibt der Dampf die Turbinen von Generatoren an, die elektrischen Strom erzeugen.

**GEYSIR** ist ein isländisches Wort, das „hochschießen" bedeutet. In Island ist es zugleich der Name des berühmtesten Geysirs des Landes, 80 km nördlich der Hauptstadt Reykjavik.

**GEOTHERMAL** ist aus zwei griechischen Wörtern zusammengesetzt, nämlich geo (Erde) und thermos (heiß). Für geothermale Aktivitäten ist die heiße Erde verantwortlich.

Der höchste aktive Geysir der Welt ist der Steamboat-Geysir im Yellowstone Park im amerikanischen Staat Wyoming. Seine Fontäne erreicht eine Höhe von 115 m und ist damit höher als ein 30-stöckiges Gebäude.

Die höchsten Fontänen, die je beobachtet wurden, schossen zwischen 1900 und 1904 aus dem Waimangu-(Schwarzwasser)-Geysir in Neuseeland hervor. Sie erreichten Höhen bis zu 460 m. So hoch ist ein Gebäude mit 125 Stockwerken.

• Die Wärme, die heiße Quellen und Geysire antreibt, kommt aus Kammern, in denen sich aus dem Mantel aufgestiegenes Magma angesammelt hat. Mehr über den Mantel steht auf S. 46–47.
• Heiße Quellen gibt es auch am Meeresboden. Mehr darüber steht auf S. 50–51.

### WIE GEYSIRE AUSBRECHEN

Wie Geysire funktionieren, können die Wissenschaftler nicht genau erklären, weil sie nicht in den heißen Untergrund hinabsteigen können. Aber Experimente lassen vermuten, dass ein Ausbruch folgendermaßen abläuft:

Oberflächenwasser sickert durch Spalten und einen Schlot in einen Hohlraum. Wärme, die von einer Magmakammer aufsteigt, erhitzt das Wasser in dem Hohlraum, aber der Druck des Wassers in den Spalten und im Schlot verhindert, dass es kocht.

Wenn sich der Hohlraum, der Schlot und die Spalten füllen, fließt das Wasser schließlich an der Oberfläche heraus. Sobald das passiert, lässt der Druck im Hohlraum nach. Das Wasser gerät ins Kochen, und Dampf und Wasser schießen zur Oberfläche empor.

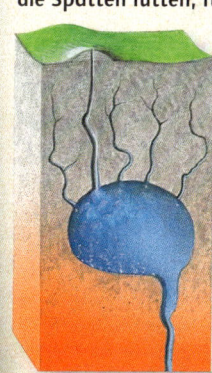

Mineraltümpel

Geysir

SEI AKTIV!

## Mache dir einen Geysir

Mit einfachen Hilfsmitteln kannst du dir einen Geysir machen.

1. Fülle eine Schüssel mit Wasser. Stelle einen Trichter umgekehrt so in die Schüssel, dass der Hals aus dem Wasser herausragt.
2. Nimm einen biegsamen Strohhalm und schiebe ein Ende unter den Trichter. Das andere soll über den Schüsselrand herausragen.
3. Puste in den Strohhalm und sieh zu, was passiert.

Wasser schießt aus dem Trichterhals. Der Druck deines Atems treibt das Wasser nach oben. Ein Geysir funktioniert ähnlich; allerdings wird der Druck von der Hitze einer Magmakammer erzeugt.

Manche Geysire brechen regelmäßig aus, andere zu unvorhersehbaren Zeiten. Wenn die Wärmequelle im Erdinnern erlischt, stirbt auch der Geysir.

# Vulkanlandschaften

Vulkane verändern mit jedem Ausbruch ihre Form. Neue Krater entstehen, und Lavaströme erstarren zu neuen Gesteinsschichten. Plinianische Ausbrüche bewirken die stärksten Veränderungen. Bei diesen heftigen Explosionen wird die Magmakammer teilweise entleert und der Vulkan stürzt ein. Dadurch entsteht ein gewaltiger Kessel, der als Caldera bezeichnet wird. In einer Caldera können Lavakuppen emporwachsen; gelegentlich bildet sich in ihr sogar ein neuer Vulkan.

Selbst ruhende oder erloschene Vulkane können sich noch verändern. Regen und Wind tragen Gestein ab, Regenwasser füllt die Krater. Flüsse meißeln tiefe Täler in die Flanken eines Vulkans. In Jahrmillionen können diese Kräfte das weichere Äußere eines Vulkans so weit abtragen, dass nur ein Skelett aus harter Lava übrig bleibt. Zu diesem Skelett gehören Gänge und Pfropfen, die sich einst in unterirdischen Spalten und Schloten bildeten.

Der größte Teil der Lava erstarrt zu Basalt, Andesit oder Rhyolit. Welche Form die Vulkangesteine annehmen, hängt davon ab, wie schnell die Lava abgekühlt ist. Lava, die im Wasser schnell abkühlt, kann kissenförmige Hügel bilden. Andere Lava erstarrt zu sechseckigen Säulen.

Diese hohen Säulen aus vulkanischem Gestein in Kalifornien sehen aus wie Orgelpfeifen. Sie entstanden, als ein Lavastrom abkühlte. Als sich die Lava weiter verhärtete, schrumpfte sie und zerbarst in regelmäßige, sechseckige Säulen.

Pfropfen und Gänge aus in Vulkanschloten und -spalten erstarrter Lava.

## INSIDESTORY

# Leben in einem Feenturm

Ich heiße Jaschir und lebe in Göreme in der Türkei. Mein Haus ist in eine hohe Felsnadel hineingemeißelt. Die älteren Leute nennen diese Felsnadeln „Feentürme" und behaupten, sie wären früher die Behausungen von Geistern gewesen. Aber unser Lehrer hat gesagt, sie wären vor Millionen von Jahren entstanden, als Flüsse das weichere Vulkangestein fortspülten. Menschen leben hier seit ungefähr 10 000 Jahren.

Unser Haus ist sehr komfortabel. Der Fels bleibt im Sommer kühl, und im Winter ist es in ihm sehr gemütlich. Wir haben ein großes Wohnzimmer, eine Küche und drei Schlafzimmer und graben ein weiteres in den Fels.

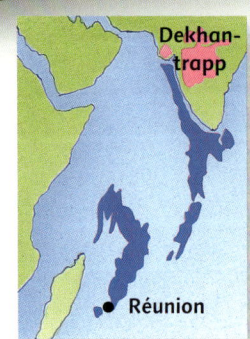

### FLUTBASALTE

Teile unserer Erde sind von dicken Lavaschichten bedeckt, sogenannten Flutbasalten. Die meisten von ihnen entstanden, als ein Hot Spot ausbrach und ungeheure Mengen von geschmolzenem Gestein ausspie. Das kommt jedoch nur alle 10 bis 20 Millionen Jahre einmal vor. Ein berühmtes Beispiele für Flutbasalte ist der Dekhantrapp in Zentralindien.

Dekhantrapp

Réunion

Der Basalt des Dekhantrapps kam aus einem Hot Spot, der vor 65 Millionen Jahren unter Indien lag. Eine Million Jahre lang ergossen sich Lavaströme über ein Drittel von Indien. Seit dem Lavaausbruch ist Indien von dem Hot Spot fortgedriftet. Eine unterseeische Vulkankette verbindet den Dekhantrapp mit dem Hot Spot, der heute unter der Insel Réunion im Indischen Ozean liegt.

## WÖRTERBUCH

**RHYOLIT** ist von dem griechischen Wort rhyax abgeleitet, das „flüssig" bedeutet.

**ANDESIT** erhielt seinen Namen nach den Anden in Südamerika. In der Umgebung der Vulkane dieses Gebirges kommt das Gestein besonders häufig vor.

**CALDERA** ist das spanische Wort für Kessel und gleichzeitig der Name eines Kraters auf den Kanarischen Inseln.

## SCHON GEWUSST?

Die größte Caldera ist der Tobasee auf der indonesischen Insel Sumatra. Er hat eine Fläche von 1755 km². Führe man im Auto mit einer Geschwindigkeit von 80 km/h, würde man für seine Überquerung eine Stunde brauchen.

Der Binneringe Dike, ein Felsenwall in Westaustralien, ist über 600 km lang. Um diese Strecke mit dem Auto zurückzulegen, würdest du zwei Tage brauchen.

## WEGWEISER

- Pfropfen, Gänge und Lakkolithen waren einst Kanäle für glutheißes geschmolzenes Gestein. Lies S. 64–65.
- Wenn Lava an der Oberfläche abkühlt, nimmt sie Formen an, die Pahoehoe und Aa heißen. Wie sie aussehen und woher ihre Namen kommen, steht auf S. 66–67.

Calderas sind von schroffen Ringen umgeben, und Flutbasalte sind als weite Hochebenen mit treppenförmig abgestuften Rändern erhalten geblieben. In stark erodierten Landschaften können unterirdische Kanäle, die einst Vulkane speisten, in Form von wallartigen Gebirgen und Felsnadeln zum Vorschein kommen.

Ein Gang entsteht, wenn Magma eine Spalte füllt. Ist die Lava härter als das umliegende Gestein, wird dieses im Laufe der Zeit abgetragen, und der Gang kommt als wallartiges Gebirge zum Vorschein. Dieser Gebirgswall liegt in Nordwestaustralien.

Caldera mit kleinem Krater.

Aus vielen Lavaschichten aufgebaute Hochebene, Hinweis auf Flutbasalte.

Mit Wasser gefüllter und von Regen gespeister Kratersee.

Lagergänge aus erstarrtem Magma erkennbar zwischen Gesteinsschichten.

Einstiger Lavastrom

An der Oberfläche freigelegter alter Lakkolith.

Sedimentschichtgestein wölbt sich über alten Lakkolithen auf.

Senkrechte Gänge speisen oft horizontale.

Der Dekhantrapp bildet gewaltige, über 1500 m mächtige Hochebenen. An vielen Stellen haben sich Flüsse einen Weg durch das Gestein gebahnt und die Lavaschichten freigelegt. Die Dicke der Schichten schwankt und gibt Aufschluss darüber, wie lange ein Ausbruch dauerte und wie viel Lava ausgeflossen ist.

Die Basaltschichten verraten den Wissenschaftlern, dass sich auf manchen Schichten Sedimente ablagerten, bevor sie unter dem nächsten Lavastrom begraben wurden. Sie deuten darauf hin, dass es zwischen den Ausbrüchen friedliche Perioden gab, in denen sich Flüsse und Seen bildeten.

# Vulkanologie

Vor 2350 Jahren reiste der griechische Philosoph Plato nach Sizilien, um einen Ausbruch des Ätna zu beobachten. Er war der erste Mensch, der abkühlende Lava beschrieb. Im 18. Jahrhundert brach ein Streit über die Ursprünge vulkanischen Gesteins aus. Die Neptunisten behaupteten, viele vulkanische Gesteine hätten sich aus Meerwasser herauskristallisiert. Die Plutonisten vertraten die Ansicht, dass sich solche Gesteine aus geschmolzenem Material aus dem Erdinnern gebildet hätten. Erst Anfang des 19. Jahrhunderts erhielten die Plutonisten recht. Die wissenschaftliche Beschäftigung mit Vulkanen wird Vulkanologie genannt. Heute überwachen Vulkanologen Ausbrüche mithilfe von Flugzeugen und Satelliten und filmen vulkanische Aktivitäten aus sicherer Entfernung. Um die Vulkane aber wirklich kennenzulernen, müssen sie hinaufklettern und sich den Gefahren von Lava, Gasen und Erdrutschen aussetzen. Nur so können sie Proben entnehmen und Instrumente aufstellen, die Erschütterungen und Geräusche aufzeichnen. Die Vulkanologen arbeiten eng mit den Behörden zusammen. Anhand ihrer Informationen entscheiden die Behörden, ob eine von einem drohenden Vulkanausbruch gefährdete Region evakuiert werden muss.

Bei ihrer Arbeit müssen Vulkanologen ständig mit Gefahren wie unsicherem Boden oder plötzlichem Ausströmen von Lava oder Gasen rechnen.

## INSIDESTORY
## Ein dynamisches Paar

Die französischen Wissenschaftler Maurice und Katia Krafft gehören zu den herausragenden Persönlichkeiten in der Geschichte der Vulkanologie. Maurice interessierte sich schon als 7-Jähriger für Vulkane, nachdem er 1954 einen Ausbruch des Stromboli beobachtet hatte. Mit 15 Jahren gehörte er der französischen Geologischen Gesellschaft an. Katia und Maurice lernten sich an der Universität kennen. Gemeinsam untersuchten, fotografierten und filmten sie Vulkane in der ganzen Welt. Sie interessierten sich besonders für Ausbrüche mit Glutlawinen, weil sie die gefährlichsten sind. Bei einem Ausbruch des Unzen in Japan am 3. Juni 1991 fielen die Kraffts und 39 weitere Menschen einer Glutlawine zum Opfer.

**Messen von Erschütterungen mit tragbarem Seismometer**

**Entnahme von Proben vulkanischer Gase**

## WÖRTERBUCH

Die **NEPTUNISTEN** wurden nach Neptun, dem römischen Gott des Meeres, die **PLUTONISTEN** nach Pluto, dem römischen Gott der Unterwelt, benannt.

Das Wort **VULKANOLOGIE** ist aus Vulkan, dem Namen des römischen Feuergottes, und dem griechischen Wort logos (Wissensgebiet) zusammengesetzt.

## SCHON GEWUSST?

Die Seismometer im Vulkan-Observatorium auf Hawaii sind so empfindlich, dass sie aus dem Erdmantel oder einer Kammer in der Erdkruste aufsteigendes Magma entdecken können, lange bevor es die Oberfläche erreicht hat.

Luftaufnahmen mit speziellen Radargeräten haben aktive Vulkane in einer Tiefe von 1500 m unter der Eisdecke der Antarktis sichtbar gemacht.

## WEGWEISER

- Seismometer spielen bei der Erforschung von Erdbeben eine wichtige Rolle. Mehr darüber steht auf S. 62–63.
- Einen Querschnitt durch einen ausbrechenden Vulkan findest du auf S. 64–65.

Vulkanologen arbeiten in Teams, und jeder Wissenschaftler hat eine bestimmte Aufgabe. Einige messen mit Sonden die Temperatur der Lava. Andere arbeiten mit tragbaren Seismometern, die Erschütterungen registrieren. Diejenigen, die dicht an der Lava arbeiten, tragen Schutzanzüge.

Vermessung des Kraters

Messung der Temperatur der Lava

## VON LAVA LERNEN

Anhand von Lavaproben können die Wissenschaftler feststellen, wie sich vulkanische Gesteine bilden, woraus sie bestehen und aus welchem Teil des Erdinnern die Lava stammt.

Manche Lavaströme enthalten Gesteinsbrocken aus dem Erdmantel. Sie ermöglichen es den Wissenschaftlern, Gesteine zu untersuchen, die normalerweise unerreichbar sind. Die grünen Stücke in dieser Lava sind Brocken des Gesteins Peridotit, das sich in 40 km Tiefe gebildet hat.

Um herauszufinden, aus welchen Mineralien ein Gestein besteht und damit zugleich, welche Art vom Magma sich unter dem Vulkan befindet, betrachten Vulkanologen dünne Lavaplättchen unter dem Mikroskop. Dadurch erhalten sie Hinweise auf das künftige Verhalten des Vulkans.

Feldspat

Olivin

# Worterklärungen

**Abschiebung**   Ein Bruch in Gesteins-schichten, bei dem eine Seite in einem Winkel zwischen 45 und 90 Grad abgesackt ist.

**Aerosol**   In der Luft schwebende Mischung aus Staubkörnchen und Wassertröpfchen.

**Asthenosphäre**   Eine Schicht im oberen Erdmantel, die so weich ist, dass sie fließt. An manchen Stellen ist das Gestein geschmolzen.

**Aufschiebung**   Ein Bruch in Gesteins-schichten, bei dem eine Seite in einem Winkel zwischen 45 und 90 Grad hoch-geschoben wurde.

**Caldera**   Eine große, runde Vertiefung, die entsteht, wenn ein Vulkan oberhalb seiner Magmakammer einbricht.

**Divergierender Rand**   Eine Zone zwischen zwei tektonischen Platten, die auseinanderdriften.

**Epizentrum**   Der Punkt an der Erdober-fläche, der direkt über dem Hypozen-trum (dem Herd) eines Erdbebens liegt.

**Geothermale Energie**   Energie, die aus dem Erdinnern gewonnen wird – aus heißem Gestein, heißem Wasser oder Dampf.

**Hypozentrum**   Auch Herd genannt. Der Ort in der Erde, an dem in Gestein aufgestaute Energie plötzlich in Form von Erdbebenwellen freigesetzt wird.

**Inselbogen**   Eine bogenförmige Kette von Vulkaninseln, die sich über abtau-chendem Meeresboden gebildet hat.

**Konvektionsstrom**   Eine Strömung, die Wärme durch sich bewegendes Material wie etwa das heiße Gestein im Erdman-tel befördert.

**Konvergierender Rand**   Die Zone zwischen zwei tektonischen Platten, die aufeinander zudriften.

**Lahar**   Ein von einem Vulkanausbruch ausgelöster Schlammstrom.

**Lakkolith**   Ein pilzförmiger Einschluss aus Vulkangestein, der sich bildete, als aufsteigendes Magma Gesteinsschichten nach oben drängte.

**Lithosphäre**   Der erstarrte äußere Teil der Erde. Er besteht aus der Kruste und der obersten Schicht des Mantels.

**Magnitude**   Die Stärke eines Erdbe-bens, gemessen an der Energiemenge, die freigesetzt wird. Seismologen mes-sen die Magnitude eines Erdbebens mithilfe der Richterskala, die bei 0 beginnt und nach oben offen ist.

**Mineral**   Eine chemische Verbindung mit einer bestimmten Atomstruktur. Minerale sind feste Stoffe; aus ihnen bestehen sämtliche Gesteine der Erde.

**Mittelozeanischer Rücken**   Ein langes Gebirge, das durch Vulkantätigkeit an den Rändern divergierender ozeanischer Platten auf dem Meeresboden ent-standen ist.

**Oberflächenwelle**   Eine seismische Welle, die an der Erdoberfläche entlang-wandert. Sie trifft nach den Primär- und Sekundärwellen ein und bewegt den Grund auf und ab und von einer Seite zur anderen.

**Primärwelle**   Eine seismische Welle, abgekürzt P-Welle genannt, die das Gestein, das sie durchläuft, zusammen-presst und auseinanderzerrt. Sie wird Primärwelle genannt, weil sie bei einem Erdbeben als erste eintrifft, vor der Sekundärwelle.

**Pyroklastite**   Sammelbezeichnung für alle vulkanischen Auswurfsmaterialien.

**Schlot**   Senkrecht verlaufende Haupt-röhre eines Vulkans.

**Schwarzer Schlot**   Eine Röhre in einem mittelozeanischen Rücken, aus der

heißes Wasser hervorquillt, das viele Mineralien enthält.

**Seismogramm**   Die Darstellung von Erderschütterungen in Form einer gezackten Linie auf Papier oder als Computerbild.

**Seismometer**   Ein Instrument, das Erderschütterungen entdeckt, ver-stärkt und aufzeichnet.

**Seitenverschiebung**   Auch Transform-Störung genannt. Eine Verwerfung, bei der sich Gesteine seitlich bewegt haben.

**Sekundärwelle**   Eine seismische Welle, abgekürzt S-Welle genannt, die das Gestein, das sie durchläuft, von einer Seite zur anderen bewegt. Sie wird Sekundärwelle genannt, weil sie der zweite Wellentyp ist, der nach einem Erdbeben eintrifft.

**Staukuppe**   Pfropfen aus erstarrter Lava, die den Schlot eines Vulkankraters verschließt.

**Subduktion**   Ein Vorgang, bei dem der Rand einer tektonischen Platte unter den einer anderen abtaucht.

**Tektonische Platte**   Starrer Teil der Lithosphäre der Erde, der auf der Asthenospäre schwimmt.

**Verwerfung**   Eine Bruchzone, die dadurch entsteht, dass sich Gesteine in entgegengesetzte Richtungen oder mit unterschiedlichem Tempo bewegen.

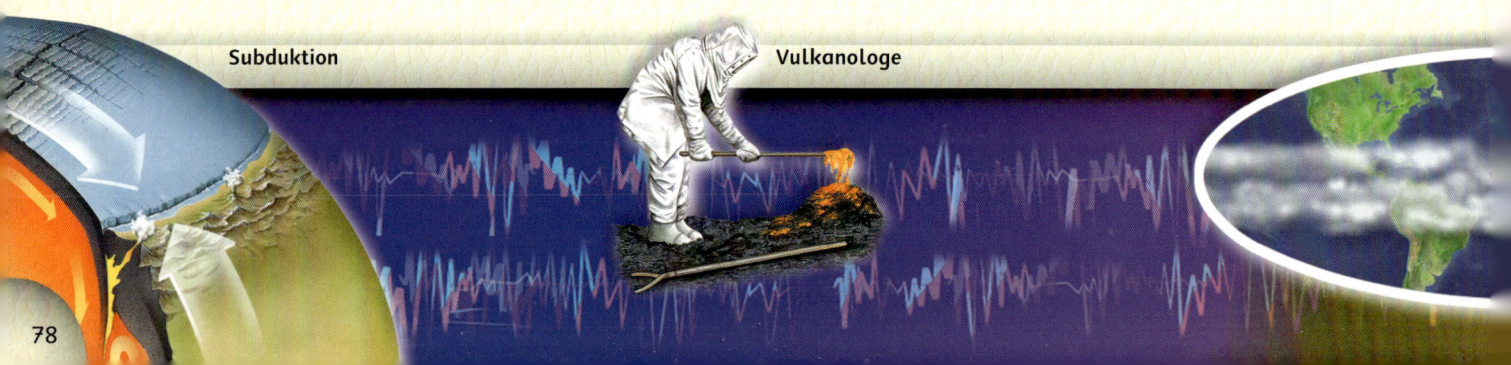

# Steine und Mineralien

## Inhalt

# Steine ohne Ende

Der Boden unter der Erde besteht aus vielen verschiedenen Gesteinsarten. Riesige Felsen und zerklüftete Steinmassive türmen sich zu Bergen und Gebirgen auf. Manche Gesteine sind jung, andere Milliarden Jahre alt.

Nimm einen Stein und fühl, wie schwer und hart er ist. Genau das Richtige für den Bau von Häusern und Straßen, wie schon die frühen Völker wussten. Sie fanden auch heraus, dass bestimmte Gesteine Mineralien enthielten, z. B. Metalle, die sich ausschmelzen ließen. Die Verarbeitung von Gesteinen hat heute noch große Bedeutung. Wir gewinnen Metalle und verwenden sie für Brücken, Autos und Hochhäuser. Wir zerkleinern Gestein und legen Eisenbahntrassen an oder machen Baumaterialien daraus. Aus Gesteinen kommt auch das Öl für den Betrieb von Heizungen und Autos.

Wie sähe ein Tag ohne Gesteine und Mineralien aus? Es gäbe keine metallenen Wasserhähne und -leitungen, keine kupfernen Elektrizitätsleitungen, keine Metallbestecke zum Essen, kein Salz – ein Gesteinskristall – zum Würzen, keine Grafitminen in Bleistiften, keine Siliziumchips aus Quarzkristallen für Computer und keine Plastikflaschen aus Erdöl. Wo wären wir dann?

Die Welt um uns herum ist aus Stein geformt. Du siehst das am deutlichsten an Berggipfeln, Flussbetten, Küsten und manchen Straßen. Wir bauen ober- und unterirdisch Gesteine ab, um Häuser und Maschinen damit zu bauen und alles Mögliche daraus herzustellen, von Schmuck bis hin zu Treibstoff.

Die ganze Erde besteht aus Gestein. Berggipfel und Klippen an Küsten zeigen das am deutlichsten.

Moderne Hochbauten werden aus Stahl, Beton und Glas errichtet, lauter Materialien, die aus Gesteinen kommen.

## SEI AKTIV!

## Wer sucht, der findet

1. Nimm Block und Bleistift und sieh dich bei dir zu Hause um. Schreib alles auf, was deiner Meinung nach aus Gesteinen und Mineralien besteht. (Die Bilder oben und unten geben dir einen Tipp, wo du suchen musst.) Dann geh nach draußen. Was glaubst du, welche Gegenstände sind aus Gesteinen und Mineralien gemacht? Schreib alles auf ein anderes Blatt.

2. Heb die Listen gut auf. Wenn du dieses Buch gelesen hast, mach zwei neue Listen und vergleich sie mit den alten. Du wirst erstaunt sein, wie viel mehr Dinge aus Gesteinen und Mineralien du erkennst.

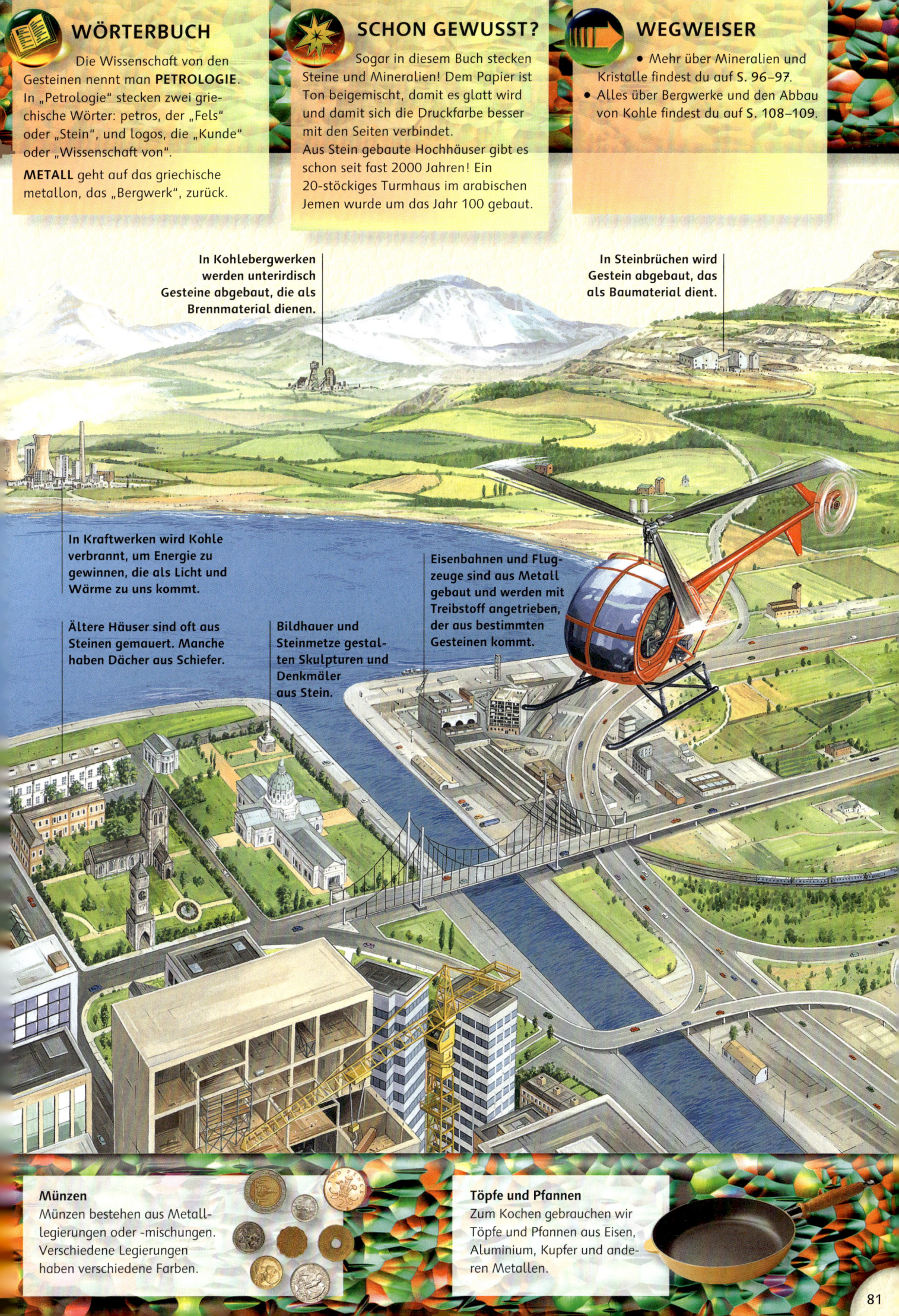

## WÖRTERBUCH

Die Wissenschaft von den Gesteinen nennt man **PETROLOGIE**. In „Petrologie" stecken zwei griechische Wörter: petros, der „Fels" oder „Stein", und logos, die „Kunde" oder „Wissenschaft von".

**METALL** geht auf das griechische metallon, das „Bergwerk", zurück.

## SCHON GEWUSST?

Sogar in diesem Buch stecken Steine und Mineralien! Dem Papier ist Ton beigemischt, damit es glatt wird und damit sich die Druckfarbe besser mit den Seiten verbindet.

Aus Stein gebaute Hochhäuser gibt es schon seit fast 2000 Jahren! Ein 20-stöckiges Turmhaus im arabischen Jemen wurde um das Jahr 100 gebaut.

## WEGWEISER

- Mehr über Mineralien und Kristalle findest du auf S. 96–97.
- Alles über Bergwerke und den Abbau von Kohle findest du auf S. 108–109.

In Kohlebergwerken werden unterirdisch Gesteine abgebaut, die als Brennmaterial dienen.

In Steinbrüchen wird Gestein abgebaut, das als Baumaterial dient.

In Kraftwerken wird Kohle verbrannt, um Energie zu gewinnen, die als Licht und Wärme zu uns kommt.

Eisenbahnen und Flugzeuge sind aus Metall gebaut und werden mit Treibstoff angetrieben, der aus bestimmten Gesteinen kommt.

Ältere Häuser sind oft aus Steinen gemauert. Manche haben Dächer aus Schiefer.

Bildhauer und Steinmetze gestalten Skulpturen und Denkmäler aus Stein.

**Münzen**
Münzen bestehen aus Metall-legierungen oder -mischungen. Verschiedene Legierungen haben verschiedene Farben.

**Töpfe und Pfannen**
Zum Kochen gebrauchen wir Töpfe und Pfannen aus Eisen, Aluminium, Kupfer und anderen Metallen.

# Aufbau der Erde

Unser Planet ist nichts anderes als eine gewaltige Gesteinskugel in der kosmischen Gemeinschaft unseres Sonnensystems. Zusammen mit anderen Planeten, Monden, Asteroiden, Meteoroiden und Kometen kreist sie um einen riesigen Stern, die Sonne.

Die Erde und der Rest des Sonnensystems entstanden vor rund 5 Milliarden Jahren aus einer Materiewolke aus Staub, Gestein und Gas, die um die Sonne wirbelte. Steine kollidierten, ballten sich teilweise zusammen und bildeten schließlich eine Reihe von Planeten. Zu ihnen gehörte auch die Erde, auf die anfangs ständig Kometen und Asteroiden niedergingen. Die Wucht der Einschläge und zerfallende radioaktive Mineralien erzeugten eine ungeheure Hitze im Innern der Erde und auf ihrer Oberfläche.

Die Hitze veränderte die junge Erde. Die Materie im Innern schmolz und die schwersten Teile sanken in den Kern, während leichtere Teile aufstiegen und die Kruste bildeten. Dazwischen lagerte sich andere Materie in Schichten ab, die wir zwar nicht sehen, aber mit Geophonen oder Schwingungsmessern erfassen können. Wenn wir die Erde halbieren könnten, sähen wir diese Schichten angeordnet wie die Ringe auf einer Schießscheibe.

Wie eine riesige blaue Murmel sieht die Erde hinter dem benachbarten Mond aus. Er könnte vor Jahrmilliarden aus Teilen der Erde entstanden sein, die bei der Kollision mit einem kleine Planeten herauskatapultiert wurden.

Kontinentale Kruste: 20–70 km dick

Ozeanische Kruste: 5 km dick

Oberer Mantel: 700 km dick

| Mantel 2900 km dick | Äußerer Kern 2250 km dick | Innerer Kern 1200 km dick |
|---|---|---|

## SEI AKTIV!
## Seismische Wellen

Seismische Schwingungen – Erdbebenwellen oder künstlich erzeugte Erschütterungen, die die Erde durchlaufen – helfen, das Erdinnere zu erkunden. Die Seismologen messen, wie schnell und in welche Richtung sich die Wellen ausbreiten. So können sie sagen, welche Gesteinsschichten durchquert werden und wie mächtig sie sind. In diesem Experiment fungieren die Wasserwellen als seismische Wellen. Das Wasser und der Flaschenrand sind die Gesteinsschichten.

1. Gieß Wasser in eine große flache Schale und stell eine Flasche in die Mitte.

2. Tröpfel Wasser an den Schalenrand. Es entstehen Wellen, die sich rundum ausbreiten und an der Flasche abgelenkt werden. Genauso werden seismische Wellen von bestimmten Gesteinsschichten abgelenkt.

## WÖRTERBUCH

**GRAVITATION** (lateinisch gravius = „schwer") bedeutet Schwerkraft.

Bei Erschütterungen im Erdinnern entstehen **SEISMISCHE WELLEN,** die von **SEISMOLOGEN** beobachtet werden. Beiden Wörtern liegt das griechische Wort seismos für „Erdbeben" zugrunde.

## SCHON GEWUSST?

Wenn du jede Minute 30 cm tiefer graben würdest, kämst du nach 87 Jahren an der anderen Erdseite heraus. Das tiefste Bohrloch befindet sich in Ostrussland in Zapolarny. Es ist 15 km tief und doch nur ein kleiner Kratzer an der Erdoberfläche.

## WEGWEISER

- Verwitterung und Erosion sind die Kräfte, die die Erdoberfläche gestalten. Mehr dazu auf S. 84–85.
- Aus Meteoren werden Meteoriten, wenn sie auf der Erde aufschlagen. Siehe dazu auch S. 94–95.

## INSIDESTORY
# Der Mittelpunkt der Erde

Schon 1864 nahm der französische Schriftsteller Jules Verne seine Leser mit auf eine abenteuerliche Reise zum Mittelpunkt der Erde. Der Roman, der später verfilmt wurde, beschreibt eine Expedition von der einen Seite der Erde zur anderen. Die Reisenden bezwingen dunkle Gänge, unterirdische Wasserfälle, Steintürme und Magmaströme, bevor sie zurück zur Erdoberfläche kommen. Die Reise ist natürlich unmöglich, aber heute wissen wir, dass Verne eine Welt beschrieb, die es gibt, die er aber nie gesehen hat: die Welt der unterirdischen Höhlen.

Asthenosphäre

Lithosphäre
(Kruste plus oberer Mantel)

Satellitenfotos geben Aufschluss über die Gesteinsoberfläche der Erde; hier ein Teil des Himalaja-Gebirges.

Der Boden, auf dem wir stehen (die Kruste) und das Gestein darunter (der obere Mantel) bilden die Schicht der Lithosphäre. Diese „schwimmt" auf der Asthenosphäre, einer Schicht teilweise geschmolzenen Gesteins am Rand einer weit mächtigeren Schicht, des Mantels. Unter dem Mantel liegen der flüssige äußere Kern und der feste innere Kern aus Eisen und Nickel.

### DIE GEBURT EINES SONNENSYSTEMS
Das Sonnensystem ist unser Zuhause im All, und wie es sich für ein Haus gehört, besteht es aus verschiedenen Materialien. Aber natürlich hat kein Zimmermann es aus Balken und Nägeln gezimmert. Am Anfang waren vielmehr kosmischer Staub und Gas.

Vor etwa 5 Milliarden Jahren begann eine riesige, langsam rotierende Wolke aus Staub und heißem Gas sich zu verdichten. Je dichter sie wurde, desto schneller drehte sie sich.

Heiße Gase wurden in die Mitte gesogen und bildeten die Sonne. Kühlere Gase und Staub am Rand der Scheibe ballten sich zusammen. So entstanden riesige Gesteinsbrocken.

Nach rund 100 Millionen Jahren kreisten noch neun dieser riesengroßen Körper um die Sonne. Sie wurden zu den Planeten, die wir heute kennen.

Uranus          Neptun          Pluto

Sandsteinbogen,
USA

Tasmangletscher,
Neuseeland

Felsnadeln im Nambung
National Park, Australien

# Verwitterung und Erosion

Unser Planet muss Schnee, Eis, Hitze, chemische Verunreinigungen, Wind und Regen aushalten und ist einem ständigen Wechsel von Nässe und Trockenheit, Kälte und Wärme ausgesetzt.

Sonne, Wind und Kälte greifen, unterstützt durch Chemikalien im Regen und die Bewegung von Pflanzenwurzeln, das Gestein an. Es beginnt zu reißen und zu bröckeln, ein Vorgang, den man Verwitterung nennt. Dann setzt die Erosion ein: Gletscher, Flüsse und Wind tragen lose Teile davon, die unterwegs an frei liegendem Gestein schrammen und schmirgeln, und lagern sie anderswo wieder ab.

Verwitterung und Erosion gestalten das Bild der Erde und bringen Höhlen, Schluchten, Felssäulen im Meer und zerklüftete Berggipfel hervor. Wo hartes Gestein den Elementen widersteht, können bizarre Formationen wie Mesas, Steinbögen und Felsnadeln entstehen. Aber kein Gestein hält ewig. Klippen brechen, Berge schrumpfen und Küsten weichen zurück.

Gletscher sind die Bulldozer der Natur. Die mächtigen Eisflüsse bilden sich auf Bergen, gleiten langsam nach unten und hobeln Täler aus.

Gletscher entstehen aus vielen Lagen Schnee. Sie fräsen weite, U-förmige Täler.

## INSIDESTORY
## Die Mammuthöhle

John Houchin hob sein Gewehr und zielte. BÄNG! Die Kugel traf den Bär ins Bein. Das Tier sprang auf und trottete verängstigt durch die Bäume davon. Houchin blieb ihm auf den Fersen, bis der Bär in einer Berghöhle verschwand. „Aha!", dachte er. „Jetzt hab ich dich." Es war im Jahr 1799, als Houchin vorsichtig die Höhle betrat und damit der erste weiße Amerikaner war,

der seinen Fuß in die Mammuthöhlen (Mammoth Caves) von Kentucky, USA, setzte. Heute wissen wir, dass dies das größte Höhlensystem der Erde ist. Was aus dem Bär wurde, ist unbekannt.

Wasser frisst sich durch bestimmtes Gestein und höhlt es aus.

Meereswellen höhlen Grotten aus und tragen Küsten bis auf Felssäulen ab.

Naturkräfte bringen eine unglaubliche Vielfalt von Landschaften hervor, von Berggipfeln bis zu Höhlen, von Wüsten bis zu Meeresküsten.

Granitfelsen,
England

Teufelsturm,
USA

## WÖRTERBUCH

In **GLETSCHER** steckt das lateinische Wort glacies für „Eis".

**MESAS** sind Hochplateaus oder Tafelberge mit steil abfallenden Wänden. Das spanische Wort „mesa" geht auf das lateinische mensa, „Tisch" zurück. Kleine Mesas nennt man **RESTBERGE**.

## SCHON GEWUSST?

Die größte Höhle der Welt – mit Platz für acht Jumbo-Jets – ist Sarawak Chamber in Borneo, Malaysia.

Die Flüsse der Erde transportieren 1260 km³ Wasser. Wenn kein Regen mehr fiele, würde der Meeresspiegel durch Verdunstung jährlich um 1 m sinken.

## WEGWEISER

• Mehr über die ständige Erosion und Umwandlung von Gestein findest du auf S. 86–87.
• Aus Flussablagerungen kann neues Gestein entstehen. Wie das vor sich geht, findest du auf S. 90–91.

## SEI AKTIV!
## Reißprobe

1. Forme eine Kugel aus Knete. Feuchte sie an und umwickele sie mit Kunststofffolie.

2. Lege die Kugel über Nacht in das Tiefkühlfach des Kühlschranks. Nimm sie am nächsten Tag heraus und sieh sie dir genau an. Was siehst du?

3. In der Knete haben sich Risse gebildet. Schuld daran ist das Wasser, das sich beim Gefrieren ausdehnt und die Knete sprengt. Auf dieselbe Weise sprengt Wasser Felsen und Gestein.

Flüsse formen Canyons und Mesas und führen Steine und Schutt mit sich fort.

Der ständige Wechsel von Nässe, Trockenheit, Frost und Wärme hat dazu geführt, dass diese riesigen Felsbrocken in Australien barsten und Schicht für Schicht abblätterten.

In Wüsten schleift windverblasener Sand Gestein ab und türmt Wanderdünen auf.

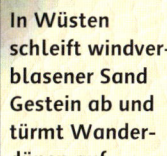

Im amerikanischen Bryce Canyon haben Verwitterung und Erosion Tausende von Felsnadeln geformt.

## HOODOOS

Die Felsen des Bryce Canyon in Utah, USA, entstanden vor 50 bis 60 Millionen Jahren am Grund eines ehemaligen Sees. Seitdem ist die Natur an der Arbeit und formt bizarre Steinsäulen, die Hoodoos.

Kleine Risse ziehen sich durch eine Felswand. Ablaufendes Wasser erweitert die Risse zu tiefen, schmalen Rinnen. Es sickert auch in Risse an den Seiten der Rinnen ein.

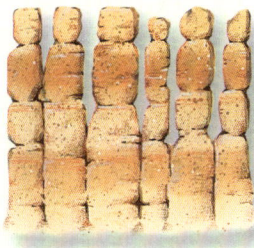

Wenn das Wasser im Winter gefriert und sich ausdehnt, weitet es die Risse. Ganz allmählich entstehen Steinsäulen. Da manche Gesteinsarten schneller erodieren als anderen, kommen bizarre Formen zustande.

Einige Säulen stürzen um oder zerfallen. Diese Felskegel werden irgendwann nicht mehr da sein. Doch in dem Canyon sind andere bereits im Entstehen.

# Gesteinsbewegung

Das Gestein um dich herum ist ständig in Bewegung. Geologische Kräfte schieben es zu Gebirgen auf, schleudern es als Schmelze in die Luft, brechen es in Stücke und versenken es in den Tiefen der Erde. Auf diese Weise wird das Innere unseres Planeten fast vollständig nach außen gekehrt. Gipfel werden zu Tälern und Meeresböden zu Gebirgen, in denen sich, wie auf dem Himalaja in Asien, Reste der ehemaligen Meeresbewohner finden.

Dieser Prozess bringt drei Hauptgesteinsarten hervor. Geschmolzenes Gestein aus dem Erdinnern (Magma) kühlt ab und erstarrt zu magmatischem Gestein. Erodiertes Gestein – ob von Wellen zertrümmert, von Eis gesprengt oder von Sand abgeschliffen – lagert sich in Schichten ab und wird zu Sedimentgestein. Mittlerweile sorgen Hitze und Druck tief im Innern der Erde dafür, dass Gestein zu metamorphem Gestein umgewandelt wird.

Erst im 20. Jahrhundert haben Wissenschaftler erkannt, wie lange dieser Prozess schon dauert – seit der Entstehung der Erde vor nahezu 5 Milliarden Jahren.

1963 schuf ein untermeerischer Vulkan bei Island die Insel Surtsey. Es dauerte nicht lange, bis Pflanzen und Tiere das neue Land eroberten.

Magmatit entsteht, wenn Lava abkühlt und aushärtet.

Metamorphit entsteht durch Wärme und Druck in der Tiefe der Erde.

## SEI AKTIV!

## Erdgeschichte

Geologen teilen die Erdgeschichte in Zeitalter ein (siehe Zeichnung unten). Um dir die Entwicklung der Menschheit im Verhältnis zur Erdgeschichte anschaulicher zu machen, breite die Arme aus. Stell dir vor, dass deine Armspannweite dem Alter der Erde entspricht: Entstanden ist sie an der Spitze des Mittelfingers deiner rechten Hand. Das erste Zeitalter – das Präkambrium oder Kryptozooikum – reicht von dort bis zu deinem linken Handgelenk (A). Am linken Handballen tauchen die ersten Pflanzen auf (B). An der Wurzel des Mittelfingers erscheinen die Dinosaurier (C), die am obersten Gelenk des Mittelfingers plötzlich wieder verschwinden (D). Die ganze Menschheitsgeschichte spielt sich auf der Mittelfingerkuppe ab (E).

A  B  C D E

Erste Insekten

Erste Landpflanzen

Erste Fische

Devon

Silur

Ordovizium

410 v. Mio. J.

360 v. Mio

435 v. Mio. J.

Gletscher auf den meisten Kontinenten

Kambrium

500 v. Mio. J.

v. Mia. J.

Bakterien bilden riesige Riffs

Erste Vergletscherung

Auftreten vieler neuer Lebensformen

570 v. Mio. J.

2 v. Mia. J.

Riesige Sauerstoff produzierende Bal

Erste kleine Tiere mit Schale

Erste Tiere ohne Schale und Skelett

75% der Kontinente gebildet

2,5 v. Mia. J.

Bildung der Erdkruste

3 v. Mia. J.

Bildung der ältesten Gesteine

Viel Wasser an der Oberfläche

Entstehung der Erde

4,5 v. Mia. J.

4 v. Mia. J.

## WÖRTERBUCH

Alle geologischen Zeitalter enthalten, außer dem griechischen Wort **ZOON** für „Lebewesen", ein anderes griechisches Wort. In **KRYPTOZOIKUM** steckt kryptos, „versteckt", in **PALÄOZOIKUM** palaios, „alt", in **MESOZOIKUM** mesos, „Mitte". **KÄNOZOIKUM** geht auf kainos, „neu", zurück.

## SCHON GEWUSST?

Das älteste Erdgestein wurde in der kanadischen Provinz Northwest Territories gefunden. Der metamorphe Acasta-Gneis hat ein Alter von 3,96 Milliarden Jahren.

Der Vulkan Kilauea auf Hawaii, USA, spuckt 5 m³ Lava pro Sekunde aus.

## WEGWEISER

- Mehr zu der Entstehung von magmatischem, sedimentärem und metamorphem Gestein steht auf S. 88–93.
- Was Fossilien über das Alter von Gestein verraten: S. 112–113.

Alle Gesteine sind in ständiger Bewegung. Sie gelangen tief in die Erde, werden aus Vulkanen geschleudert und sammeln sich am Boden von Seen und Ozeanen. Auf ihrer Reise verändern sie auch ihr Aussehen.

## INSIDESTORY
# Verlagerte Gesteine

Vor 200 Jahren glaubte man noch, dass die Erde nur 6000 Jahre alt sei. Nicht so der schottische Arzt James Hutton. Nach Jahren des Studiums war ihm klar, dass sich Gesteine extrem langsam verändern. 1785 untersuchte er das Steilufer eines Flusses, dessen unteren Teil senkrechte Gesteinsschichten bildeten. Darüber lagen waagerechte Schichten aus anderen Gesteinen. Hutton folgerte, dass die unteren Schichten gekippt waren und die oberen Schichten sich darauf abgelagert hatten. Dazu waren aber nicht Tausende, sondern Millionen Jahre nötig. Inzwischen ist Huttons Annahme wissenschaftlich nachgewiesen.

Verwittertes und zerkleinertes Gestein wird von der Erosion abgetragen.

Steine, Schlamm und Sand lagern sich in Flussmündungen und am Meeresboden ab.

Flüsse können sich selbst den Weg ins Meer verbauen, indem sie an der Mündung Sand und Steine ablagern. Sie müssen dann neue Arme bilden. Aus dem Weltraum sieht ein Delta aus wie ein Baum. Unten das Delta des Mississippi in den USA.

Ablagerungen aus Flüssen und Meeren bilden Sedimentgestein.

Ozeanische Kruste

Kontinentale Kruste

Durch Plattenbewegungen tauchen Sedimente ab.

Mantel

Erste Amphibien

Erste Reptilien

Erste Dinosaurier
Erste Säugetiere

Erste Vögel

Erste Blütenpflanzen

Karbon

Perm

Trias

Jura

Kreide

Erste mehrzellige Algen

290 v. Mio. J.

240 v. Mio. J.
205 v. Mio. J.

140 v. Mio. J.

Dinosaurier sterben aus

Entstehung des Himalaya

Tertiär

Eiszeit

Erste Menschen

Gebirgsbildung

1,5 v. Mia. J.

Größerer Sauerstoffgehalt der Atmosphäre

63 v. Mio. J.

2 v. Mio. J.
Heute

Quartär

Bildung der ältesten Sedimente

3,5 v. Mia. J.

Erste Sauerstoff produzierende blau-grüne Bakterie

Entstehung der Kontinente

## ERDZEITALER

Die Erde entstand vor rund 5 Milliarden Jahren (Mia. J.). Vor 570 Millionen Jahren (Mio. J.) breitete sich dann Leben aus, und der Mensch ist, geologisch gesehen, gerade erst erschienen. Die Erdgeschichte wird in Zeitalter unterteilt, die sich wiederum aus Perioden zusammensetzen.

- KÄNOZOIKUM
- MESOZOIKUM
- PALÄOZOIKUM
- PRÄKAMBRIUM (KRYPTOZOIKUM)

Obsidian
(Ergussgestein)

Stricklava
(Ergussgestein)

# Feuerflüsse

Feuerflüsse durchdringen die Erdkruste. Sie transportieren Magma, eine rot glühende Schmelze aus Gestein und Kristallen, das aus der Tiefe aufsteigt. Wenn Magma an der Erdoberfläche austritt, nennt man es Lava. Magma und Lava erkalten zu magmatischem Gestein, aus dem der größte Teil der Erdkruste besteht. Meist ist es jedoch von Sedimenten, Meeren, Erde oder Deckgestein bedeckt.

Es gibt zwei Arten von magmatischem Gestein: Ergussgestein und Tiefengestein. Tiefengestein ist unter der Oberfläche erstarrtes Magma. Es entsteht, wenn Magmen aufsteigen, aber nicht ausfließen können und unterirdisch abkühlen. Es wird erst durch Naturkräfte wie Erosion und Auffaltung zum Vorschein gebracht. Zu den Tiefengesteinen gehört Granit, der bei der Verwitterung von Bergmassiven zutage tritt. Ergussgesteine oder Vulkanite bilden sich aus Magmen, die als Lava ausfließen und an der Erdoberfläche erstarren. Aus dem Ergussgestein Basalt ist die ozeanische Erdkruste gebildet. Da Ozeane den größten Teil der Erde bedecken, besteht auch der größte Teil der Erdkruste aus Basalt.

Tiefengestein kühlt langsam ab und bildet große, mit bloßem Auge sichtbare Kristalle. Ergussgestein kühlt schnell ab und bildet winzige, nur unter dem Mikroskop sichtbare Kristalle.

Aus dem Vulkan Kilauea auf Hawaii treten oft Ströme glutflüssiger Lava aus. Die Lava kühlt ab, verfestigt sich und bildet neues Land. So sind alle hawaiianischen Inseln entstanden.

Bei schneller Abkühlung von Lava entstehen sechseckige Säulen.

## Der Tag der Finsternis

An einem Augustnachmittag des Jahres 79 n. Chr. brach nicht weit von Neapel der Vulkan Vesuv aus. Der Schriftsteller Plinius der Jüngere, der dort lebte, und seine Mutter flüchteten aus dem Haus, während rundum Asche vom Himmel fiel. Über dem Vulkan, schrieb Plinius später, „tat sich eine schwarze, furchtbare Wolke auf und enthüllte lange, fantastische Flammen". Es wurde dunkel. „Man hörte Frauen schreien, Kinder weinen und Männer rufen." Plinius und seine Mutter mussten die Asche von sich abschütteln, „sonst wären wir von ihrem Gewicht erdrückt worden". Sie konnten entkommen, doch an jenem Tag versanken Herculaneum und Pompeji unter glühender Lava, Asche und Schlamm. Beide Städte wurden erst Jahrhunderte später wiederentdeckt. Im Vulkangestein fand man Hohlräume, die entstanden waren, als die unter der Lava begrabenen Menschen verwesten. Mit Gips ausgegossen, zeigen sie die Körperform der Toten.

Andesit
(Ergussgestein)

Gabbro
(Tiefengestein)

## WÖRTERBUCH

**VULKANITE** ist ein anderes Wort für die aus vulkanischer Lava entstandenen Ergussgesteine.

Dünnflüssige Lava verfestigt sich zu strangartigen Gesteinswülsten. Auf Hawaii heißt dieser Typ **PAHOEHOE**-Lava. Dickflüssige Lava bildet raue, scharfkantige Gesteinsblöcke, die sogenannte **AA**-Lava.

## SCHON GEWUSST?

Der größte Vulkanausbruch der Geschichte ereignete sich 1815 in Indonesien, wo der Mount Tambora 150–180 km³ heiße Asche und Gas ausstieß. Über 50 000 Menschen starben. Die Aschewolke verdunkelte wochenlang die Sonne und verursachte Hungersnöte, die mindestens 80 000 weitere Menschen das Leben kosteten.

## WEGWEISER

- Staukuppen treten durch Verwitterung und Erosion zutage. Diese Prozesse sind auf S. 84–85 beschrieben.
- Ergussgesteine können große Kristalle enthalten. Schlag S. 96–97 auf.
- Woran du Ergussgesteine erkennst, kannst du auf S. 110–111 nachlesen.

Der 457 m hohe „Ship Rock" (Schiffsfels) in New Mexico, USA, ist alles, was von einem alten Vulkan übrig geblieben ist. Die ansässige Navajo-Bevölkerung nennt ihn Tse Bida'hi, den „geflügelten Fels".

## STAUKUPPEN

Der „Ship Rock" ist eine Staukuppe. Diese gewaltigen Felsen sind magmatischen Ursprungs. Sie entstehen, wenn geschmolzenes Gestein im Schlot eines Vulkans abkühlt und erstarrt.

Bei schneller Abkühlung kann Lava brechen und schrumpfen. Manchmal bilden sich solche sechseckigen Basaltsäulen wie beim „Damm der Riesen" in Nordirland. Sie entstanden durch einen Lavafluss vor etwa 30 Millionen Jahren.

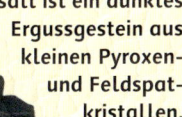

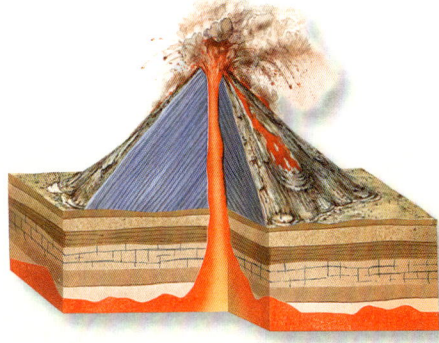

Basalt ist ein dunkles Ergussgestein aus kleinen Pyroxen- und Feldspat-kristallen.

Granit ist ein hartes, helles Gestein, das in der Regel große Feldspat-, Quarz- und Glimmer-kristalle enthält.

Bei einem Ausbruch treten große Mengen Asche und Lava aus dem Vulkan aus. Das Lava-Asche-Gemisch härtet zu Ergussgestein aus. So entsteht ein kegelförmiger Berg.

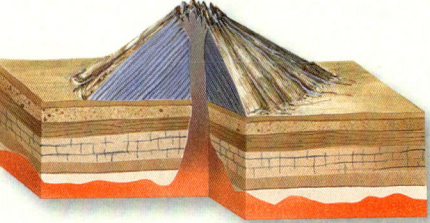

Das Magma, das bis zum Ende des Ausbruchs nicht ausgetreten ist, kühlt ab und verfestigt sich im Innern des Vulkans. Durch Verwitterung und Erosion wird der Berg von außen nach und nach abgetragen.

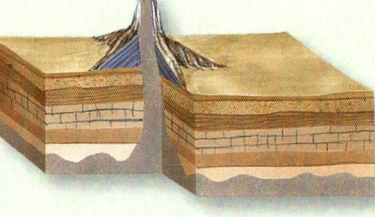

Die Erosion geht weiter, bis am Ende nur noch die widerstandsfähigere Staukuppe als letzter Rest des alten Vulkans übrig ist.

Konglomerat
(Geröllsediment)

Sandstein
(Sandsediment)

Chert
(chemisches
Sediment)

# Schicht für Schicht

Oberflächengestein bröckelt, wird abgetragen und in Schichten wieder abgelagert. Die Auslöser dieses Prozesses sind Verwitterung und Erosion, die das Gestein in kleine Bruchstücke zerlegen. Wind und Wasser transportieren die Teilchen dann zu Flüssen, Seen und Meeren, wo sie sich in Schichten ablagern. In Millionen von Jahren verfestigen sich die Teilchen zu Sedimentgestein, zu dessen verbreitetsten Arten Kalkstein, Sandstein und Schiefer gehören.

Schichten aus weichem Sedimentgestein halten der Verwitterung und Erosion nicht so lange stand wie härteres Sedimentgestein. Auf diese Weise ergeben sich zum Teil ungewöhnliche Formationen. Da die Gesteinsschichten unter jeweils anderen Bedingungen entstanden, können sie Wissenschaftlern Hinweise auf die Geschichte eines geografischen Gebietes geben. So gibt es z. B. Kalkstein, der aus Muschelresten besteht. Wo heute Sandstein liegt, war früher vielleicht ein Strand, ein Fluss oder eine Wüste. In Sedimentgestein finden wir z. B. Kohle, die aus abgestorbenen Pflanzen ehemaliger Sumpfmoore entstanden ist. Oder Salz, das durch die Verdunstung von Meerwasser entsteht.

Regen und Schneeschmelze in fernen Bergen können Wüstentäler in einen See verwandeln. Wenn das Wasser verdunstet, bleibt eine Schicht aus Salzkristallen zurück, eine Salzebene. Diese liegt im „Tal des Todes" in Kalifornien, USA.

Die unteren Schichten aus dunkelrotem Ton- und Schlammstein waren vorzeitliche Marschebenen.

Die mittleren Schichten aus Sand-, Ton- und Schlammstein entstanden am Boden von Flüssen, Sümpfen und Seen.

## Sedimente selbst gemacht

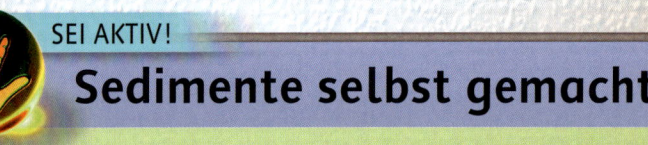

1. Such dir etwas Kies, groben und feinen Sand und ein bisschen Erde. Gib ein paar Esslöffel davon in ein Glas und füll es zur Hälfte mit Wasser. Schraub den Deckel fest auf, schüttle das Glas und sieh zu, dass alles gut vermengt ist.

2. Lass das Gemisch über Nacht stehen. Am nächsten Morgen wirst du sehen, dass sich die Materialien in Schichten abgelagert haben, wobei der feine Sand ganz oben und der Kies ganz unten liegt. Genauso entstehen Sedimentschichten unter Wasser. In Millionen Jahren würde auch dein Gemisch zu Sedimentgestein werden.

**SO ENTSTEHT EIN CANYON**
Wenn sich Flüsse in Felsen fressen, entstehen Canyons und Schluchten. Die Steilwände verwittern, die Täler werden breiter und manchmal bleiben Tafelberge stehen.

Sedimentgestein tritt hervor, wenn der Meeresspiegel fällt oder das Land angehoben wird. Flüsse graben sich tiefe Betten in das Gestein.

## WÖRTERBUCH

**SEDIMENT** ist vom lateinischen sedimentum, „sitzend", und dem Verb sedere abgeleitet, was „sich senken" oder „sich setzen" heißt.

**CANYONS** sind steilwandige Schluchten. Canyon kommt aus dem Spanischen, wo canon ein „tief ausgewaschenes Flussbett" bezeichnet.

## SCHON GEWUSST?

Die Sedimentgesteine Dolomit und Kalkstein enthalten in der Regel Gehäuseteilchen von Foraminiferen. Foraminiferen sind winzige Meerestiere. Sie sind so klein, dass eine ganze Muschel durch das Öhr einer Nähnadel passt.

## WEGWEISER

• Verwitterung und Erosion sind auf S. 84–85 beschrieben.
• Wie Kohle entsteht und abgebaut wird, steht auf S. 108–109.

## INSIDESTORY

# Gefährliche Geologie

In einer Klippe hoch über dem Colorado River klammert sich John Wesley Powell an den Fels. Wir schreiben das Jahr 1869. Der einarmige General und Geologe hat den Auftrag, die erste Vermessung der Canyonwände durchzuführen, und ist mit seinem Freund G.Y. Bradley aufgestiegen, um einen sicheren Weg über die Stromschnellen zu erkunden. Aber unter einem Überhang, an den er sich klammert, steckt Powell fest. Er ruft nach Hilfe. Bradley findet einen Weg auf den Überhang, kann Powell aber nicht erreichen. Da kommt ihm eine Idee. Er zieht seine Hose aus und hält sie Powell hin. Der bekommt sie tatsächlich zu fassen und wird nach oben gezogen. Ohne Bradleys Geistesgegenwart wären Powells geologische Kenntnisse vielleicht für immer verloren gegangen.

Dieser besondere Stein ist aus Muschelkalk. Er entstand aus den Schalen mariner Lebewesen, die auf den Grund sanken. Mit der Zeit wurden die Schalen zu festem Gestein zusammenzementiert.

Diese Klippe im amerikanischen Bundesstaat Utah nannten frühe Siedler Riff, weil sie ihnen den Weg in den Westen wie ein Meeresriff versperrte. Der größte Teil dieser Sedimentgesteine entstand vor etwa 200 Millionen Jahren unter Flüssen und Sümpfen.

Das Deckgestein aus hartem Rotsandstein hält der Verwitterung stand. Es ist aus ehemaligen Sanddünen entstanden.

Der grünlich graue Schiefer enthält Vulkanasche.

Die Klippen von Dover in England bestehen aus Kreide, einem sehr weichen Kalkstein. Ein daumengroßes Stück Kreide enthält Tausende winziger Muschelpartikel, die etwa 70 Millionen Jahre alt sind.

Die Flüsse fressen sich immer tiefer in das Gestein und es entstehen Täler mit steilen Wänden. Weichere Gesteinsschichten unter härteren werden unterhöhlt.

Durch die Unterhöhlung brechen die oberen Schichten ein. Das Tal weitet sich und manchmal bleiben Tafelberge (Mesas) und Restberge mit ebener Oberfläche stehen.

Quarzit

Schiefer

Gebänderter Gneis

# Hitze und Druck

Tief in der Erdkruste entstehen durch Hitze und Druck neue Gesteine, die metamorphen Gesteine. Sie können durch Druck und Faltung unter dem Gewicht der überlagernden Gesteinsmassen zustande kommen. Alle Gesteine – ob magmatisch, sedimentär oder metamorph – können unter diesen extremen Bedingungen umgewandelt werden.

Man könnte denken, dass Druck und Hitze ein Gestein schwächen. Aber das Gegenteil ist der Fall, ähnlich wie bei einem Schneeball, der umso härter wird, je fester du ihn zusammendrückst. Das Gleiche passiert mit Gesteinen. Aus Kalkstein, der winzige Poren hat, wird durch Druck der körnigere, stärker verfestigte Marmor. Und splittriger Tonschiefer verwandelt sich in festeren Kristallschiefer, aus dem die Tafeln in deiner Schule sind.

Frei liegendes metamorphes Gestein bietet uns einen Einblick in die Welt unter der Erdkruste. Während Wind, Wetter und andere Naturkräfte weicheres Gestein allmählich abtragen, hält festeres metamorphes Gestein ihnen länger Stand und tritt in Form von Bergketten aus „gebackenem", verformtem Gestein aus der Erdkruste hervor.

Marmor kommt in vielen Farben vor, abhängig von den in ihm enthaltenen Mineralien.

In diesem Berg in Kalifornien liegt dunkles metamorphes auf hellem magmatischem Gestein auf. Das magmatische Gestein war ursprünglich eine gewaltige Magmablase. Die von ihr ausstrahlende Wärme wandelte das aufliegende sedimentäre in metamorphes Gestein um.

Als das Magma abkülte, entstand dieses gewaltige Massiv aus magmatischem Granit.

Sedimentgestein wurde durch die Wärme des Magmas zu metamorphem Gestein.

## SEI AKTIV!

### So entsteht eine Faltung

1. Besorg dir Knetmasse in vier Farben. Roll sie zu langen, glatten Rechtecken aus und leg die Rechtecke aufeinander. Stell dir vor, dass die Knetschichten einen Gesteinsblock darstellen.

2. Schieb die Knetmasse von den Seiten her vorsichtig zusammen. Du wirst sehen, dass die Masse sich wellt und in Falten legt. Etwas Ähnliches geschieht in der Erdkruste bei der Kollision von tektonischen Platten. Die Kruste wird zu Gebirgen aufgefaltet. Wenn der Druck stark genug ist, wird das Gestein unter den Bergen umgewandelt. Dieser Vorgang heißt Regionalmetamorphose.

## REGIONALMETAMORPHOSE

Das Gestein wird aufgefaltet und bricht. Je nach Wärme und Druck entstehen neue metamorphe Gesteine.

Regionalmetamorphose beginnt, wenn entgegengesetzte Plattenbewegungen eine große Landmasse unter Druck setzen.

Obere Kruste

Mittlere Kruste

Untere Kruste

Schiefer

Gneis

Schiefer

## WÖRTERBUCH

**METAMORPH** und **META-MORPHOSE** enthalten die griechischen Wörter meta für „verändert" und morphe für „Form, Gestalt".

**GNEIS** ist von dem altnordischen Wort gneista abgeleitet, das so viel wie „funkensprühend" bedeutet.

## SCHON GEWUSST?

Je nach Temperatur und Druck können aus demselben Gestein verschiedene metamorphe Gesteine entstehen. Schieferton z.B. kann zu Tonschiefer (Temperatur/Druck: mäßig), Schiefer (Temperatur/Druck: hoch) oder Gneis (Temperatur/Druck: sehr hoch) werden.

## WEGWEISER

- In metamorphem Gestein können Edelsteine lagern: S. 102–103.
- Wie du metamorphes Gestein bestimmst, steht auf S. 110–111.

### INSIDESTORY
# Hier ist der Beweis

Der Geologe Sir James Hall griff nach seinem Gewehr. Er hatte etwas vor. Seinem Freund James Hutton zufolge konnte durch hohen Druck und Wärme aus kalkhaltigen Gesteinen Marmor entstehen. Andere Wissenschaftler lachten über Huttons Idee. Hall nicht. Um sie zu beweisen, füllte er pulverisierte Kreide in den Lauf, verstopfte das Ende und hielt das Gewehr über Feuer. Und siehe da: Nach dem Abkühlen kam eine steinharte Masse heraus, die wie Marmor aussah. Hutton hatte Recht! Zwischen 1798 und 1805 führte Hall 500 weitere Versuche durch, um letzte Zweifler zu überzeugen. Heute ist beider Idee anerkannt.

Das ganz aus weißem Marmor errichtete Taj Mahal im indischen Agra ließ der Mogulkaiser Shah Jahan zwischen 1632 und 1654 als Grabmonument für seine geliebte Frau Mumtaz bauen.

Das Gestein dieser Steilwand war einmal Schieferton, aus dem unter extremem Druck ein neues Gestein, Tonschiefer, wurde.

## KONTAKTMETAMORPHOSE

Sandstein
Schieferton
Kalkstein
Magma

Durch aufsteigendes Magma kommt es zur Kontaktmetamorphose. Die Magmakammer kann riesengroß oder sehr klein sein.

Quarzit
Hornfels
Marmor
Magma

Das Magma erhitzt das umliegende Gestein. Je nach angrenzender Gesteinsart entstehen unterschiedliche metamorphe Gesteine.

Hantelförmiger Mikrometeorit          Pyrit-Sanddollar          Tuff

# Kunstwerke der Natur

Meteore kommen aus dem Weltraum. Du kennst sie vielleicht als Sternschnuppen, aber es sind keine Sterne, sondern schwarze, schwere Gesteinsbrocken. Dass sie am Nachthimmel leuchten, liegt an der Reibung beim Durchfliegen der Atmosphäre. Riesige Krater auf der Erde zeigen an, wo große Meteore – als Meteoroiten – aufgeschlagen sind. Zum Glück verglühen die meisten in der Atmosphäre.

Nicht nur das All, auch die Erde bringt allerlei besonderes Gestein hervor, etwa den Sandstein Itakolumit, den du mit bloßen Händen biegen kannst. Itacolumit enthält nämlich biegsame Mineralien, die im Innern des Gesteins miteinander verbunden sind. Häufig kommt auch ein magmatisches Gestein vor, das so leicht ist, dass es im Wasser schwimmt. Dieses Gestein heißt Tuff.

Wegen ihres Aussehens sind Pseudo- oder Scheinfossilien besonders interessant. Sie wirken wie fossile Reste vorgeschichtlicher Pflanzen oder Tiere und werden auch oft damit verwechselt, die aber, wie die Wüstenrosen, aus Gips bestehen.

Im kalifornischen „Tal des Todes" findet man neben Spuren Steinbrocken, die aussehen, als ob sie durch den Sand gerollt wären. Man nimmt an, dass die Steine von Eisschollen transportiert werden, die sich im Winter bilden, wenn Wasser den See füllt. Das driftende Eis schleift die Steine über den Boden des Sees.

Geoden (oder Drusen) sind rundliche Steine mit Kristallen in der Mitte. Von außen sehen sie nach nichts Besonderem aus. Aber wenn du eine Geode aufbrichst, kannst du ein Wunder erleben.

Blumen aus Stein: Es gibt sie wirklich. Diese Gipsrosen „wachsen" in Wüsten, wenn kalk- und schwefelhaltiges Grundwasser verdunstet. Der zurückbleibende Gips bildet Kristalle, die Sandkörner überziehen und sie zu rosenähnlichen Gebilden verbinden.

## VERSTECKTE WUNDER

Geoden bilden sich in Hohlräumen in magmatischem oder sedimentärem Gestein und treten durch Erosion oder Verwitterung zutage.

Bei der Entstehung von Sediment- oder magmatischem Gestein bilden sich Hohlräume durch Gasblasen. Mineralhaltiges Wasser sickert in die Hohlräume.

### 📖 WÖRTERBUCH

**METEORE** sind Gesteinsbrocken, die durch Reibung in der
Atmosphäre leuchten. Wenn sie auf
der Erde aufschlagen, heißen sie
**METEORITEN**.

### ✴ SCHON GEWUSST?

Bis zu 100 000 t Gesteinsbrocken dringen jährlich in die Erdatmosphäre ein.

Der größte Meteorit der Welt liegt
auf dem Gebiet der Hoba-Farm bei
Grootfontein in Namibia im südlichen
Afrika. Er wiegt 59 t und ist 2,70 mal
2,40 m groß und 90 cm hoch.

### ▶ WEGWEISER

• Ebenso faszinierend wie
die Welt der Gesteine ist die der Mineralien mit all ihren Besonderheiten:
S. 106–107.
• Kristalle wachsen in allen Gesteinen,
nicht nur in Geoden. Alles über
ihre Bestimmung findest du auf
S. 110–111.

Pseudofossilien sind eigenwillig geformte Steine,
die wie die Überreste ehemaliger Lebensformen
aussehen. Sie können Pflanzen, Tieren und sogar
Menschen ähneln.

### 🔍 INSIDESTORY

# Reich auf einen Streich

Am 9. Oktober 1992 hörte Michelle Knapp, die in ihrem Haus in
Peekskill, New York, saß, ein lautes Krachen. „Es hörte sich an,
als wären drei Autos zusammengestoßen", sagte sie später. Sie
lief nach draußen und fand ihren Wagen mit einem riesigen Loch
im Heck. Unter der Karosserie lag ein Stein von der Größe einer
kleinen Wassermelone, der nach faulen
Eiern roch – ein Meteorit. Michelles
Familie hatte Glück im Unglück.
Sammler zahlten 69 000 $ für
den Stein und ersetzten
sogar das Auto, das
gerade noch 300 $
wert war, durch ein
funkelnagelneues
für 10 000 $.

Meteoriten, wie dieser in der chilenischen Atacama-Wüste
gefundene, sind echte Außerirdische, die der Wissenschaft Hinweise auf die Geschichte des Sonnensystems geben. Meist handelt es sich um
Bruchstücke von Asteroiden oder Planeten.

Blitzröhren oder Fulgurite
entstehen beim Einschlag
eines Blitzes in Erde, Sand oder
Gestein. Durch die Hitze wird das
Material aufgeschmolzen und kühlt
zu einer langen Röhre ab.

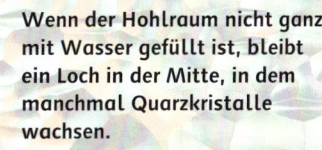

Aus dem mineralhaltigen
Wasser lagern sich kleine
farbige Kristalle in ring-
förmigen Schichten an den
Wänden des Hohlraums an.

Wenn der Hohlraum nicht ganz
mit Wasser gefüllt ist, bleibt
ein Loch in der Mitte, in dem
manchmal Quarzkristalle
wachsen.

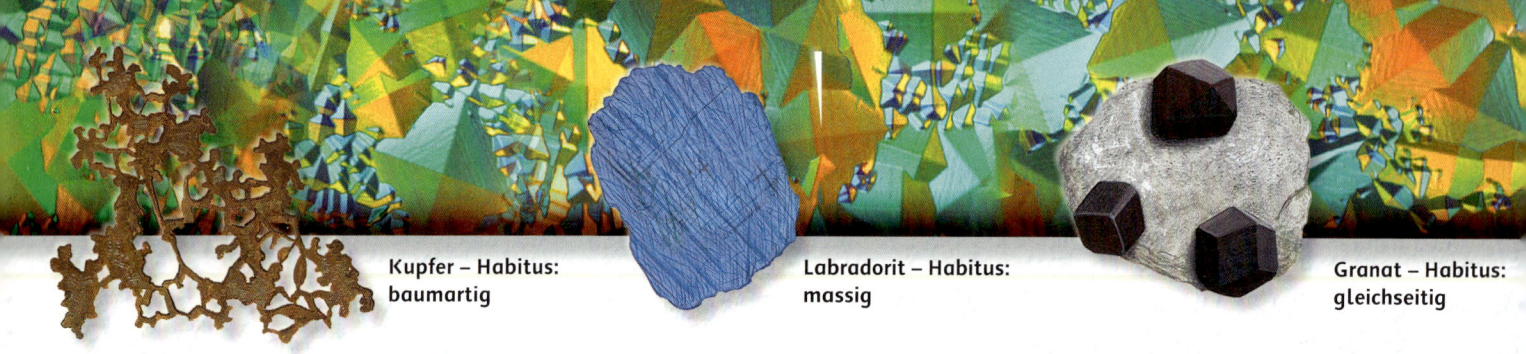

Kupfer – Habitus: baumartig

Labradorit – Habitus: massig

Granat – Habitus: gleichseitig

# Mineralien

Mineralien sind natürliche Bestandteile der Erdkruste. Sie bestehen aus chemischen Grundstoffen, den Elementen. 99 Prozent aller Mineralien auf der Erde sind aus acht Elementen gebildet: Sauerstoff, Silicium, Aluminium, Eisen, Magnesium, Calcium, Kalium und Natrium. Mineralien aus nur einem Element nennt man Reinelemente. Mineralien aus mehr als einem Element sind Verbindungen.

Mineralien bestehen aus kleinsten Teilchen, den Atomen. Die Atome der meisten Mineralien bilden ein wiederkehrendes dreidimensionales Muster. Es sorgt dafür, dass Mineralien zu Kristallen mit regelmäßiger Form und glatten Seiten wachsen. Einige Kristalle bilden Würfel, andere Säulen mit drei oder mehr Seiten, die man Prismen nennt. Oft verbinden sich Mineralien mit anderen Mineralien zu unregelmäßigen Massen, den Gesteinen. In diesem Fall sind die Kristalle teilweise so klein, dass du sie nicht sehen kannst. Dennoch haben sie eine regelmäßige Struktur.

Wissenschaftler unterscheiden mehr als 2500 Mineralien und bestimmen sie nach Farbe, Dichte, Härte und Habitus. Der Habitus besagt, in welcher Gestalt ein Mineral vorkommt. Diese ist abhängig von der Struktur der Kristalle und den Bedingungen, unter denen sie wachsen. Es gibt sehr ausgefallene Formen. Manche Mineralien sehen wie Nadelhaufen, andere wie Trauben oder kleine Bäume aus.

Kristallfäden bilden dieses Stück Amphibol-Asbest mit seinem faserigen Habitus. Da Asbestfasern nicht brennen, wurden sie als Feuerschutzmaterial im Bau verwendet. Später fand man heraus, dass bestimmte Arten Gesundheitsrisiken bergen.

Wulfenit (Gelbbleierz) bildet flache tafelförmige Kristalle; seinen Habitus nennt man daher tafelig. Die Form der Kristalle und ihre Honigfarbe lässt sie wie Bonbons aussehen. Wulfenit-Kristalle sind oft durchsichtig. Sie weisen manchmal feine Muster auf, die dadurch entstehen, dass Spuren anderer Mineralien in die Kristalle eingeschlossen werden.

## FARBENVARIANTEN

Viele Mineralien kommen in mehreren Farben vor. Zu den Farben von Fluorit z. B. gehören Grün, Gelb und Lila. Die Farben entstehen durch Unreinheiten in dem Mineral.

## WÖRTERBUCH

**MINERAL** geht auf das lateinische Wort minera zurück, das „Mine" oder „Erzgang" bedeutet.

**KRISTALL** kommt von dem griechischen Wort crystallos für „Eis". – Die Griechen der Antike glaubten, dass Quarz aus unschmelzbarem Eis bestünde.

Die Bezeichnung **RHODOCHROSIT** enthält die griechischen Wörter rhodon für „Rose" und chromo für „Farbe".

## SCHON GEWUSST?

Der größte Topaskristall wurde 1940 in Brasilien gefunden. Er wiegt 270 kg und ist im Amerikanischen Museum für Naturgeschichte in New York ausgestellt.

Im amerikanischen Bundesstaat South Dakota fanden Bergleute einen 14,30 m langen und 8 t schweren Kristall des Minerals Spodumen.

## WEGWEISER

- Lerne Gesteine und Mineralien klassifizieren: S. 110–111.
- Azurit enthält das Metall Kupfer, über das du auf S. 98–99 mehr lesen kannst.
- Große Kristalle kommen in Erguss- und metamorphem Gestein vor. Siehe S. 88–89, 92–93.
- Kristallen werden magische Kräfte zugeschrieben. Schlag S. 106–107 auf.

Aus winzigen Kristallen können riesige Mineralien wachsen. Dazu brauchen sie unterschiedlich viel Zeit. Aber jeder Kristall behält seine innere Struktur bei. Der Topas unten ist zu einer 50,3 kg schweren Säule gewachsen; seinen Habitus nennt man prismatisch. Aus solchen Kristallen lassen sich große Schmucksteine schneiden. Der geschliffene Goldtopas unten links ist 4,5 kg schwer.

## SEI AKTIV!

# Deine Kristallwerkstatt

Aus Salz und Wasser wachsen Kristalle.

1. Rühr reichlich Salz in ein Glas warmes Wasser. Befestige einen Faden an einem Bleistift und lass ihn in die Lösung hängen.

2. Während das Wasser verdunstet, bilden sich an dem Faden Kristalle. Diese sind würfelförmig, weil die Moleküle zu einem würfelförmigen Gitter arrangiert sind, das sich während des Kristallwachstums wiederholt.

3. Brich die kleinsten Kristalle ab, dann wachsen größere. Füll Salz nach, wenn das Kristallwachstum nachlässt.

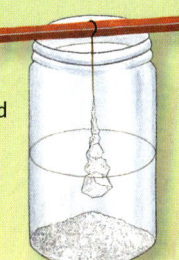

Azurit, der zu Schmucksteinen verarbeitet und poliert wird, kommt in unterschiedlichen Gestalten vor, ist aber immer von tiefblauer Farbe. Manchmal wächst er zu dieser Traubenform heran.

Die Kristalle des Krokoit sind oft nadelförmig. Dieses seltene und empfindliche Mineral ist bei Sammlern hochbegehrt. Einige der schönsten Exemplare stammen aus Minen auf der australischen Insel Tasmanien.

## FARBGETREUE MINERALIEN

Andere Mineralien haben immer dieselbe Farbe. Rhodochrosit z.B. kommt nur rosarot vor. Malachit ist in der Regel tiefgrün. Und Schwefel kennt keine andere Farbe als Hellgelb.

**Bornit
(Kupfererz)**

**Galenit
(Bleierz)**

**Bauxit
(Aluminiumerz)**

# Bodenschätze

Die Erde birgt einen Schatz nutzbarer Mineralien. Zu ihnen gehören Metalle, wie Gold, Silber, Kupfer und Blei, und Nichtmetalle, wie Schwefel und Salz. Mineralien mit so hohem Anteil an nutzbaren Metallen, dass sich ihr Abbau lohnt, nennen wir Erze. Den Wert dieser Mineralien haben die Menschen schon vor Tausenden von Jahren erkannt. Zu den ersten abgebauten Erzen gehörte Kupfer, das gut sichtbar als reines Metall im Boden vorkommen kann. Auch Gold, Silber, Platin und andere Metalle, die wir Edelmetalle nennen, treten gediegen, d.h. rein auf. Die meisten Metalle sind jedoch mit anderen Elementen zu mineralhaltigem Gestein gebunden. Mit Sauerstoff gebundenes Aluminium ist z.B. in dem Gestein Bauxit enthalten. Blei kommt sehr selten in gediegener Form, dafür aber verbreitet in Mineralien wie Galenit und Cerussit vor. Die Trennung von Metall und Gestein haben die Menschen in einem jahrtausendelangen Lernprozess verfeinert.

Zu den Bodenschätzen gehören auch die Nichtmetalle. In unseren Bleistiften z.B. steckt Grafit; aus Gips entsteht durch Brennen Stuckgips. Wir gewinnen sogar Speisesalz aus Gestein.

Diese silberweißen Perlen bestehen aus Quecksilber, dem einzigen bei Zimmertemperatur flüssigen Metall. Quecksilber kommt als ein rötliches Erz mit Namen Zinnober vor. Wir verwenden es zur Herstellung von Thermometern, da es auf kleinste Temperaturunterschiede reagiert und genaue Angaben liefert.

Schwefel ist ein hellgelbes nichtmetallisches Mineral, das an heißen Quellen und Vulkanen vorkommt. Der wunderschöne hellgelbe Schwefel verbindet sich mit Wasserstoff zu dem Gas Schwefelwasserstoff mit seinem typischen Geruch nach faulen Eiern. Schwefel dient zur Herstellung von Düngemitteln und Chemikalien gegen Insekten.

## STAHLHERSTELLUNG

Stahl, eine Verbindung von Eisen und Kohlenstoff, brauchen wir für viele Gegenstände, von Autos bis hin zu Bestecken. Die Stahlproduktion umfasst viele komplizierte Schritte, von denen hier die wichtigsten gezeigt sind.

**Eisenerz**

**Koks**

**Kalk**

Stahl wird aus Eisen, Koks und Kalk hergestellt. Das Eisen muss zuvor aus Eisenerz gewonnen werden, das gewöhnlich Eisen und Sauerstoff enthält.

Schlacke

Eisen

Die Bestandteile kommen in einen etwa 30 m hohen Ofen. Aus Gebläsen wird heiße Luft zugeführt, die die Temperatur erhöht. Der Koks verbindet sich mit dem Sauerstoff des Erzes zu Kohlenmonoxid. Das geschmolzene Eisen sammelt sich am Boden des Hochofens. Durch Zusatz von Kalk zur Abscheidung von Unreinheiten entsteht als Abfallprodukt Schlacke.

## WÖRTERBUCH

Das Wort **KUPFER** geht auf die griechische Bezeichnung der Insel Zypern Kyprios zurück, wo Kupfer schon vor 5000 Jahren abgebaut wurde.

**HÄMATIT** ist ein wichtiges Eisenerz in Form eines roten Pulvers. Der Name geht auf das griechische haimatites, „blutartig", zurück.

**BAUXIT** wurde 1821 im französischen Les Beaux entdeckt.

## SCHON GEWUSST?

Man braucht 4 t Bauxit, um 1 t Aluminium zu gewinnen.

Ein Eimer mit 3,8 l Wasser wiegt 3,8 kg. Mit flüssigem Quecksilber gefüllt, würde derselbe Eimer 52 kg wiegen. Quecksilber ist so dicht, dass ein Stück Blei auf seiner Oberfläche schwimmt wie ein Boot auf dem Wasser.

## WEGWEISER

- Welches sind die wertvollsten Metalle? Schlag auf S. 100–101 nach.
- Die meisten modernen Bauten sind mit Stahl verstärkt. S. 80–81.
- Woraus bestehen Mineralien? Lies nach auf S. 96–97.

Kupfer tritt sowohl gediegen als auch in Erzen auf. Die gediegene Form (unten links) ist rötlich und sieht oft aus wie ein Haufen Drähte. In Verbindung mit anderen Elementen sind Kupfermineralien in der Regel blau oder grün. Zu den Kupfererzen gehören das türkisfarbene Mineral Aurichalcit (ganz links) und das tiefblaue Mineral Azurit (rechts).

Was aussieht wie Nadeln in einem Nadelkissen sind in Wirklichkeit Antimonglanzkristalle. Antimonglanz ist das wichtigste Antimonerz.

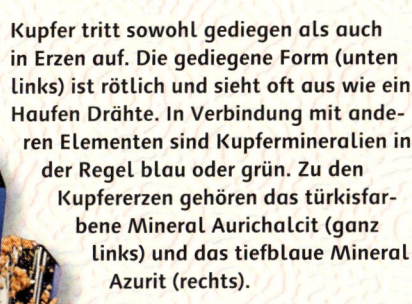

## INSIDESTORY

# Kupferschmiede

Mein Name ist Salomon. Ich lebe im Timna-Tal in Israel. Meine Leute sind Kupferschmiede. Wir verhütten Kupfer für den ägyptischen Pharao, das wir aus einem grünen Mineral namens Malachit gewinnen. Ich helfe meinem Vater und Bruder, das Kupfer durch Ausschmelzen von dem Malachit zu trennen. Wir füllen einen Steinofen mit Holzkohle und blasen Luft hinein, bis die Kohle die richtige Hitze hat. Mein Bruder und ich blasen weiter, während mein Vater den zerkleinerten Malachit in den Ofen wirft und weitere Kohle nachfüllt. Nach einiger Zeit lassen wir den Ofen abkühlen. Wenn wir die schwarze Schlacke am Boden aufschlagen, finden wir darin kleine Kupferkugeln. Es ist schwere Arbeit, aber sie hat uns in ganz Ägypten berühmt gemacht.

Das Eisen wird in einen anderen Ofen geleitet. Durch ein Gebläse kommt erhitzter Sauerstoff dazu, der das Eisen heiß hält und überschüssigen Kohlenstoff bindet. So wird der Kohlenstoffanteil im Eisen reduziert und es entsteht Stahl.

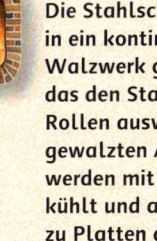

Die Stahlschmelze wird in ein kontinuierliches Walzwerk geleitet, das den Stahl zwischen Rollen auswalzt. Die gewalzten Abschnitte werden mit Wasser gekühlt und anschließend zu Platten geschnitten.

Die Platten werden unter anderem zu Drähten, Trägern, Blechen und Rohren weiterverarbeitet. Diese werden an Unternehmen verkauft, die daraus eine Vielzahl von Produkten herstellen.

Draht

Träger

Blech

Rohr

Silbermünzen
aus Spanien

Goldmaske aus
Griechenland

Platinring aus den
Vereinigten Staaten

# Edelmetalle

Zu den Schätzen der Erde gehören auch die seltenen Edelmetalle Gold, Silber und Platin, die in und auf dem Boden liegen und auf Entdeckung warten. Schon vor 6000 Jahren haben Menschen am Persischen Golf Gold und Silber verarbeitet. Sie hämmerten die weichen Metalle zu Schmuck und anderen wundervollen Objekten, nicht anders als wir heute. Platin hingegen wurde erst Anfang des 18. Jahrhunderts entdeckt. Extrem selten, ist es noch wertvoller als Gold.

Edelmetalle treten oft gediegen auf. Man findet sie in Adern – mineralgefüllten Gesteinsspalten – und zwischen Sand und Kies in einem Flussbett. Diese Ablagerungen oder Seifen entstehen durch Erosion, die das Metall aus dem Gestein herauslöst; Wasser trägt es zu einem Fluss, auf dessen Boden es sinkt. Dies ist oft bei Gold der Fall. Gold wird vor allem zu Schmuck verarbeitet, hat aber Eigenschaften, die es auch für die Industrie interessant machen. Nicht rostend, wird es zum Beispiel oft für wichtige elektronische Teile verwendet. Als hochglänzende Beschichtung von Satelliten und Weltrauminstrumenten reflektiert es kosmische Strahlen, die sonst schädlich wären.

**Drahtartige Gebilde aus gediegenem Silber werden aus heißen Flüssigkeiten ausgefällt. Ein Teil des abgebauten Silbers wird zu Schmuck, Münzen und Tafelsilber verarbeitet. Ein anderer Teil wird für die Herstellung von fotografischen Filmen verwendet. Wenn du ein Foto machst, werden in der Filmbeschichtung Silberkristalle erzeugt. Diese reagieren mit Licht und halten das Bild fest.**

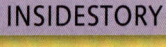
INSIDESTORY

## Im Goldrausch

Ich heiße Pete und bin Goldwäscher in den nordkalifornischen Bergen. Eigentlich bin ich Bankangestellter und komme aus Boston im Osten der Vereinigten Staaten. Eines Tages las ich in der Zeitung von einem Mann, der hier im American River Gold gefunden hat. Ich gab meine Stellung auf und zog nach Westen, nach San Francisco. Unterwegs sah ich verlassene Farmen und Geschäfte; das Goldfieber hat alle erfasst. Anfang 1849 kam ich hier an. Ich hoffe, dass ich bald sehr reich sein werde.

**Platin-Nuggets sind selten größer als eine Erbse; das Kügelchen links wäre schon ein ansehnlicher Fund. Die beste Qualität kommt aus dem Ural in Russland. Aus Platin wird viel Schmuck angefertigt. Aber auch die Autoindustrie verwendet Platin, z. B. in Katalysatoren, die giftige Gase und Partikel ausfiltern.**

## 📖 WÖRTERBUCH

**PLATIN** geht auf das spanische Wort für „Silber", plata, zurück, dessen Farbe das Metall aufweist.

**PYRIT** wurde jahrhundertelang zum Feuermachen verwendet. Gegen Feuerstein oder Eisen geschlagen, erzeugt Pyrit Funken. Abgeleitet ist Pyrit von pyr, griechisch für „Feuer".

Das chemische Zeichen **Ag** für Silber steht kurz für den lateinischen Namen argentum, der „weißglänzend" bedeutet.

## ✴ SCHON GEWUSST?

Das größte Gold-Nugget tauchte 1869 in Moliagul im australischen Bundesstaat Victoria auf. Der „Willkommene Fremde", wie man ihn nannte, wog 70,8 kg.

Platin ist rar: 907 000 kg Erz enthalten manchmal nur 450 g des Metalls.

Gold ist so weich und leicht zu bearbeiten, dass man aus nur 28 g einen haarfeinen Draht von 80 km Länge herstellen kann.

## 𝍢 WEGWEISER

• Gold, Silber und Platin kommen rein oder gediegen vor. Mehr zu reinen Elementen steht auf S. 96–97.
• Edelmetalle werden auch aus Erzen gewonnen. Siehe S. 98–99.
• Tests zur Bestimmung von Mineralien findest du auf S. 111.

### GEWACHSENES GOLD

Manche Gold-Nuggets wachsen in Sedimenten wie Kartoffeln in der Erde. Wissenschaftler glauben, dass Bakterien daran schuld sind, an die sich kleine, im Wasser schwimmende Goldteilchen anheften.

Goldsucher hielten dieses glänzende, gelbe Mineral oft für das begehrte Gold, das sich dann jedoch nur als Pyrit herausstellte. Dieser Irrtum kann dir nicht passieren: Du brauchst mit dem Mineral lediglich über eine weiße unglasierte Keramikkachel zu streichen. Pyrit hinterlässt einen grünlich schwarzen Strich, Gold einen gelben.

Mikroskopisch kleine Bakterienstämme in Sedimenten ziehen winzige gelöste Goldmoleküle an, die im nassen Boden vorhanden sind. Infolge statischer Elektrizität bleibt das Gold an den Bakterien haften, wie Papierfetzen an einem Gummiballon, den du an deinen Haaren gerieben hast.

So große Gold-Nuggets wie hier findet man selten. Es sind Gipsrepliken von zwei Nuggets, die 1870 in Rheola im australischen Bundesstaat Victoria gefunden und „Graf und Gräfin von Canterbury" getauft wurden. Wenn sie echt wären, könnten die Kinder sie nicht heben – Gold ist doppelt so schwer wie Blei.

Immer mehr Gold baut sich auf und verfestigt sich auf den Bakterien, die es wie eine Rüstung umgibt. Während die Goldschicht wächst, füllen sich die Lücken zwischen den Bakterien. Derweil wachsen die Bakterienstämme weiter nach außen.

Mit der Zeit entsteht ein mikroskopisch kleines Nugget. Der Klumpen zieht weitere winzige gelöste Goldteilchen an. Er kann am Ende so groß werden wie die Nuggets links.

Dieses Foto wurde durch ein Mikroskop gemacht. Es zeigt eine dünne Goldschicht auf einem Bakterienstamm. Oben ist sie von der Erosion abgeschliffen.

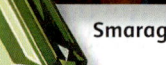
# Seltene Kostbarkeiten

Einige Mineralien bilden eine eigene Klasse. Es sind die Edelsteine, die wegen ihrer außerordentlichen Schönheit hohe Preise erzielen. Die kostbarsten Edelsteine zeichnen sich durch zwei weitere Eigenschaften aus: Sie sind selten und widerstandsfähig. Ihre Seltenheit macht sie begehrt, und ihre Härte schützt sie vor Kratzern und Splittern. Zu den Edelsteinen zählen Diamanten, Rubine, Saphire und Smaragde.

Edelsteine entstehen zum Teil im Zuge der Metamorphose – wenn Krustengestein durch Plattenbewegungen versenkt und Druck und Wärme ausgesetzt wird. Dies gilt z. B. für Rubine, die während der Metamorphose von Sedimentgestein durch auflagernde neue Gebirge wachsen können. Diamanten dagegen bilden sich tief unter der Oberfläche im oberen Erdmantel, und Smaragde entstehen, wenn Lösungen in oder am Rand von abkühlendem Granit kristallisieren. Die Härte eines Edelsteins hängt von der Größe, der Anordnung und der Art seiner Atome ab.

Edelsteine können durch Vulkanismus oder Plattenbewegungen zutage gefördert und durch Erosion freigelegt werden. Fließendes Wasser löst sie aus Gesteinsschichten und lagert sie in Flussbetten ab. Die Suche nach ihnen gleicht oft der nach einer Nadel im Heuhaufen. Oft müssen 500 t Erz gefördert werden, um 30 g Diamanten zu finden.

Der Diamant ist das härteste natürliche Material der Erde und besitzt eine unvergleichliche Brillanz. Viele Diamanten sind farblos; die Mehrzahl hat jedoch eine leicht gelbe Färbung. Der unten abgebildete, 128 Karat schwere Tiffany-Diamant strahlt in funkelndem Kanariengelb. Daneben gibt es rosa, grüne, blaue, purpurne und – äußerst selten – rote Diamanten.

Rubin (links) und Saphir sind zwei Arten eines Minerals namens Korund. Die für den Rubin typische rote Farbe resultiert aus winzigen Chromanteilen im Korund; sie variiert von Blassrot bis Purpurrot. Der blutrote Rubin zählt zu den seltensten und wertvollsten Edelsteinen. Rubine werden auch zur Fertigung von Lasern verwendet.

**UNTER DRUCK**

Diamanten entstehen im oberen Erdmantel in etwa 150 km Tiefe und gelangen während der Entstehung des magmatischen Gesteins Kimberlit an die Oberfläche. Rechts siehst du die Entstehungsphasen von Kimberlit.

Extremer Druck im oberen Erdmantel verdichtet Kohlenstoffmoleküle zu Diamantkristallen. Das diamantführende kimberlitische Magma steigt in einer Röhre durch den umliegenden dichteren Erdmantel zur Oberfläche auf. Auf dem Weg nach oben bilden sich Gasblasen in dem Magma.

## WÖRTERBUCH

**TURMALIN** kommt aus dem Singhalesischen (Sri Lanka), wo toura-malli „Steine mehrerer Farben" bedeutet.

**DIAMANT** geht auf das griechische Wort adamas für „unbezwinglich" zurück.

**RUBIN** hat als Wurzel das lateinische rubeus, das „rot" bedeutet.

**KORUND** kommt von kuruvinda, tamilisch für „Rubin".

## SCHON GEWUSST?

Der größte bisher gefundene Diamant ist mit 3106 Karat der Cullinan. Er wurde 1905 in Südafrika entdeckt und in 9 große sowie 91 kleinere Steine geschliffen.

Korund ist das zweithärteste Mineral nach dem Diamant. Dessen ungeachtet ist der Diamant ungefähr 150-mal so hart wie der Korund.

## WEGWEISER

• Halbedelsteine sind nicht so selten wie Edelsteine. Alles darüber steht auf S. 104–105.

• Über magische Kräfte, die Edelsteinen nachgesagt werden, informieren dich die S. 106–107.

• Der Edelstein Topas kann zu riesigen Kristallen heranwachsen. Sieh dir einen davon auf S. 96–97 an.

### INSIDESTORY

# Der Punch-Diamant

Im April 1928 machte der 12-jährige William Jones eine große Entdeckung. Punch, wie er genannt wurde, und sein Vater Grover spielten Hufeisen-Werfen im Hof ihres Hauses in Petertown, West Virginia. Eins der Hufeisen landete mit einem hellen „kling", und als Punch die Erde wegschob, sah er einen bläulich weiß schimmernden Kristall von der Größe einer großen Murmel. „Guck mal, ich hab einen Diamanten gefunden", sagte er zu seinem Vater und beide lachten über den vermeintlichen Witz. Punch tat den Kristall in eine Zigarrenschachtel, wo er 15 Jahre lang blieb. 1943 brachte Grover den Stein zu einem Experten, der feststellte, dass es sich um einen 34,48 Karat schweren Diamanten handelte – einen der größten, der je im Osten der Vereinigten Staaten gefunden wurde. Die Jones stellten ihren „Punch-Diamanten" in einem Museum aus, bevor sie ihn 1984 für 74 250 Dollar verkauften.

Auf der Suche nach Saphiren saugt dieser Sammler Flusssand in eine Pumpe, den er anschließend in das Sieb geben wird. Indem er das Sieb kreisend bewegt, drückt die Zentrifugalkraft die leichteren Steine, wie Quarz, nach außen. Die schweren roten Zirkone und blauen Saphire sammeln sich in der Mitte (oben rechts).

Mit einem grünen „Rand" und rosafarbenem „Fleisch" sieht dieser Turmalinkristall aus wie ein Stück Wassermelone. Turmalin kommt in vielen Farben von Rosa, Rot, Blau, Grün, Gelb, Orange bis hin zu Braun und Schwarz vor, aber auch in glasklarer Form. Die Farbe hängt vom Metallgehalt des Minerals ab. Mangan färbt den Turmalin pink; ist er grün, enthält er Eisen oder Chrom.

Diamanten wie der links werden gewöhnlich in kimberlitischem Gestein gefunden. Die häufigste Form ist die eines (8-seitigen) Oktaeders, das wie zwei zusammengesetzte Pyramiden aussieht.

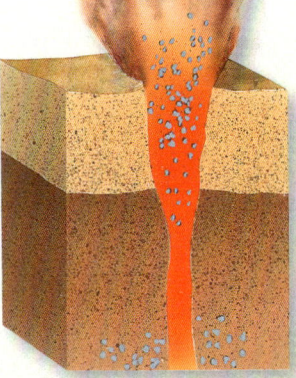

Steigender Gasdruck oder eine physikalische Reaktion zwischen dem Magma und Grundwasser führen dazu, dass das Magma den überlagernden Deckel von Zeit zu Zeit durchbricht und zusammen mit Gestein und Diamanten an die Oberfläche gelangt. Das letzte Ereignis dieser Art geschah vor etwa 60 Millionen Jahren.

Nach dem Ausbruch kühlt das Gestein langsam ab und es entsteht ein karotten-förmiger Schlot, eine sogenannte Pipe. Mit fortschreitender Erosion gelangen Teile der Diamanten in Flüsse, wo sie sich in Seifen-Lagerstätten konzentrieren. In den Schloten werden die Edelsteine im Tagebau abgebaut.

Diese Steine waren farblos und matt, als sie frisch aus der Erde kamen. Rundum poliert zeigen sie ein vollkommen anderes Gesicht, und wir können jetzt ihre wunderbaren Farben bewundern.

Im Uhrzeigersinn von links: Amazonit, Jaspis, Tigerauge, Rhodonit, Rhyolit, Hämatit, Band-Achat, Roteisenstein

# Farben und Muster

Manche Steine sind ebenso schön wie verbreitet. Wegen ihres häufigeren Vorkommens haben sie zwar nicht den Wert echter Edelsteine, aber trotzdem lieben und sammeln wir sie wegen ihrer schönen Farben und Muster. Diese Schmuck- oder Halbedelsteine, wie man sie nennt, zieren Kleidung, Schmuck und Kunstobjekte seit Tausenden von Jahren. In Frankreich zum Beispiel haben Menschen vor 20000 Jahren Schmuckstücke aus polierten Stücken eines rötlichen Steins mit Namen Jaspis hergestellt.

Schmucksteine sind oft Ansammlungen kleinster Kristalle. Kristallkombinationen können faszinierende Muster hervorbringen, wie im Achat mit seinen wellenförmigen Farbbändern. Sie entstehen durch abwechselnde Ablagerungen kleiner Chalcedonkristalle mit leicht unterschiedlichen Chemikalien, in die größere Quarzkristalle eingelagert sein können. Als organische Schmucksteine bezeichnet man Produkte von Pflanzen und Tieren wie Perlen, Korallen und Gagat, einem Stein aus schwarzer, harter Kohle.

Nephrit

Wenn wir von Jade sprechen, meinen wir einen von zwei Schmucksteinen, Nephrit oder Jadeit. Beide sind hart und kommen in mehreren Farben vor. Aus Nephrit haben die Ureinwohner von Neuseeland, die Maori, seit dem Jahr 1000 wunderbare Kunstwerke und Gebrauchsgegenstände geschaffen, z. B. die Messer oben.

Der tiefblaue Lapislazuli ist ein hoch geschätzter Schmuckstein. Die alten Ägypter zerrieben ihn zu Pulver, das sie als Lidschatten benutzten. Im Europa der Renaissance stellte man aus dem Pulver eine edle Farbe her, das Ultramarin. In seinem Gemälde „Der heilige Franziskus schenkt einem armen Soldaten seinen Mantel" (1437) wählte der italienische Maler Sassetta sie für den Mantel.

Lapis-lazuli

**SO WÄCHST DIE PERLE**
Eine Perle entsteht, wenn ein Fremdkörper in die Schale einer Perlauster, Meeres- oder Flussmuschel gelangt.

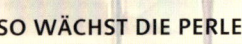

Um sich zu schützen, sondert die Muschel Perlmutt ab, das sich in Schichten um den Fremdkörper legt. In rund sieben Jahren baut sich so eine Perle auf.

## WÖRTERBUCH

Venezianische Händler kauften **TÜRKISE** auf türkischen Märkten ein und verkauften sie in ganz Europa. Die Franzosen nannten den Stein pierre turquoise, den „türkischen Stein".

**LAPISLAZULI** kommt von dem lateinischen Wort lapis für „Stein" und dem arabischen Wort lazaward für „Himmel".

## SCHON GEWUSST?

Die nordamerikanischen Pueblo-Indianer legten Verstorbenen Türkisperlen ins Grab. In der Totenstadt Pueblo Bonito in New Mexico hat man 24900 dieser Perlen gefunden.

Der qualitativ hochwertigste Lapislazuli kommt aus den Bergen von Badakschan in Afghanistan, wo er seit über 6000 Jahren abgebaut wird.

## WEGWEISER

• Bei Schmucksteinen ist der massive Habitus am verbreitetsten. Auf S. 96–97 findest du weitere Formen.
• Farbensprühender Achat findet sich verbreitet in den Blasenräumen von Geoden. Siehe S. 94–95.
• Über Bernstein, einen organischen Schmuckstein aus fossilem Baumharz, erfährst du mehr auf S. 112.

SEI AKTIV!

# Der entscheidende Schliff

Die meisten Schmucksteine sind matt und farblos, wenn sie aus der Erde kommen. Um ihre Farben und Muster zur Geltung zu bringen, müssen sie poliert werden. Dies geschieht in einem Trommelschleifapparat, den du kaufen kannst. Zum Schleifen und Polieren werden die Steine zusammen mit Wasser und einem groben Schleifmittel in die Trommel gegeben. Dann stellst du den Apparat an und lässt ihn etwa eine Woche laufen. Danach ersetzt du das grobe durch ein feineres Schleifmittel und lässt den Apparat noch einmal eine Woche laufen. Die Schleifmittel entfernen die harten Kanten und runden den Stein. Zu guter Letzt kommt ein feines Poliermittel in die Trommel, das dem Stein einen edlen Glanz verleiht.

Türkis

Der älteste Türkisschmuck stammt aus Mesopotamien (dem heutigen Irak), wo die Menschen schon um 5000 v. Chr. Perlen daraus anfertigten. Die in Mexiko ansässigen Azteken schufen Kettenanhänger und Zeremonialmasken aus Türkis. Diese Maske aus der Zeit um 1500 n. Chr. stellt ihren Regengott Quetzalcoatl dar.

Der Malachit erfreut das Auge mit einer Sinfonie in Grün. Die hellgrünen Bänder bestehen aus extrem kleinen, die dunkelgrünen aus größeren Kristallen. Große Einzelkristalle aus Malachit sind selten; dafür kommt er in verschiedenen Formen vor. Der Habitus dieses Malachits ist massig. Er kann aber auch faserig, radial oder traubig sein.

Perlen haben gewöhnlich die Form kleiner Kugeln und werden zu Ketten aufgezogen (oben). Aber die Menschen sind erfindungsreich. Diese Buddha-Perlen (rechts) haben als Kern kleine Buddha-Figuren aus Blei, die man lebenden Muscheln einpflanzte. Im Lauf der Jahre umgab die Muschel die Figuren mit Permutt. Das Verfahren ist seit dem 12. Jahrhundert in China bekannt.

Malachit

Perlen werden gezüchtet, indem man der Muschel ein kleines Kügelchen künstlich einpflanzt. Um die Kugel legt sich ein Perlmuttmantel.

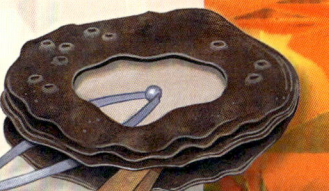

Im Schnitt sieht man den Unterschied: viele Perlmuttlagen und ein kleiner Fremdkörper bei der echten Perle, wenige Lagen und ein großer Kern bei der Zuchtperle.

Echte Perle    Zuchtperle

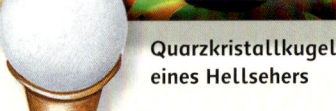
Quarzkristallkugel
eines Hellsehers

Augenachat zum Schutz
gegen den bösen Blick

# Magische Mineralien

Die ungewöhnlichen Formen, Farben und Eigenschaften von
Mineralien erschienen frühen Menschen wie ein Wunder.
Unsere Vorfahren staunten über klare Quarzkristalle, die
wie Eis aussahen, aber nicht schmolzen. Sie hatten keine
Erklärung für Steine von der Form von Nadeln, Trauben oder
Kreuzen, geschweige denn den Magnetismus von Magnesit oder
den Einschluss von Insekten in einen Bernstein. Kein Wunder,
dass sich mancher Glaube mit Mineralien verknüpfte.
Zum Beispiel legte man Fiebernden oft einen Quarz auf
die Stirn. Dieses Mineral ist ein guter Wärmeisolator – es
speichert Wärme und Kälte. Kalt aufbewahrt, fühlt er sich
so kühl und beruhigend an wie ein kaltes feuchtes Tuch.
Amerikanische Indianer erzeugten bei Zeremonien Blitze,
indem sie Quarzkristalle aneinander rieben. Quarz strahlt beim
Zerbrechen oder Zerstoßen tatsächlich Licht ab – man nennt
das Phänomen heute Tribolumineszenz (Trennungsleuchten).
Aber es existiert auch viel Aberglaube. In Griechenland soll
Granat Kinder vor dem Ertrinken, im Nahen Osten ein an den
Schwanz gebundener Türkis Pferde vor Unfällen schützen. Und
viele Menschen in aller Welt glauben, dass Kristalle heilen
und sie in die Zukunft sehen lassen können.

Beim Vesuvausbruch im
Jahr 1666 regnete es
Kreuze auf die Stadt
Neapel. Die Bewohner
glaubten an ein Wunder,
doch es waren rechtwinklig
verwachsene Pyroxenkris-
talle, die, wie man sagt,
Zwillinge gebildet hatten.

Fluorit

## SEI AKTIV!
# Leuchtender Zucker

Nimm einen Zuckerwürfel, geh damit in einen dunklen Raum und press
ihn mit einer Zange zusammen. Der Würfel beginnt schwach zu leuchten.
Drück fester zu, bis der Würfel zerbricht. Wenn das geschieht, solltest du
einen bläulichen Blitz sehen. Die Zuckerkristalle zerbrechen in positiv
und negativ geladene Teilchen, zwischen denen
Energie ausgetauscht wird. So entstehen Funken, die mit dem Stickstoff in der Luft reagieren
und einen bläulichen Blitz erzeugen. Dieser
Effekt heißt Tribolumineszenz – Leuchten beim
Zerbrechen. Als tribolumineszente Mineralien
sind Quarz und Fluorit bekannt. Manche
Materialien erzeugen intensivere Blitze, weil
sie lichterzeugende Chemikalien enthalten.

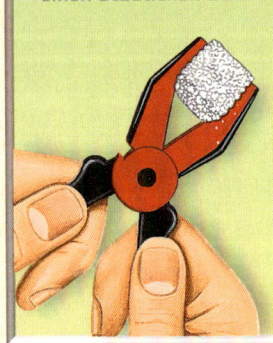

Fluoreszierende Mineralien
leuchten unter ultraviolettem
Licht in faszinierenden Farben.
Andere Mineralien, wie der
Diamant, leuchten nach
Abschalten der Lichtquelle
noch kurze Zeit nach, dies
nennt man Phosphoreszenz.
Fluoreszenz kommt zustande,
weil die Mineralien Licht-
strahlen absorbieren und mit
anderer Wellenlänge im
sichtbaren Farbbereich wieder abstrahlen.

Dieser Edelstein mit seiner besonderen Farbe und
dem reflektierten Lichtstreifen zeigt den Katzen-
augen-Effekt. Es gibt mehrere Mineralien, die
diesen Effekt aufweisen, wenn sie gewölbt
geschliffen werden. Das eigentliche Katzenauge aber ist der hier abgebildete Chrysoberyll.
Der hellgelbe Streifen rührt von einer Reihe
paralleler Fasern aus dem lichtreflektierenden
Mineral Rutil her.

## WÖRTERBUCH

Ein Stein aus **JADE**, auf den seitlichen Körper gelegt, sollte früher Nierenschmerzen lindern. Das Wort Jade kommt aus dem Spanischen: piedra de ijada bedeutet „Stein der Seite".

Die Griechen der Antike glaubten, ein **AMETHYST** im Wein schütze vor Trunkenheit. Amethyst vom griechischen amethystos heißt „nicht betrunken".

## SCHON GEWUSST?

Die alten Ägypter legten Mumien einen Smaragd in den Mund, der ihnen im Jenseits Kraft verlieh.

Im Mittelalter gab es Ärzte, die glaubten, Menschen könnten sich unsichtbar machen, indem sie sich mit Roteisenstein und Kräutern einrieben.

Im 17. Jahrhundert empfahl der englische Arzt William Rowland die Einnahme von zerkleinerten Granaten gegen Herzprobleme.

## WEGWEISER

- Auch Gesteine haben Besonderheiten. Schlag S. 94–95 auf.
- Mehr über die eigenwilligen Formen von Mineralien auf S. 96–97.
- Wie du ein Mineral bestimmen kannst, findest du auf S. 111.

Strontianit

## MONATSSTEINE

Die Geschichte der Monatssteine reicht weit zurück. Sie beginnt vielleicht mit den zwölf Edelsteinen im Brustpanzer des Hohen Priesters und Bruders des Propheten Moses, Aaron, die die zwölf Stämme Israels repräsentierten. Später wies man erst Tierkreiszeichen, dann Geburtsmonaten besondere Steine zu. Letztere sollen auch heute noch Glück bringen.

Um Rubine, oben in Marmor eingebettet, ranken sich viele Mythen. Birmesische Krieger nähten sich Rubine ins Fleisch, weil sie glaubten, die Steine würden sie im Kampf schützen. Anderswo galt es als schlechtes Vorzeichen, wenn ein Rubin sich dunkel färbte.

JANUAR
Granat

FEBRUAR
Amethyst

MÄRZ
Aquamarin

APRIL
Diamant

MAI
Smaragd

JUNI
Perle

JULI
Rubin

AUGUST
Olivin

SEPTEMBER
Saphir

OKTOBER
Opal

NOVEMBER
Topas

DEZEMBER
Türkis

Willemit (grün) und Calcit (rot)

Einige Feldspäte haben einen perlig weißen Glanz, in dem sich der Mond zu spiegeln scheint – deshalb nannte man sie Mondsteine. Der schillernde Glanz geht tatsächlich auf lichtreflektierende Schichten aus kleinen Kristallen zurück.

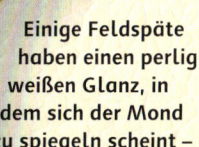

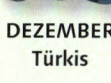

Torf

Anthrazit (Kohle)

Autunit (Uran)

# Fossile Brennstoffe

In Schichten sedimentärer Gesteine liegen Kohle, Öl, Gas und andere Energierohstoffe verborgen. Ohne diese Brennstoffe könnten wir nicht Auto fahren, Flugzeug fliegen oder unsere Heizungen betreiben. Einer der meistgenutzten Brennstoffe ist Kohle. Wir verbrennen sie, um Wärme und Energie zu erzeugen. Kohle besteht aus den Resten ehemaliger Sumpfwälder. Während sich das Pflanzenmaterial zersetzt, wird es zu Torf. Über dem Torf entstehende Sedimentgesteine üben Druck aus. Der Druck wandelt den Torf in dunkelbraune Braunkohle um. Weiter wachsende Gesteinsschichten erzeugen einen immer stärkeren Druck, unter dem sich die Braunkohle in Steinkohle und diese schließlich in Anthrazit verwandelt, eine harte, glänzende schwarze Kohle. Je höher der Druck des auflastenden Sedimentgesteins, desto größer sind Härte und Energiegehalt der Kohle.

Da die Kohle-, Öl- und Gasvorräte der Erde begrenzt sind, sucht man nach anderen Energiequellen. Uran ist ein schweres Element mit großen Atomen, die bei der Spaltung Energie freisetzen. In Atomkraftwerken wird diese Energie in Strom umgewandelt.

**Bei der Verbrennung von Öl, Kohle und Gas wird die Luft mit Abgasen und Ruß belastet.**

**Jahrhundertelang sind Bergleute tief in die Erde eingefahren, um Kohle abzubauen. Heute erledigen Maschinen den größten Teil der Arbeit.**

**Durch den Einfuhrschacht fahren die Bergleute in das Bergwerk ein.**

**Die Bergleute legen Stollen an, deren Decken mit Metallstreben abgestützt werden.**

**Ein offener Metallaufzug bringt die Bergleute zu der Kohlesohle.**

## UNTER DEM MEER

Erdöl und -gas entstehen unter dem Druck auflastender Gesteine aus Überresten von Meeresorganismen.

**Mikroskopisch kleine Meeresorganismen sterben und sinken auf den Meeresboden. In Jahrmillionen werden sie von Sedimenten bedeckt, aus denen Gestein entsteht.**

**Über den toten Meeresorganismen wachsen die Gesteinsschichten. Unter ihrem zunehmenden Druck werden die Organismen allmählich in Öl und Gas umgewandelt.**

## WÖRTERBUCH

**BARREL** ist ein englisches Wort für „Fass" oder „Tonne" und die Maßeinheit für Erdöl. Ein Barrel entspricht 158,987 l.

**URAN** trägt den Namen des griechischen Himmelsgottes, Uranus.

## SCHON GEWUSST?

Am Mount Wingen im Südosten von Australien brennt seit 5000 Jahren ein unterirdisches Kohlelager. Aus dem Berg, der so heiß ist, dass man nicht auf ihm laufen kann, dringt ständig Rauch hervor. Die Ureinwohner nennen den Berg deshalb „Wingen" oder „Feuer".

## WEGWEISER

• Kohle ist ein Sedimentgestein. Interessantes darüber findest du auf S. 90–91.
• Wusstest du, dass Kohle und Diamanten aus demselben Grundstoff bestehen? Mehr dazu auf S. 102–103.

Durch den Förderschacht wird die Kohle über Tage gebracht. Ein Lüfter saugt verbrauchte Luft ab.

Die Kohle wird für den Abtransport auf Loren geladen.

## INSIDESTORY
# Der Kohlenjunge

Ich heiße Paul und arbeite in einem Kohlenbergwerk in Scranton, Pennsylvania. Das liegt in den USA. Ich muss den Schiefer mit einem Hammer von der Kohle abschlagen. Ich habe einen langen Arbeitstag und komme oft erst im Dunkeln nach Hause. Die Kohle ist dreckig. Ich bin schwarz von Staub, der mir auch in Mund und Nase dringt. Mein Boss sagt, mit unserer Kohle werden neue Dampflokomotiven betrieben. Das macht meine Arbeit wohl wichtig. Aber ich will endlich Bergmann werden. Bergleute dürften Dynamit kaufen und Steine sprengen. Vielleicht werde ich am 6. Mai 1894 befördert – an meinem elften Geburtstag.

Ein großer Container bringt die Kohle an die Oberfläche.

Die abgeräumte Kohle fällt auf ein Förderband und wird zum Förderschacht transportiert.

Ein Kohlenhobel schält mit seinen harten Messern einen Streifen Kohle ab.

Erdöl und Gas werden von Offshore-Ölplattformen aus gefördert. Jede Plattform hat Vorrichtungen für die Einbringung von 50 Bohrlöchern und Fördermengen von Millionen Barrel täglich. Die meisten Plattformen bleiben etwa 25 Jahre im Einsatz. Der Rekord liegt bei 60 Jahren.

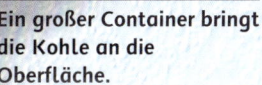

Öl und Gas steigen durch poröses Gestein, zum Beispiel Sandstein, nach oben, bis ihr Aufstieg an einer Schicht undurchlässigen Gesteins, wie zum Beispiel Schiefer, endet.

Öl und Gas reichern sich in einer Kammer unter dem undurchlässigen Gestein an, das Gas oberhalb des Öls. Die Vorräte können durch Bohrungen erschlossen werden.

# Gesteine unter der Lupe

Glanz, Dichte und Härte bei Gesteinen und Mineralien sind Eigenschaften, die für die Bestimmung wichtig sind. Farben, Oberflächen und Mineralarten in einem Gestein sagen etwas über seine Entstehung aus. Je mehr du darüber lernst, desto spannender wird die Suche nach seltenen Stücken.

Wenn du einen interessanten Stein findest, sieh ihn dir gut an. Besteht er aus einem einzigen Mineral oder mehreren? Es gibt mehr als 600 grundlegende Gesteinsarten. Also taste dich Schritt für Schritt heran.

Versuch zunächst die Art herauszufinden: Ist er sedimentär, vulkanisch oder metamorph? Dinge wie Form, Größe, Anordnung und Verteilung der Kristalle geben dir einen Hinweis. So haben z. B. die meisten Tiefengesteine große bis mittelgroße Mineralkörner, die mit bloßem Auge zu erkennen sind.

Bei großen Kristallen in dem Stein kannst du vielleicht die Mineralien bestimmen. Quarz- und Calcitkristalle z. B. können ähnlich aussehen, aber Quarz ist härter und hinterlässt Kratzer auf dem Calcit.

Wenn du einen Stein nicht gleich erkennst, nimm ihn auf. Ist er schwer für seine Größe? Welche Farbe hat er? Weist er Besonderheiten auf, z. B. große Kristalle, verschiedenfarbene Bänder oder Kieselklumpen?

Konglomerat

Sedimentärgestein besteht oft aus unterschiedlich körnigen Schichten oder kann wie aus verschiedenem Gestein zusammengesetzt aussehen. Glanz und gut ausgebildete Kristalle sind selten. Sind Fossilien vorhanden, handelt es sich vermutlich um sedimentäres Gestein.

Dieser sedimentäre Stein ist ein Konglomerat. Er besteht aus Milchquarzkristallen, die zwischen kleineren Fragmenten aus Sand, Lehm und Eisenoxid eingelagert sind.

Milchquarz

Magmatische Gesteine können große, gut ausgebildete Kristalle enthalten. Kennzeichnend sind die einheitliche Oberfläche und die gleichmäßige Farbverteilung.

Granit

Feldspat

Quarz

In diesem Granit siehst du die großen Quarz-, Feldspat- und Glimmerkristalle schon mit bloßem Auge.

Glimmer

## INSIDESTORY

# Ein Mineraloge und sein Buch

Steine werden seit Jahrtausenden gesammelt. Das erste mineralogische Lehrbuch erschien jedoch erst 1546. Sein Titel war „De natura fossilium" und sein Verfasser ein deutscher Naturforscher namens Georg Bauer oder lateinisch Georgius Agricola. Er arbeitete als Arzt in der böhmischen Stadt St. Joachimstal, einem Zentrum des Silberbergbaus. Agricola, der sich durch tägliche Besuche der Minen ein großes Wissen aneignete, war der Erste, der Mineralien nach Form, Farbe, Härte und Glanz klassifizierte – genau wie wir es heute noch tun.

## WÖRTERBUCH

Die **MOHS-HÄRTESKALA** ist nach dem österreichischen Mineralogen Friedrich Mohs benannt, der sie 1822 aufstellte.

Sammler verwechseln **APATIT** oft mit anderen Mineralien, wie z. B. Aquamarin, Olivin und Fluorit, denen er täuschend ähnlich sein kann. Apatit hat seinen Namen von dem griechischen Wort apatein, das „täuschen" bedeutet.

## SCHON GEWUSST?

Der Diamant ist zwar das härteste Mineral, aber er kann brechen. Er zerbricht z. B. in kleine Stücke, wenn man mit einem Metallhammer darauf schlägt. Versehentlich ist mancher gute Diamant so schon kaputtgegangen.

Das verbreitete Mineral Calcit ist ein Meister der Täuschung. Es kommt in mehr als 300 Kristallformen vor – so vielseitig ist kein anderes Mineral.

## WEGWEISER

- Der Ursprung magmatischer Gesteine ist auf S. 88–89 beschrieben.
- Ein Experiment zur Entstehung von Sedimentschichten steht auf S. 90.
- Metamorphes Gestein und alles über die Rolle von Wärme und Druck findest du auf S. 92–93.
- Näheres zum Habitus: S. 96–97.

Dieser Gneis hat eine raue Oberfläche und gefaltete Schichten aus hellen und dunklen Mineralien. Gneis kann ähnlich wie Granit aussehen, hat in der Regel aber Kristalle, die in Schichten und nicht einzeln angeordnet sind.

**Feldspat**

**Gebänderter Gneis**

Viele metamorphe Gesteine weisen Bänder aus hellen und dunklen Mineralien auf oder Schichten aus blättrigen Mineralien. Andere, wie z. B. Marmor, sind einheitlicher gefärbt und bestehen aus kleinen, verdichteten Kristallen.

**Quarz**

**Biotit**

### DIE MOHS-HÄRTESKALA

Die Mohs-Skala verzeichnet zehn Mineralien in der Reihenfolge vom weichsten zum härtesten. Wenn du mit einem Quarz an einem unbekannten Mineral entlangstreichst und er hinterlässt einen Ritz, so weißt du, dass das Mineral weicher als Quarz ist. Für den Härtetest kannst du auch die Gegenstände rechts nehmen.

1. TALK

2. GIPS

2,5. Fingernagel

3. CALCIT

3,5. Kupfermünze

4. FLUORIT

5. APATIT

5,5. Glas

6. ORTHOKLAS
(Eine Feldspat-Varietät)

6,5. Stahlklinge

7. QUARZ

8. TOPAS

8,5. Sandblattfeile

9. KORUND

10. DIAMANT

## SEI AKTIV!

# Testverfahren

Dies sind die Schritte zur Bestimmung eines Minerals:

1. Mach Notizen über das Aussehen. Welche Farbe hat das Mineral? Ist es transparent (durchsichtig) oder opak (undurchsichtig)? Ist es glänzend oder matt? Welchen Habitus (Form) hat es?

2. Mach den Strichtest und streich mit dem Mineral über eine unglasierte weiße Porzellankachel (die Rückseite einer Keramikkachel tut's auch). Welche Farbe hat der Strich? Auf der gegenüberliegenden Seite oben siehst du Beispiele.

3. Halt das Mineral in der Hand oder nimm eine Waage. Manche Mineralien wiegen mehr als andere der gleichen Größe. Ein Stück Pyrit z. B. ist viel schwerer als ein Stück Schwefel der gleichen Größe.

4. Mach den Härtetest, der rechts beschrieben ist. (Pass aber auf, dass du deinen Fund nicht beschädigst.) Welche Härte hat dein Mineral?

Vergleich deine Testergebnisse mit den Angaben über Farbe und Glanz, Gewicht, Strichfarbe, Härte usw. in einem guten Handbuch.

**Schwefel**

**Pyrit**

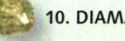

**Rhacopteris**
Pflanzenfossil

**Heliobatus**
Rochenfossil

**Eukalyptus**
Pflanzenfossil

# Die Jagd auf Fossilien

Fossilien sind Überreste prähistorischer Pflanzen oder Tiere, die wir in Form von Knochen, Fußspuren, Abdrücken und anderem vorfinden. Fossilien entstehen, wenn Lebewesen in Sümpfen, Seen, Flüssen oder Meeresablagerungen absterben. Werden die Sedimente zu Gestein, bleibt der Abdruck der Lebensform darin erhalten. Manchmal verdrängen Mineralien Teile der toten Tiere oder Pflanzen und wandeln sie in Gestein um.

Wenn wir bestimmte Fossilien finden, können wir sagen, wie das Klima vor Millionen von Jahren war. Fossile Korallenriffe im Osten der USA deuten z. B. darauf hin, dass sich dort einst ein tropisches Meer erstreckte. Fossilien eignen sich auch zur Datierung, da wir wissen, wann bestimmte Pflanzen und Tiere gelebt haben. Kommen sie in einem Gestein vor oder nicht, ist dies ein Hinweis auf sein Alter.

Fossilien findest du am ehesten in Sedimentgestein, wie Sandstein oder Schiefer. Kalkstein enthält oft Fossilien von Meerestieren. Ordne deine Funde nach Kategorien wie Wirbeltiere und wirbellose Tiere oder Pflanzenarten. Die schönsten Stücke solltest du mit deinen Steinen ausstellen.

Diese steinernen Baumstämme sind Reste urzeitlicher Bäume. Ihr organisches Material „verkieselte", d. h. es wurde nach und nach durch Mineralien kieselsäurehaltiger Lösungen ersetzt. So kam es zu der Versteinerung.

Diese schillernde Muschel ist ein Fossil. In diesem Fall hat eine kieselsäurehaltige Lösung den Hohlraum ausgefüllt, den das Tier hinterlassen hatte, oder das Tier allmählich verdrängt. Die Kieselsäurelösung kristallisierte zu Opal.

## SEI AKTIV!

# Fossilienkennerin

Zu Beginn des 19. Jahrhunderts war sich die Wissenschaft gerade einig geworden, dass Fossilien wichtige Anhaltspunkte für die Entwicklung des Lebens auf der Erde darstellten. Museen und Universitäten begannen nach fossilen Überresten jeglicher Art zu suchen. In der englischen Stadt Dorset half Mary Anning ihrem Vater beim Sammeln und Verkauf fossiler Schalentiere von der örtlichen Küste. Eines Tages im Jahr 1811 – Mary war zwölf Jahre alt – entdeckte sie in dem Gestein einen ungewöhnlichen, weißlichen Gegenstand.

Sie löste ihn vorsichtig mit ihrem Hammer und sah, dass es ein Skelett war. Man identifizierte es später als das erste vollständige Fossil eines Ichthyosauriers, eines delfinartigen Lebewesens, das vor 245 bis 65 Millionen Jahren gelebt hatte. Mary fand noch viele andere Fossilien, von denen einige im Londoner British Museum ausgestellt sind.

Dieses Insekt geriet vor Jahrmillionen in einen Tropfen Baumharz. Das Harz härtete zu Bernstein aus, in dem die Lebensform einer lang vergangenen Zeit perfekt konserviert wurde.

**Wollmammut,**
**im Eis konserviert**

**Stegosaurus**
**Skelett**

## WÖRTERBUCH

**FOSSIL** geht auf das lateinische fodere zurück, das „ausgraben" heißt.

Mit den Fossilien befassen sich die **PALÄONTOLOGEN**. Dieses Wort ist aus dem Griechischen abgeleitet: palaios heißt „alt", onta heißt „Existierendes" und logos ist „die Kunde von".

In **TRILOBIT** stecken die griechischen Wörter tri für „drei" und lobos für „Lappen". Der Name bezieht sich auf die Dreiteilung des Rückenpanzers.

## SCHON GEWUSST?

Das längste vollständige Dinosaurierskelett wurde aus Resten rekonstruiert, die 1899 im US-Staat Wyoming gefunden wurden. Diplodocus carnegii ist 26,60 m lang – länger als ein Tennisplatz.

Wissenschaftler glauben, dass es von 99 % aller Lebensformen, die je existiert haben, keine fossilen Reste gibt. Fossilisation ist etwas Besonderes!

## WEGWEISER

- Fossilien findest du am ehesten in Sedimentgestein. Informier dich über dieses Gestein: S. 90–91.
- Alles über fossile Brennstoffe kannst du auf S. 108–109 erfahren.

### VOM SEIN ZU STEIN

Die Fossilisation beginnt mit dem Tod eines Lebewesens. Die weichen Körperanteile verwesen. Übrig bleiben harte Teile, wie Knochen, Zähne und Schalen.

Nach und nach begraben Sedimente die Überreste. Manchmal dringen mineralhaltige Lösungen in die Knochen ein und ersetzen sie durch Mineralien.

Die Sedimente verfestigen sich und schließen die Überreste fest ein. Wenn sich Sedimentgestein bildet, enthält dieses einen Abdruck der Körperteile.

Plattenbewegungen befördern das Fossil an die Oberfläche. Durch Erosion des Gesteins wird das Fossil freigelegt.

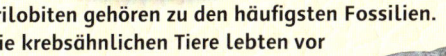

Trilobiten gehören zu den häufigsten Fossilien. Die krebsähnlichen Tiere lebten vor 550 bis 250 Millionen Jahren.

Diese Dinosaurierknochen versteinerten vor Millionen von Jahren. Dies geschah, als die Tiere nach ihrem Tod in Sedimenten versanken. Mineralien aus Lösungen, die in die Knochen sickerten, füllten die Poren aus. Heute schlagen Forscher vorsichtig das umgebende Gestein ab, um die Fossilien zu bergen.

113

# Worterklärungen

**Atom** Das kleinste Teilchen eines Elements, das dessen chemisches Verhalten bestimmt. Alles auf der Erde besteht aus Atomen.

**Bakterien** Einzellige, mikroskopisch kleine Organismen, die in der Luft, im Wasser, in Pflanzen, Tieren und in der Erdkruste leben.

**Edelstein** Ein Mineral, das geschliffen und poliert zu Schmuck verarbeitet werden kann. Dazu zählen auch organische Produkte.

**Element** Chemische Substanz, die nur eine Art von Atomen enthält.

**Erosion** Die allmähliche Abtragung von Gesteinen durch Wasser, Eis oder Wind.

**Erz** Gestein oder Mineral, das nutzbare Substanzen enthält, z. B. Metalle.

**Fluoreszierendes Mineral** Mineral, das unter ultraviolettem Licht leuchtet.

**Fossiler Brennstoff** Ein unter dem Druck auflagernder Sedimentgesteins-schichten aus pflanzlichen Überresten entstandener Brennstoff. Dazu gehören Kohle, Erdöl und Erdgas.

**Fossilien** Spuren prähistorischen Lebens, z.B. versteinerte Überreste von Pflanzen und Tieren oder deren Abdrücke im Gestein.

**Gediegenes Element** Element, das allein existiert und nicht in Verbindung mit einem anderen Element; z.B. Schwefel und Gold.

**Geode** Kugelförmiges, hohles Gestein mit Anlagerungen aus Chalcedon und größeren Kristallen.

**Geologie** Die Wissenschaft von der Erde, Fachgebiet der Geologen. Gesteine, Mineralien und Fossilien geben Hinweise auf die Erdgeschichte.

**Gestein** Eine feste Masse aus Mineralien und / oder Gesteinsfragmenten.

**Habitus** Die Art, wie ein Kristall oder eine Kristallgruppe desselben Minerals gewachsen ist.

**Hoodoo** Eine von den Kräften der Erosion geformte hohe Felssäule.

**Kimberlit** Magmatisches Gestein der Erdkruste. Enthält häufig Diamanten und andere Mineralien aus der Tiefe der Erde.

**Konkretion** Ein in der Regel rundlicher harter Körper aus Mineralien, vielfach mit einem Fossil im Kern.

**Kontaktmetamorphose** Die meist durch Hitze bewirkte Umwandlung eines Gesteins in ein anderes.

**Kristall** Korn eines Minerals, oft von regelmäßiger Struktur mit glatten Seiten.

**Lösung** Eine Mischung von mindestens zwei chemischen Substanzen. Flüssig, fest oder gasförmig.

**Massig** Habitus einiger Mineralien, bei dem viele Körner zu einer Masse verwachsen sind.

**Metall** Eine Reihe glänzender, formbarer und elektrisch leitender Elemente. Viele Metalle kommen als chemische Verbindungen in Mineralien vor.

**Metamorphes Gestein** Gestein, das infolge von hohen Temperaturen und/oder Druck aus einem anderen Gestein entstanden ist.

**Mineral** Natürlicher Festkörper mit regelmäßiger Atomstruktur in der Erd-kruste, der nicht organischen Ursprungs ist.

**Periode** Eine Zeitspanne der Erdge-schichte. Kürzer als eine Ära.

**Phosphoreszierendes Mineral** Mine-ral, das nach der Bestrahlung mit ultra-violettem Licht für kurze Zeit weiter-strahlt.

**Sedimente** Verwitterte Gesteinsteil-chen oder organische Überreste, die von Wasser, Wind oder Eis am Boden von Flüssen und Seen abgelagert werden.

**Sedimentgestein** In Nähe der Erd-oberfläche aus Verwitterungsresten anderer Gesteine, den Resten von Pflanzen bzw. Tieren oder durch chemische Ausfällung entstandenes Gestein.

**Seifen** Ansammlungen schwerer Mineralien in Fluss- oder Küstensedi-menten, die durch fließendes Wasser aus dem Gestein gelöst wurden.

**Seismische Wellen** Schallwellen, die bei Erdbeben die Erde durchqueren.

**Ton** Ein feinkörniges Sediment, Ergebnis der chemischen Zersetzung von Gestein. Ton ist in feuchtem Zustand formbar, in trockenem hart und kann zu Porzellan, Keramik, Kacheln und Ziegeln gebrannt werden.

**Undurchlässiges Gestein** Gestein, das keine Flüssigkeiten durchlässt.

**Verbindung** Eine aus mehr als einem Element bestehende chemische Substanz. Die meisten Mineralien sind Verbindungen.

**Versteinerung** Der Austausch organischer Materie, wie Knochen oder Holz, durch Mineralien aus umge-benden Lösungen. Er erfolgt Zelle für Zelle.

**Verwitterung** Der Zerfall von Gestei-nen, verursacht durch gefrierendes und tauendes Eis, Chemikalien im Regen oder Pflanzenwurzeln.

Gletscher        Hoodoos

# Weltall

## Inhalt

**Venus, der nächste Planet**

**Andromeda, die nächste große Galaxie**

**Bis zum Mond braucht das Licht 1,3 Sekunden.**

# Die Erde im Weltall

Wenn du nachts zu den Sternen aufblickst, kommst du dir vielleicht wie der Mittelpunkt des Universums vor – umgeben von Planeten und Sternen, die sich um die Erde bewegen. Jahrtausendelang glaubten die Menschen, das Universum drehe sich um die Erde.

Im Jahr 1543 aber erkannte der Astronom Nikolaus Kopernikus, dass sich die Planetenbewegungen am besten damit erklären ließen, dass alle Planeten einschließlich der Erde um die Sonne kreisen. Im folgenden Jahrhundert veränderte sich das Weltbild von einem Modell mit der Erde im Mittelpunkt zu einem, in dessen Mitte die Sonne steht. Seither ist dieses Modell aber noch stark erweitert worden. Astronomen entdeckten, dass die Sonne nur einer von vielen Sternen ist, dass sie weit vom Zentrum der Milchstraße entfernt ihre Bahn zieht und dass die Milchstraße nur eine von Milliarden Galaxien ist.

Das Universum ist so groß, dass Licht aus den fernsten Regionen des Raums Milliarden Jahre braucht, um zu uns zu gelangen. Das bedeutet, dass wir weit entfernte Galaxien so sehen, wie sie vor Jahrmilliarden aussahen, als das Universum noch jung war.

**Menschen sind bisher nur bis zum Mond gelangt.**

**Acht Planeten drehen sich um unseren Stern, die Sonne.**

**Bis zum Pluto braucht das Licht 6 Stunden.**

**Für ihre Durchquerung braucht das Licht 100 000 Jahre.**

**Im Dezember 1995 richteten die Astronomen das Hubble-Weltraumteleskop auf ein kleines Fleckchen Himmel in der Nähe des Großen Wagen (ganz rechts). Auf dem Hubble-Foto (rechts) waren rund 2000 Galaxien zu erkennen. Viele dieser Galaxien sind so weit entfernt und ihr Licht braucht bis zu uns so lange, dass wir sie so sehen, wie sie gleich nach ihrer Entstehung vor 14 Milliarden Jahren aussahen.**

**Satelliten, die über der Erdatmosphäre kreisen, können auf der Erde Objekte von der Größe eines Autos erkennen. Diese Aufnahme zeigt Straßen, Brücken und Anleger in San Francisco und Oakland in Kalifornien, USA. Die grünen Rechtecke sind Parks. Punkte im Hafen sind Schiffe. Die Blauschattierungen im Wasser zeigen Strömungen im Hafen.**

## WÖRTERBUCH

Das Wort **UNIVERSUM** kommt von den lateinischen Wörtern uni und versus, das heißt so viel wie „ganz". Das Universum umfasst alles, was existiert. Früher glaubte man, dass es fast nur aus der Sonne und den Planeten bestehe, doch um 1600 erkannte man, dass es noch andere Sterne wie die Sonne gab. Als man um 1920 andere Galaxien entdeckte, wuchs unser Weltbild weiter.

## SCHON GEWUSST?

Würdest du mit einem Auto mit Autobahngeschwindigkeit fahren, bräuchtest du 340 Milliarden Jahre bis zum Zentrum der Milchstraße – das ist 25-mal mehr als das Weltalls alt ist.

Die Erde, die Sonne und das übrige Sonnensystem kreisen in unserem Milchstraßensystem mit einer Geschwindigkeit von 900 000 km/h.

## WEGWEISER

- Die Erde gehört zum Sonnensystem. Lies weiter auf S. 118–119.
- Alles über unsere Galaxie, die Milchstraße, findest du auf S. 150–151.
- Wie begann das Universum? Lies nach auf S. 152–153.

Das Licht legt in einer Sekunde 300 000 km zurück. In einer Stunde schafft es 1078 Millionen km. In einem Jahr sind es 9,5 Billionen km; diese Entfernung nennen Astronomen ein Lichtjahr. Wenn wir die Lichtgeschwindigkeit als kosmischen Maßstab verwenden, können wir in fünf großen Sprüngen bis an den Rand des Universums gelangen.

### INSIDESTORY
# Expandierendes Weltall

„Es wird Sie interessieren zu hören, dass ich im Andromeda-Nebel einen Cepheiden-Veränderlichen gefunden habe." Mit diesen Worten verkündete der US-Astronom Edwin Hubble der Welt, dass das Universum größer ist als je angenommen wurde. Das war 1924. Hubble hatte einen Veränderlichen Stern gefunden, mit dem er beweisen konnte, dass Andromeda kein Nebel (Galaxis) in unserem Milchstraßensystem war, sondern zu einer weit entfernten Galaxis gehörte. Das bedeutete, dass die Milchstraße nur eine von vielen Galaxien ist. Hubble erkannte auch, dass unsere Nachbargalaxien sich von uns fortbewegen und das Universum sich ständig ausdehnt („expandiert").

Unsere Spiralgalaxie enthält 200 Milliarden Sterne.

Die Lokale Gruppe enthält rund 30 Galaxien.

Bis zum Andromeda-Nebel braucht das Licht 2,8 Millionen Jahre.

Bis an den Rand des Universums braucht das Licht 15 Milliarden Jahre.

Das Universum enthält 50 Milliarden Galaxien.

Der Blick aus einer Raumfähre zeigt einen Teil der Küste von Mosambik in Afrika. Die roten Gebiete sind Wälder und Felder, die blauen und schwarzen Gebiete sind der Indische Ozean. Die weißen Streifen sind Rauchwolken von Waldbränden, die zur Rodung von Ackerbauflächen angelegt wurden.

Vom 386 000 km entfernten Mond aus blickten die Apollo-Astronauten auf ihren Heimatplaneten. Sie sahen eine wunderschöne blaue Kugel über dem Mondhorizont aufgehen.

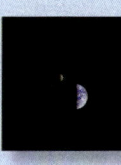

Aus 6,2 Millionen km Entfernung zeigen Aufnahmen der Raumsonde Galileo die im schwarzen Raum schwebende Erde mit ihrem Mond.

# Das Sonnensystem

Die Erde gehört zu einer kosmischen Familie, dem Sonnensystem. Die Sonne führt diese Ansammlung von acht Planeten, Dutzenden von Monden und zahllosen Asteroiden und Kometen an. Am größten und bekanntesten sind die Planeten. Fünf Planeten kannst du mit bloßen Augen am Nachthimmel sehen: Merkur, Venus, Mars, Jupiter und Saturn. Die beiden anderen – Uranus und Neptun – sind so weit von der Sonne entfernt, dass du ein Fernglas oder sogar ein Teleskop brauchst, um sie zu sehen. Pluto, bisher der neunte Planet, wurde zum Zwergplanet heruntergestuft.

Sieben Planeten haben Monde. Die Erde hat einen Mond, Saturn hat insgesamt 18. Nur Merkur und Venus umkreisen die Sonne ohne Monde. Zum Sonnensystem gehören Tausende von Kleinplaneten, sogenannte Asteroiden, die zwischen Mars und Jupiter ihre Bahn ziehen. Am Rande des Sonnensystems gibt es Millionen Eisbrocken. Wenn einer davon der Sonne zu nahe kommt, sehen wir ihn als Kometen mit einem glühenden Schweif aufs Gas und Staub.

## INSIDESTORY
## Neue Erkenntnisse

Im Jahr 1543 glaubte man, die Erde sei das Zentrum des Sonnensystems. Aber du behauptest: „Die Sonne steht im Mittelpunkt der Planeten, die Erde und die anderen Planeten kreisen um die Sonne." Deine Theorie rückt die Erde aus dem Zentrum des Kosmos. Du weißt, dass die Leute diese Vorstellung nicht mögen werden. Sie werden dich vielleicht sogar einkerkern. Was machst du? Der Astronom Nikolaus Kopernikus stand vor über 450 Jahren vor dieser Frage. Um Ärger zu entgehen, wartete er mit der Veröffentlichung seiner Theorie bis zu seinem Tode. Fast 100 Jahre vergingen, ehe man seine Ideen akzeptierte.

**Die Gravitation, die Anziehungskraft der Sonne, hält die Planeten, Kometen und Asteroiden auf ihren Umlaufbahnen. Die Bahnen sind Ellipsen, also abgeflachte Kreise. Bei ihrem Umlauf um die Sonne drehen sich die Planeten wie Kreisel. Eine Umrundung der Sonne ist ein Planetenjahr. Ein Planetentag ist die Zeit, in welcher der Planet sich einmal um sich selbst dreht. Das Erdjahr dauert rund 365 Tage, der sonnennahe Merkur umläuft die Sonne in nur 88 Tagen.**

**URANUS**
Entfernung von der Sonne:
2875 Millionen km
Ein Tag: 17,2 Erdstunden
Ein Jahr: 83,8 Erdjahre

**PLUTO**
Entfernung von der Sonne:
5916 Millionen km
Ein Tag: 6,4 Erdtage
Ein Jahr: 248 Erdjahre

**NEPTUN**
Entfernung von der Sonne:
4504 Millionen km
Ein Tag: 16,1 Erdstunden
Ein Jahr: 163,7 Erdjahre

## SEI AKTIV!
## Das Sonnensystem

Mit einem Pfefferkorn, zwei Erbsen, zwei kleinen Murmeln, zwei Limonen, einer Orange, einer Grapefruit und einem Strandball kannst du dir ein Modell des Sonnensystems bauen.

Lege den Strandball auf einen Gehweg. Der Ball soll die Sonne sein. Mach einen Schritt und lege eine Erbse als Merkur hin. Mach noch einen Schritt und nimm eine Murmel für Venus, dann einen halben Schritt und noch eine Murmel für die Erde. Lege nur anderthalb Schritte nach der Erde eine Erbse für Mars hin. Mach dann 9 Schritte, bevor du die Grapefruit für Jupiter hinlegst. Nimm elf Schritte nach Jupiter die Orange für Saturn. Nach 24 weiteren Schritten lege eine Limone für Uranus hin und 27 Schritte danach die andere Limone für Neptun. Nimm noch ein Pfefferkorn für den kleinen Pluto, 24 Schritte nach Neptun – und 99 Schritte vom Strandball Sonne entfernt. Das Sonnensystem ist groß! Wäre Pluto wirklich nur 99 Schritte von der Sonne weg, wäre die Sonne nicht größer als eine Murmel, und alle Planeten wären winzige Fleckchen.

**Es gibt zwei Arten von Planeten. Riesen wie Jupiter, Saturn, Uranus und Neptun sind sonnenferne Gasbälle. Merkur, Venus, Mars und unsere Erde sind kleine, sonnennahe Gesteinsplaneten. Pluto, der kleinste Planet, passt nicht dazu. Er ist eine winzige Eiswelt am Rande des Sonnensystems. Im Größenvergleich rechts ist der Durchmesser jedes Planeten angegeben. Du kannst sehen, dass selbst Jupiter, der größte Planet, neben der Sonne klein ist.**

## WÖRTERBUCH

Die Römer stellten sich die Sonne als Gott vor, der jeden Tag von Ost nach West über den Himmel fährt. Sein Name war **SOL**. Davon leitet sich das Wort **SOLAR** für zur Sonne gehörend ab.

## SCHON GEWUSST?

Halt dich fest! Du schießt mit einer Geschwindigkeit von mehr als 100000 km/h durchs All. Das ist die Geschwindigkeit, mit der die Erde die Sonne umkreist.

Du kannst 1400 Erden in Jupiter und 900 Jupiter in die Sonne hineinpacken.

## WEGWEISER

• Wo befindet sich das Sonnensystem im Universum? Lies nach auf S. 116–117 und 150–151.
• Gibt es noch andere Sonnensysteme? Lies nach auf S. 144–145.
• Wie ist das übrige Universum entstanden? Lies nach auf S. 152–153.

## GEBURT DER PLANETEN

Das Sonnensystem ist aus einer wirbelnden Gas- und Staubwolke entstanden. Vor rund fünf Milliarden Jahren begann die Wolke zu schrumpfen. Unter dem Einfluss der Schwerkraft sank die meiste Materie bis ins Zentrum der Wolke. Gase sammelten sich dort an, erhitzten sich und wurden zur Sonne. Die restliche Materie bildete die Planeten. Das spielte sich so ab:

Vielleicht explodiert ein naher Stern und formt die Wolke wie einen Schneeball. Sie zieht sich zusammen und bildet die Sonne.

Beim Zusammenziehen dreht sich die Wolke immer schneller. Sie wird zu einer flachen Scheibe um die neue Sonne.

Die Staubkörnchen in der Scheibe backen zusammen und bilden Milliarden von Gesteinsbrocken.

Diese Brocken prallen aneinander und bilden Tausende von Objekten, so groß wie kleine Planeten.

Die Kleinplaneten stoßen weitere Jahrmillionen zusammen, bis nur noch wenige übrig sind. Das sind unsere Planeten, darunter auch der rätselhafte Pluto.

**KOMET**

**JUPITER**
Entfernung von der Sonne:
778 Millionen km
Ein Tag: 9,8 Erdstunden
Ein Jahr: 11,9 Erdjahre

**ERDNAHE ASTEROIDENBAHN**

**MERKUR**
Entfernung von der Sonne:
58 Millionen km
Ein Tag: 59 Erdtage
Ein Jahr: 88 Erdtage

**TROJANER-ASTEROIDEN**

**MARS**
Entfernung von der Sonne:
228 Millionen km
Ein Tag: 24,6 Erdstunden
Ein Jahr: 687 Erdtage

**SONNE**

**ERDE**
Entfernung von der Sonne:
150 Millionen km
Ein Tag: 23,9 Stunden
Ein Jahr: 365,24 Tage

**ASTEROIDEN-GÜRTEL**

**VENUS**
Entfernung von der Sonne:
108 Millionen km
Ein Tag: 243 Erdtage
Ein Jahr: 225 Erdtage

**TROJANER-ASTEROIDEN**

**SATURN**
Entfernung von der Sonne:
1429 Millionen km
Ein Tag: 10,7 Erdstunden
Ein Jahr: 29,4 Erdjahre

Sonne
Durchmesser:
1392000 km

**Neptun**
Durchmesser:
49530 km

**Saturn**
Durchmesser:
120540 km

Mars
Durchmesser:
6794 km

Erde
Durchmesser:
12756 km

Venus
Durchmesser:
12104 km

**Pluto**
Durchmesser:
2300 km

**Uranus**
Durchmesser:
51120 km

**Jupiter**
Durchmesser:
142980 km

Merkur
Durchmesser:
4879 km

**Charon, Plutomond**

# Unser Planet Erde

Wie die anderen Planeten kreist die Erde um die Sonne. Auch sie dreht sich um ihre Achse. Aber die Erde ist der einzige Planet im Sonnensystem, auf dem es Leben gibt. Auf den sonnennäheren Planeten ist es zu heiß für irgendwelches Leben. Die sonnenferneren sind zu kalt. Manche Planeten besitzen eine giftige oder gar keine Atmosphäre. Und einige, wie Jupiter und Saturn, haben keine feste Oberfläche. Nur auf der Erde kann man atmen, den blauen Himmel sehen, in Wasser baden oder Äpfel pflücken. Die Erde verändert ständig ihr Gesicht. Sie ist ein Gesteinsplanet wie Merkur, Venus und Mars, aber sie ist viel aktiver. Die Hitze aus dem Erdinnern lässt Vulkane ausbrechen, die Erde erbeben und die Kontinente langsam ihre Lage verändern, während Wind, Regen und Ozeanwellen ganz allmählich die Landschaft umformen.

Bei diesem Blick aus der Ladebucht des Spaceshuttle weist die Heckflosse auf unseren Planeten, der wie eine große, wunderschöne Kugel im Weltall schwebt. Blau sind die Ozeane mit Wellen und Meeresströmungen. Das Weiße sind Wolken. Die roten, braunen und grünen Flächen sind die Wüsten, Ebenen, Wälder und Städte unseres Planeten.

**Erde von innen**

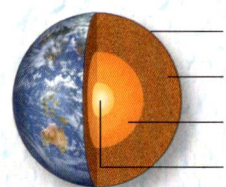

— Gesteinskruste

— Gesteinsmantel

— Äußerer, geschmolzener Eisen-Nickel-Kern

— Innerer, fester Eisen-Nickel-Kern

SEI AKTIV!

## Schatten verfolgen

Während die Sonne über den Himmel zu wandern scheint, verändern sich die Schatten. Daran kannst du erkennen, dass die Erde sich dreht und sogar die Uhrzeit angeben.

1. Stecke an einem sonnigen Tag einen Stab in den Boden.
2. Markiere jede Stunde mit einem Eisstiel, wohin der Schatten fällt. Schreibe die Uhrzeit auf den Stiel.
3. Mit mehreren Eisstielen erhältst du eine Sonnenuhr. Am Schatten des Stabes kannst du fast die ganze nächste Woche über die Uhrzeit ablesen.

Vor 4,6 bis 4 Milliarden Jahren prasseln Asteroiden und Kometen auf die junge Erde nieder. Ströme rot glühender Lava überziehen ihre Oberfläche. Gase aus Vulkanen bilden eine giftige Atmosphäre. Erste Ozeane entstehen und verdampfen schon bald. Leben ist unmöglich.

Vor 3,8 Milliarden Jahren hören die Einschläge von Asteroiden und Kometen auf. Die Erde kühlt ab, und Ozeane entstehen. Das Wasser stammt von Eiskometen und aus vulkanischen Gasen, die zu Regen kondensieren. Chemische Stoffe verbinden sich in den Meeren zu Einzellern, dem ersten Leben. Später erzeugen einfache Pflanzen Sauerstoff.

Asteroiden bombardieren die junge Erde.

Leben beginnt in frühen Ozeanen.

## WÖRTERBUCH

Viele alte Völker benannten die Erde nach ihren Göttern des Erdreichs oder der Fruchtbarkeit. Das deutsche Wort **ERDE** kommt von dem althochdeutschen Wort erda, was „Land" bedeutet. Doch da unser Planet zu zwei Dritteln von Wasser bedeckt ist, sollten wir ihn vielleicht lieber Planet Ozean nennen!

## SCHON GEWUSST?

Vor drei Milliarden Jahren drehte sich die Erde viel schneller, und ihr Tag war 18 Stunden lang.

Wind und Regen haben die meisten Einschlagkrater auf der Erde abgetragen. Gebe es kein Wetter auf der Erde, hätte sie ebenso wie der Mond viele Krater.

## WEGWEISER

- War der Mond einst Teil der Erde? Lies nach auf S. 123.
- Welcher andere Planet ist der Erde am ähnlichsten? Lies nach auf S. 128–129.

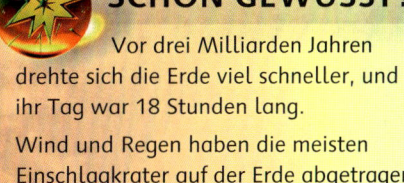

Die Umdrehung oder Rotation der Erde alle 24 Stunden bringt uns Nacht und Tag. Willst du wissen, wie das mit der Rotation ist, dreh dich an einem Sonnentag um dich selbst. Zuerst bescheint die Sonne dein Gesicht. Dann rückt dein Gesicht in den Schatten. So ist es auch mit der Erde. Der Teil der Erde, wo du lebst, ist bei Tage der Sonne zugewandt. Wenn er sich von der Sonne wegdreht, wird es Nacht.

## INSIDESTORY

# Blick aus dem All

Der schönste Augenblick bei einem Flug ins All ist der Blick zurück auf den Heimatplaneten. „Es lässt sich kaum beschreiben, was für ein Erlebnis das ist", sagte die Astronautin Kathy Sullivan nach ihrem Shuttleflug 1990. „Wenn man beim Start vorne sitzt, hat man sechs große Fenster, die eine wunderbare Aussicht auf die Erde bieten. Bei meinem zweiten Shuttleflug konnten wir vom Golf von Mexiko bis hinauf zu den Großen Seen blicken. Man sieht Flüsse, Städte, sogar Flughäfen. Nachts findet man nach den Lichtern der Städte seinen Heimatort, wenn man sich einigermaßen auskennt!"

Nördlicher Sommer
Südlicher Winter

Nördlicher Winter
Südlicher Sommer

Sonnenstrahlen

Die Erdachse ist leicht geneigt. Sie zeigt nicht gerade nach oben oder nach unten im Weltraum. Für einen Teil des Jahres ist der Nordpol zur Sonne hin geneigt. Dadurch erhält die Nordhalbkugel mehr Sonne, es ist Sommer. Sechs Monate später, wenn die Erde ihre Bahn zur Hälfte zurückgelegt hat, zeigt der Südpol zur Sonne hin, sodass auf der Südhalbkugel Sommer ist.

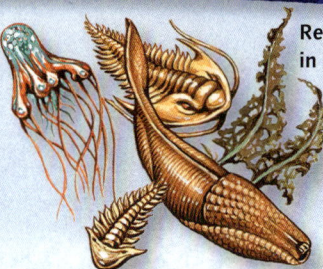

Reiches Leben in den Ozeanen.

Vor 228 Millionen Jahren laufen frühe Dinosaurier auf zwei Hinterbeinen. Sie entwickeln sich weiter und beherrschen 160 Millionen Jahre lang die Erde.

Vor 550 Millionen Jahren entwickeln sich in den Ozeanen Hunderte von Pflanzen- und Tierarten. Die meisten sterben aus, doch einige dieser frühen Geschöpfe werden zu Fischen und Muscheln. Später entwickeln sich Amphibien und kriechen auf das feste Land.

Vor 200 000 Jahren sterben die Dinosaurier aus, und Säugetiere beherrschen nun die Erde. Die ersten Menschen treten auf.

Erste Dinosaurier erscheinen.

Erste Menschen erscheinen.

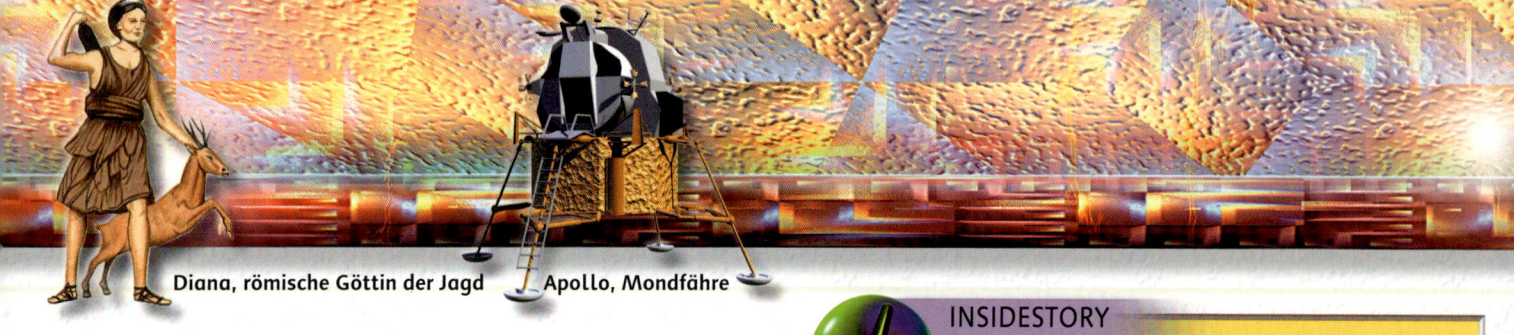

Diana, römische Göttin der Jagd    Apollo, Mondfähre

# Der Mond

Der Mond ist etwa ein Viertel so groß wie die Erde und hat nur ein Sechstel ihrer Schwerkraft. Auf dem Mond würdest du ein Sechstel weniger wiegen. Du könntest also sechsmal höher springen als auf der Erde und hüpfen wie ein Känguru.

Der Mond besitzt keine Atmosphäre. Es gibt keine Atemluft, kein flüssiges Wasser, keine Pflanzen, keinerlei Leben. In der Sonne ist es auf dem Mond so heiß wie kochendes Wasser (100 °C). Nachts sinkt die Temperatur auf −150 °C. Und Mondnächte dauern zwei Wochen.

Da es auf dem Mond weder Regen noch Wind gibt, kann man in Jahrmillionen noch die Fußstapfen der Astronauten sehen.

INSIDESTORY

## Blick aus dem All

Der Mond ist die einzige der Welten außer der Erde, die Menschen je betreten haben. In sechs Apollo-Missionen von 1969 bis 1972 gingen 12 Astronauten auf der Mondoberfläche spazieren. Hier etwas von dem, was sie empfanden.
Neil Armstrong, Apollo 11: „Es ist von einer eigenartigen, spröden Schönheit."
Buzz Aldrin, Apollo 11: „Wunderbar öde Landschaft."
Alan Bean, Apollo 12: „Du kannst Luftsprünge machen!"
Pete Conrad, Apollo 12: „Juchhe! Einen Krater hinauf und den anderen hinunter. Sieht das so gut aus wie es ist?"
John Young, Apollo 16: „Oh, seht euch all die herrlichen Felsbrocken an!"
Charlie Duke, Apollo 16: „Donnerwetter! Dieser erste Schritt auf dem Mond ist einfach fantastisch!"

Mond von innen

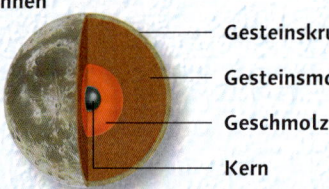

— Gesteinskruste
— Gesteinsmantel
— Geschmolzene Zone
— Kern

SEI AKTIV!

## Mondphasen machen

Du kannst die Mondphasen selbst machen. Dazu brauchst du einen dunklen Raum, eine Taschenlampe als Sonne, einen mit Alufolie umwickelten Ball als Mond und zwei Freunde. Stelle dich als Erde in die Mitte des Raumes. Ein Freund steht ein paar Schritte vor dir und hält den Mond-Ball hoch. Der andere Freund steht ein paar Schritte hinter dem Mond-Freund und richtet den Strahl der Taschenlampe Sonne auf den Mond-Ball. Nun geht der Mond-Freund im Kreis um dich herum, und du siehst, wie Mondphasen entstehen.

Die NASA brachte 1998 die kleine Raumsonde Lunar Prospector in eine Umlaufbahn um den Mond. Sie entdeckte an Nord- und Südpol des Mondes Eis. Doch ist das kein Eis zum Schlittschuhlaufen, weil es in gefrorenem Mondstaub eingebettet ist. Sollten Menschen eines Tages zum Mond zurückkehren, könnten sie das Eis für Wasser und als Raketentreibstoff anzapfen.

Luna 9, 1966         Surveyor, 1966–1968         Luna 16, 1970

## WÖRTERBUCH

Der Mond ist von Mondmeeren und **KRATERN** bedeckt. Mondmeere heißen auch **MARIA**, lateinisch für „Meere". Aber die Mondmeere waren nie mit Wasser gefüllt. Sie sind riesige, völlig trockene Flächen aus Lavagestein. Die dunklen Vertiefungen sind durch die Meteoriteneinschläge entstanden. Sie sind nach dem griechischen Wort krater benannt, was „Schüssel" heißt.

## SCHON GEWUSST?

Die Oberfläche des Mondes hat die gleiche Größe wie der Erdkontinent Afrika.

Der Krater Copernicus ist doppelt so tief wie der Grand Canyon in Arizona.

Am Mondhimmel sieht die Erde viermal größer und 60-mal heller aus, als der Mond je von der Erde aussieht.

## WEGWEISER

- Warum sieht der Mond manchmal rot aus? Lies nach auf S. 125.
- Wer ist größer – der Mond oder Pluto? Lies nach auf S. 138.

Diese Mondseite ist immer der Erde zugewandt. Sie ist von unzähligen Kratern zerklüftet. Apollo-Astronauten erkundeten diese Mondseite an sechs Landeplätzen.

Bei Lauf des Mondes um die Erde ist immer nur ein bestimmter, für uns sichtbarer Teil von der Sonne angestrahlt. Wenn der Mond zwischen uns und die Sonne rückt, ist die uns zugewandte Mondhälfte dunkel. Dann ist Neumond. Zwei Wochen später hat der Mond die Hälfte seiner Bahn zurückgelegt. Nun ist die uns zugewandte Seite von der Sonne beleuchtet, und es ist Vollmond. Der Mond braucht etwas mehr als 29 Tage vom Neumond bis zum Vollmond.

MARE FRIGORIS
*(Meer der Kälte)*

Plato ▸
Montes Alpes
◂ Aristoteles
◂ Endymion
◂ Herkules

SINUS IRIDUM
*(Regenbogenbucht)*
Montes Caucasus
*(Kaukasus-Gebirge)*

MARE IMBRIUM
*(Regenmeer)*
◂ Aristillus
◂ Posidonius

Archimedes ▸
◂ Autolycus
MARE SERENITATIS
*(Meer der Heiterkeit)*
◂ Cleomedes

◂ Aristarchus
Apollo 15
Apollo 17
MARE CRISIUM
*(Meer der Gefahren)*

OCEANUS PROCELLARUM
*(Ozean der Stürme)*
Montes Apenninus
*(Apenninen)*
Eratosthenes ▸
MARE VAPORUM
*(Meer der Dünste)*

◂ Kepler
◂ Copernicus
MARE TRANQUILLITATIS
*(Meer der Ruhe)*
MARE FECUNDITATIS
*(Meer der Fruchtbarkeit)*
Langrenus

◂ Grimaldi
Apollo 12
Apollo 14
Apollo 11
Apollo 16
Theophilus

MARE COGNITUM
*(Bekanntes Meer)*
◂ Ptolemaeus
MARE NECTARIS
*(Honigmeer)*

◂ Gassendi
◂ Albategnius
◂ Alphonsus
Rupes Recta
*(Gerade Steilhang)*
Rupes Altai
*(Altai-Steilhang)*
◂ Petavius

MARE HUMORUM
*(Meer der Feuchtigkeit)*
MARE NUBIUM
*(Wolkenmeer)*

◂ Tycho

◂ Clavius

**Neumond**
Die erdzugewandte Mondseite ist dunkel. Diese Phase ist unsichtbar.

**Zunehmende Sichel**
Diese Phase kannst du am westlichen Himmel gleich nach Neumond sehen.

**Erstes Viertel**
Hoch am Abendhimmel, wenn die Sonne im Westen untergeht.

**Zunehmender Mond**
Dieser Mond steht am Abendhimmel 9 bis 12 Tage nach Neumond.

**Vollmond**
Dieser helle Mond geht im Osten auf, wenn die Sonne im Westen untergeht.

**Abnehmender Mond**
Ein paar Tage nach Vollmond geht dieser Mond spätnachts auf.

**Letztes Viertel**
Dieser Mond geht nach Mitternacht auf. Morgens steht er hoch am Himmel.

**Abnehmende Sichel**
Frühmorgens sieht man diesen Mond, der tief im Osten steht.

Vor rund viereinhalb Millarden Jahren schlug ein kleiner Planet auf der junge Erde ein. Dabei wurde der Planet in Stücke gerissen und große Teile der obersten Erdschichten ins All geschleudert. Die Gesteinstrümmer des Planeten und der Erde verbanden sich und bildeten den Mond.

Lunokhod 1, 1970–1971

Apollo, griechischer
Sonnengott

Amaterasu, japanische
Sonnengöttin

Ra, ägyptischer Sonnengott

# Die Sonne

Die Sonne ist ein Stern wie alle anderen, die wir am Nachthimmel sehen, nur ist sie uns näher. Ohne die nahe Sonne
würde die Erde kalt und leblos wie Pluto sein. Pflanzen
brauchen Sonnenlicht zum Wachsen und Mensch und Tier
brauchen Pflanzen als Nahrung.

Die Sonnenwärme schafft auch unser Wetter. Sie lässt Winde
entstehen und das Wasser der Ozeane zu Wolken und Regen
verdampfen. Wissenschaftlern zufolge können auch geringfügige
Änderungen der Sonnenenergie das Erdklima erwärmen oder
abkühlen.

Die Sonne scheint seit fünf Milliarden Jahren. Wie erzeugt sie
so viel Energie? Mit einer Oberflächentemperatur von 6000 °C
scheint die Sonne in Flammen zu stehen, doch sie brennt nicht
wie Holz oder Kohle. Die Sonne erzeugt Energie durch Kernfusion. In ihrem glühend heißen Kern prallen in jeder Sekunde
600 Millionen Wasserstoffatome aufeinander und werden zu
schwereren Heliumatomen umgewandelt. Die dabei frei werdende Energie entweicht als Licht und Wärme in den Weltraum.

Stürme auf der Sonne wehen einen Teilchenwind in
den Weltraum. Manchmal regnen diese Teilchen auf
die Erdatmosphäre und regen dort die Luftteilchen
zum Leuchten an. Diese farbigen Lichterscheinungen
nennen wir Polarlichter. Am häufigsten beobachtet
man sie auf der nördlichen Halbkugel in einem Kreis,
der Nordskandinavien, Kanada und Alaska berührt,
und auf der südlichen Halbkugel in Australien und
Neuseeland.

Sonne von
innen

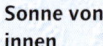

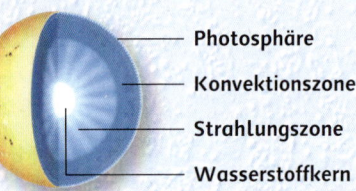

- Photosphäre
- Konvektionszone
- Strahlungszone
- Wasserstoffkern

ACHTUNG: Nie direkt in die
Sonne sehen – du könntest
sonst erblinden. Wenn du eine
Sonnenfinsternis beobachten
willst, kannst du in einem
Spezialgeschäft oder Planetarium eine Schutzbrille kaufen.

INSIDESTORY

## Steinzeit-Kalender

Du stehst unter Hunderten von Menschen in einem aus
riesigen Steinblöcken errichteten Kreis in Stonehenge
in England. Es dämmert an einem Sommermorgen.
Uhren oder Kalender gibt es nicht, denn es ist das Jahr
1500 v. Chr. Dennoch weiß jeder, dass etwas Bedeuten-
des geschehen wird. Und da! Die Sonne geht über
einem 80 Meter entfernten Felsblock auf. Das tut sie
nur einmal im Jahr – am 21. Juni, der Sommersonnen-
wende. So ist Stonehenge ein riesiger
Steinzeit-Kalender!

Inka-Sonnenmaske

Sonnentempel der Maya

## WÖRTERBUCH

Die römische Göttin der Morgenröte hieß Aurora. Sie stand Pate für die noch heute benutzten Fachausdrücke **AURORA BOREALIS**, was „Nordlicht" bedeutet, und **AURORA AUSTRALIS**, das „Südlicht" – das Polarlicht auf der Südhalbkugel.

## SCHON GEWUSST?

Pro Sekunde strahlt die Sonne mehr Energie aus, als die Menschheit bis heute verbraucht hat.

Würdest du mit Autobahngeschwindigkeit von der Erde bis zur Sonne fahren, wärst du 170 Jahre unterwegs.

## WEGWEISER

• Wie wirkt die Schwerkraft der Sonne auf die Planeten? Lies S. 118–119.
• Ist die Sonne der einzige Stern mit Planeten? Lies nach auf S. 144–145.
• Wo befindet sich die Sonne in der Galaxis? Lies nach auf S. 150–151.

Manchmal tauchen auf der Sonne Flecken auf. An diesen Stellen behindern starke Magnetfelder den Gasstrom aus dem Sonneninneren, wodurch sich die Gase abkühlen und die Flecken dunkler erscheinen lassen als die helle Sonnenscheibe. Sonnenflecken treten alle 11 Jahre besonders häufig auf.

Satelliten beobachten ständig unseren Stern, die Sonne. Die hier gezeigte Raumsonde SOHO, die seit 1996 im All stationiert ist, hat Tausende von Sonnenfotos gemacht. Andere solare Raumsonden erkunden die Teilchenströme von der Sonne. Ein Polar genannter Satellit beobachtet Polarlichter.

Die Sonne ist riesig – sie enthält 99,99 Prozent aller Materie des Sonnensystems. Eine Million Erden fänden in der Sonne Platz. Auf diesem von der Raumsonde SOHO gemachten Foto schießt ein zungenförmiges Gasgebilde, eine Protuberanz, ins All. Neben dieser gewaltigen Protuberanz wäre die Erde gerade stecknadelkopfgroß.

## SONNENFINSTERNIS

Eine totale Sonnenfinsternis ist ein spektakuläres Naturereignis. Alle ein bis zwei Jahre tritt der Mond zwischen Erde und Sonne. Sein Schatten fällt als schmaler Streifen über die Erde. In diesem Streifen sehen die Menschen, wie die dunkle Mondscheibe minutenlang die Sonne verdeckt. Nur die schwache äußere Atmosphäre der Sonne, die Korona, bleibt sichtbar.

Sonnenfinsternis

Erde

Mond    Sonnenstrahlen

Mondfinsternis

Mond

Erde    Sonnenstrahlen

## MONDFINSTERNIS

Eine totale Mondfinsternis ist auf der gesamten Nachtseite der Erde zu sehen. Wenn der Vollmond durch den dunklen, inneren Teil des Erdschattens wandert, verdunkelt er sich über eine Stunde lang und erscheint in einem kupferroten Licht.

Merkur, römischer Götterbote          Venus, römische Liebesgöttin

# Merkur und Venus

Merkur und Venus kreisen beide viel näher an der
Sonne als die Erde. Merkur, der innerste Planet,
rast alle 88 Tage einmal um die Sonne. Aber er
braucht fast zwei Drittel dieser Zeit – 59 Erdtage –,
um sich einmal um die eigene Achse zu drehen.
Sein langer Tag und kurzes Jahr führen dazu, dass
Sonnenaufgänge nur alle 176 Erdtage vorkommen.
Mittags steigt die Temperatur auf 430 °C, nachts
fällt sie auf −180 °C.

Venus ist eine wahre Gluthölle, sogar noch heißer
als Merkur. Überall auf der Venusoberfläche
herrschen Tag und Nacht Temperaturen vom
460 °C. Das ist heiß genug, um Blei, Zinn und Zink
zu schmelzen. Eine dichte Atmosphäre aus Kohlendioxid hält die Sonnenenergie zurück und heizt
Venus auf. Obendrein fällt saurer Regen aus ihren
Schwefelsäurewolken.

Für Raumschiffe ist Venus ein schwieriger Landeplatz.
Von 1970 bis 1986 landeten zehn Venera-Sonden
des russischen Raumfahrtprogramms auf der Venusoberfläche. Allerdings stellten sie bereits nach einer
Stunde ihren Betrieb ein.

## SEI AKTIV!
## Leuchtende Venus

Bei vielen Völkern heißt Venus Abend- oder Morgenstern.
Da Venus nahe der Sonne kreist, erscheint sie immer kurz
nach Sonnenuntergang und kurz vor Sonnenaufgang.
Wenn du am frühen Abend oder Morgen ein helles
Objekt tief am Himmel siehst, ist es wohl Venus, die
heller als jeder andere Stern und Planet strahlt. Venus
scheint so hell, weil ihre dichte Atmosphäre das
Sonnenlicht zurückwirft.

Merkur ist der Sonne so nahe,
dass er immer nur dicht über
dem Horizont erscheint und
schwer zu beobachten ist. Auf
dem Foto ist Venus der helle
Punkt oben und Merkur
leuchtet schwach zwischen
den Ästen des Baumes.

Diese von der Raumsonde Magellan
gelieferte Aufnahme zeigt Maat Mons,
den höchsten der 167 Riesenvulkane auf
Venus. Maat Mons ragt 8000 m über die
Venusebenen und ist damit fast so hoch
wie der Mount Everest. Maat Mons baute
sich über Jahrmillionen aus Lava auf, die
aus seinem Gipfel strömte. Niemand weiß,
ob die Vulkane der Venus noch aktiv sind.

**Merkur
von innen**

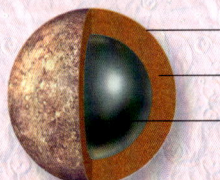

Gesteinskruste

Gesteinsmantel

Eisen-Nickel-Kern

**Venus
von innen**

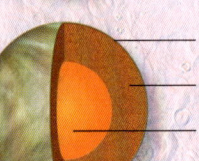

Gesteinskruste

Gesteinsmantel

Eisen-Nickel-Kern

Die Luft auf der Venus
ist zwar klar, flimmert
aber in der extremen
Hitze. Es ist wie an
einem bedeckten Tag
auf Erden. Der Himmel
sieht rot aus und ist
wolkenverhangen. Von
der Venus aus könnte
man weder Sonne noch
Sterne sehen.

**EINE NEUE WELT KARTIEREN**
Wie kartiert man einen Planeten, der
ständig von Wolken umhüllt ist? Die NASA-
Sonde Magellan sandte Radarsignale auf die
Venusoberfläche. Die Radiowellen durch-
drangen die Wolken und wurden von der
Oberfläche zu Magellan zurückgeworfen.
Computer wandelten die Echos in Bilder
von der Venusoberfläche um.

Raketenantrieb

Sonnenpaddel

Raumsonde
wendet und
sendet Daten
zur Erde.

Haupt-
antenne

Schwefelsäurewolken

Venusoberfläche

Radarsignale
werden zur Venus
gesendet.

## WÖRTERBUCH

**MERKUR** umläuft die Sonne so schnell, dass die Römer ihn nach ihren behenden Götterboten Mercurius benannten.

**VENUS** ist nach der römischen Göttin der Liebe und der Schönheit benannt. Die Sumerer nannten den Planeten Ishtar, die Maya Kukulkán.

## SCHON GEWUSST?

Merkurs Kern aus Eisen und Nickel ist größer als unser Mond.

Ein Einschlagskrater auf Merkur – das Caloris-Becken – würde sich über halb Nordamerika erstrecken.

Venus dreht sich „rückwärts", anders als alle anderen Planeten außer Uranus.

## WEGWEISER

• Wo sind Merkur und Venus im Sonnensystem? Lies nach auf S. 118–119.
• Sieht Merkur wirklich wie der Mond aus? Lies nach auf S. 122–123.

Merkur ähnelt dem Mond. Beide sind luftlose, von Kratern bedeckte Welten. Auf Merkur scheint es aber keine großen Lavaebenen zu geben wie auf dem Mond. Wegen seiner Flugbahn konnte Mariner 10, die einzige Raumsonde, die Merkur besuchte, nur den halben Planeten kartieren.

Daten werden auf der Erde empfangen.

Daten werden zum Kontrollzentrum geschickt.

Daten werden in den Computer geladen.

Die fertige Karte von Venus.

Magellan übermittelte seine Radarbilder zur Erde. Jedes Bild zeigte einen von Norden nach Süden 16 000 km langen, aber nur 24 km breiten Streifen von Venus. Wissenschaftler der Mission setzten dann die Streifen zu einer Karte von Venus zusammen.

Weltraum-Suchantenne

Wissenschaftler fügt neue Daten in die Karte ein.

# Mars

Mars ist der erdähnlichste aller Planeten. Ein Marstag ist nur 40 Minuten länger als ein Erdtag. Wie die Erde hat auch Mars Jahreszeiten. Und vor Jahrmilliarden war es auf Mars fast so warm wie auf der Erde. Flüsse durchströmten das Land. Ein Ozean bedeckte vielleicht einmal die Hälfte des Planeten, und primitives Leben könnte existiert haben. 1996 verkündeten Wissenschaftler, sie hätten Fossilien von Bakterien, einer einfachen Lebensform, in einem Meteoriten vom Mars gefunden. Andere Forscher bezweifeln dies.

Vermutlich werden Astronauten den Mars irgendwann besuchen. Auf der roten, staubigen Marsoberfläche könnten sie problemlos herumlaufen. Aber sie brauchen einen Raumanzug, weil es auf dem Mars keinen Sauerstoff, sondern nur Kohlendioxid gibt. An einem Sommertag beträgt die Temperatur auf Mars nur 0 °C, das ist der Gefrierpunkt von Wasser, nachts fällt sie auf −80 °C. Es ist so kalt wie in der Antarktis im Winter. Im Marswinter herrscht mit −125 °C klirrende Kälte, wie es sie nirgendwo auf der Erde gibt. Es ist so kalt, dass die Luft an Nord- und Südpol zu Kohlendioxideis gefriert.

**Mars von innen**

- Gesteinskruste
- Gesteinsmantel
- Eisenkern

Mars ist ein Planet mit hoch aufragenden Vulkanen und tiefen Schluchten. Der höchste Vulkan ist Olympus Mons. Man müsste drei Mount Everests aufeinanderstapeln, um den Gipfel dieses gewaltigen Berges zu erreichen. Die längste Schlucht ist Valles Marineris. Auf der Erde würde sich Valles Marineris quer über Nordamerika erstrecken. Der Grand Canyon in Arizona wäre ein Kratzer neben dieser gewaltigen Narbe in der Marskruste.

**VASTITAS**

ARCADIA PLANITIA

Alba Patera

Alba Fossae

Olympus Mons

Ascraeus Mons

AMAZONIS PLANITIA

Pavonis Mons

DAEDALIA PLANUM

Arsia Mons

SYRIA PLANUM

Tharsis Montes

TERRA CIMMERIA

TERRA SIRENUM

PLANU

Chasma = lange Einsenkung (wie ein Canyon)
Mons = Berg
Montes = Berge
Fossae = lange, flache Einsenkungen (wie Rillen)
Patera = unregelmäßige Krater
Planitia = flache Ebene
Planum = Plateau oder Ebene
Terra = ausgedehnte Landmasse
Tholus = kleiner Berg oder Hügel
Vallis, Valles = Tal
Vastitas = weite Ebene

## INSIDESTORY

## Mission zum Mars

Stell dir vor, du wärst der erste Astronaut auf einer Mars-Mission. Langsam kletterst du die Leiter deines Landers hinab. Die Apollo-Astronauten brauchten nur drei Tage bis zum Mond, doch du hast sechs Monate Flug zum Mars hinter dir und wirst wegen der Bahn des Planeten deine Heimat erst in zwei Jahren wiedersehen. Ohne die schützende Erdatmosphäre warst du der schädlichen Strahlung aus dem All ausgesetzt. Deine Muskeln und Knochen sind wegen der langen Schwerelosigkeit geschwächt. Nun bist du der erste Mensch, der Mars besucht. Die Landschaft ist eine herrliche rote Wüste. Der Marshimmel ist lachsrot gefärbt. Du setzt den Fuß auf den roten Sand. Millionen Menschen sehen dir im Fernsehen zu und hören deine ersten Worte. Was wirst du sagen?

**Deimos**

**Phobos**

Zwei kleine Monde umkreisen Mars. Deimos, der äußere Mond, ist nur 15 km lang. Phobos, der innere Mond, ist eine 27 km lange, kartoffelförmige Welt. Beide Monde sind wohl Asteroiden, die von der Schwerkraft des Planeten in eine Umlaufbahn gezwungen wurden.

## WÖRTERBUCH

Die rote Farbe des Mars wurde von Völkern der Antike mit Blut und Schlachten in Verbindung gebracht. Die Babylonier nannten ihn **NERGAL**, den Todesstern. Die Griechen benannten ihn nach ihrem Kriegsgott **ARES**. Heute nennen wir ihn nach dem römischen Kriegsgott **MARS**.

## SCHON GEWUSST?

Könnte man alles Eis auf Mars schmelzen, glauben Wissenschaftler, mit dem Wasser einen 10 bis 100 m tiefen Ozean füllen zu können.

Deimos' Schwerkraft ist so schwach, dass du mit einem Riesensprung diesen Marsmond verlassen könntest.

## WEGWEISER

• Der Mars gehört zum Sonnensystem. Mehr dazu findest du auf S. 118–119.

Das Gesicht, fotografiert von Viking I

Gesicht, von Global Surveyor fotografiert

## MARS AUF DER ERDE

Bisher hat kein Astronaut den Mars betreten und sind keine Robotersonden sind mit Proben von Marsgesteinen zurückgekehrt. Dennoch glauben Forscher, dass sie mehr als ein Dutzend Gesteinsbrocken vom Mars auf der Erde gefunden haben. So könnten sie hier gelandet sein.

Die Raumsonde Viking 1 fotografierte 1976 ein mysteriöses Gebilde, das wie ein Gesicht aussah. War das ein Beweis für Leben auf Mars? 1998 fotografierte die Sonde Mars Global Surveyor das gleiche Gebilde mit einer viel besseren Kamera. Die scharfen neuen Bilder enthüllten die Wahrheit. Das Gesicht ist ein vom Wind erodierter und nicht von Marsianern geformter Berg.

Ein kleiner Asteroid schlägt auf Mars ein. Durch die Wucht des Aufpralls entsteht ein Krater, und Marsstücke fliegen ins All.

Wie Asteroidenschauer kreisen diese Mars-Steine viele Jahrmillionen auf einer Umlaufbahn um die Sonne.

Irgendwann stoßen ein paar Felsbrocken mit der Erde zusammen. Sie stürzen als Meteoriten auf ihre Oberfläche.

BOREALIS

ACIDALIA PLANITIA

TEMPE TERRA

Jranius Tholus

Ceraunius Tholus

Tharsis Tholus

LUNAE PLANUM

CHRYSE PLANITIA

VALLES MARINERIS

MARGARITIFER TERRA

SINAI PLANUM

Holden

Hale

SOLIS PLANUM

Lassell

Slipher

ARGYRE PLANITIA

Lowell

USTRALE

1897 schrieb der Brite H. G. Wells den Zukunftsroman „Der Krieg der Welten", der die Invasion von Marsmenschen auf der Erde schildert. Diese Geschichte wurde 1938 so beängstigend realistisch als Hörspiel gesendet, dass Tausende von Panik ergriffen wurden. Es ist aber erwiesen, dass es keine Marsianer gibt.

Illustration aus „Der Krieg der Welten".

Die Forscherin Roberta Score findet 1984 in der Antarktis diesen auf dem Eis liegenden Marsbrocken.

Ceres, römische Göttin
des Ackerbaus

NEAR, 1997

# Asteroiden

Zwischen Mars und Jupiter liegt der sogenannte Asteroiden-
gürtel. Hier kreisen Zehntausende von Asteroiden, doch sind sie
so weit voneinander entfernt, dass man hindurchfliegen könnte,
ohne auch nur einen einzigen zu sehen. Fast alle Asteroiden
befinden sich im Gürtel, nur die sogenannten Trojaner kreisen
außerhalb in derselben Bahn um die Sonne wie Jupiter. Erdnahe
Asteroiden wandern in Sonnennähe und kreuzen gelegentlich
die Erdbahn.

Astronomen vermuten, dass Asteroiden felsige oder metallische
Brocken sind, die aus der Frühzeit des Sonnensystems übrig
geblieben sind. Der größte Asteroid, Ceres, ist so groß wie
Texas in den USA, aber die meisten Asteroiden sind nur große
Brocken. Überall im Sonnensystem umkreisen unzählige
Gesteinstrümmer, Meteoriten genannt, die Sonne. Die
größeren stammen von Asteroiden, die im
Asteroidengürtel zusammenprallten
und zertrümmerten. Die kleineren
sind meist Staubteilchen von vorüber-
ziehenden Kometen.

## INSIDESTORY
## Asteroidenjagd

„Es war eine kalte Dezembernacht 1997 im
Spacewatch Telescope in Arizona", schildert
Jim Scotti. „Ich war allein in der Kuppel, als ein
Asteroid auf dem Computer erschien, der sich
ungewöhnlich schnell voranbewegte." Jim Scotti
hatte einen Kleinplaneten, den 1997 XFII,
gefunden, einen von über 200 Asteroiden, die
der Erde gefährlich nahe
kommen. „Es ist zwar
nicht mehr so aufregend
wie die Entdeckung
der ersten erdnahen
Asteroiden, aber immer-
hin noch ein gutes
Gefühl."

Manchmal überleben Fels-
brocken aus dem All ihren
Sturz durch die Atmosphäre
und schlagen auf der Erde auf.
Sie heißen dann Meteoriten.
Die meisten Meteoriten sind
klein, doch dieser Meteorit
ist fast so groß wie ein Ele-
fantenbaby. Er wurde in
Grönland gefunden.

Wenn ein kleiner
Gesteinsbrocken der
Erde zu nahe kommt,
verglüht es in der
oberen Erdatmosphäre
und verursacht kurz
einen hellen Streifen
am Himmel. Diese
Lichterscheinung
wird oft Stern-
schnuppe genannt,
richtig aber ist der
Ausdruck Meteor.

Deep Space 1, 1999

MUSES-C, 2003

## WÖRTERBUCH

Ein Astronom, der einen Asteroiden entdeckt, darf ihn benennen.
Viele Asteroiden, wie Ceres, Pallas und
Juno, sind nach mythologischen Gestalten benannt. Andere tragen den Namen
berühmter Astronomen. Vier heißen
John, Paul, George und Ringo nach den
Beatles. Einer heißt sogar Mr. Spock
nach der Katze eines Astronoms – und
der Figur aus „Raumschiff Enterprise".

## SCHON GEWUSST?

Alle Asteroiden unseres Sonnensystems vereint würden nur etwa ein
Drittel so groß wie der Erdmond sein.

Der größte je gefundene Meteorit,
der Hoba-West-Meteorit in Namibia,
Afrika, ist rund 2,5 m lang und wiegt
60 Tonnen – das ist so schwer wie
neun Elefanten!

## WEGWEISER

• Wo ziehen Asteroiden ihre
Bahnen? Lies nach auf S. 118–119.
• Wann kann man einen Meteor-
schauer sehen? Lies nach auf S. 138.

Die meisten Asteroiden
sehen wohl so aus wie der hier
gezeigte Ida. 1993 lieferte die Raumsonde
Galileo auf ihrem Flug zum Jupiter diese Nahaufnahme
von Ida. Der Felsbrocken ist 53 km lang, etwa so groß wie New York
City, USA. Die Sonde entdeckte, dass ein 1,5 km kleiner Mond Ida
umkreist. Astronomen nannten ihn Daktyl, nach den dämonischen
Wesen der griechischen Mythologie, die auf dem Berg Ida lebten.

Im Jahr 2003 startete die japanische Raumsonde
MUSES-C (Mu Engineering Spacecraft C) zu
Nereus, einem 1,5 km langen, erdnahen Asteroiden.
Geplant war, dass sich an Bord des Raumschiffs
auch ein Nano-Rover befinden sollte, der auf dem
Asteroiden herumfahren und Nahaufnahmen von
Gesteinen und Boden machen konnte. Aber die
Entwicklung des Rovers wurde von der NASA
auf unbestimmte Zeit verschoben.

## RIESENMETEORIT

Alle paar Jahrmillionen stößt ein
riesiger Brocken aus dem Weltall
mit der Erde zusammen. Das geschah
vor 65 Millionen Jahren, als ein
gewaltiger Asteroid oder ein Komet
dort einschlug, wo heute die mexi-
kanische Halbinsel Yucatan liegt.
Als Folge davon starben die
Dinosaurier aus.

Der Asteroid – oder Eiskomet – schlägt
auf der Erde ein. Er explodiert mit der
Sprengkraft von 100 Millionen Wasser-
stoffbomben und schafft einen Krater
von 160 km Durchmesser.

Gigantische Flutwellen überschwemmen
die Region der heutigen Karibik. Durch
die Explosion werden glühende Trümmer
in die Luft geschleudert und fallen auf
die Erde zurück, wo sie weltweit Brände
entfachen.

Nach dem Einschlag hängt monatelang eine Staubwolke in der Luft und
blockiert das Sonnenlicht. Pflanzen
sterben aus, gefolgt von Tieren, die
sie fressen. So verhungern auch
Fleischfresser. Das Zeitalter der
Dinosaurier geht zu Ende.

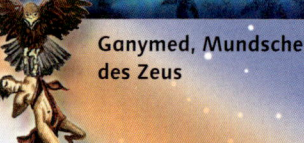

Jupiter, oberster
römischer Gott

Ganymed, Mundschenk
des Zeus

# Jupiter

Jupier, der mit Abstand größte Planet, ist eine Riesen-
kugel aus Wasserstoff und Helium. Aus den gleichen
Gasen besteht die Sonne, doch Jupiter müsste 80-mal
mehr Gase enthalten, ehe er wie ein Stern leuchten
könnte.

Trotz seiner Größe dreht sich der Riese schneller als
alle anderen Planeten – ein Tag auf Jupiter ist knapp
10 Stunden lang. Jupiters rasante Drehung peitscht die
Wolken zu Stürmen auf, die so groß wie ein irdischer
Kontinent sind. Winde toben mit einer Geschwindigkeit bis zu 500 km/h. Riesige Blitze zucken durch die
Gewitterwolken.

Die Raumsonde Galileo gelangte 1995 auf eine Umlaufbahn um Jupiter und machte Hunderte von Aufnahmen von den Stürmen und Monden des Planeten sowie
von seinem hauchdünnen Staubring. Eine von Galileo
abgekoppelte Messkapsel, Probe genannt, tauchte in
Jupiters glühende Atmosphäre ein.

Am 7. Dezember 1995 tauchte die kegelförmige Messkapsel der
Galileo-Sonde mit der 50-fachen Geschwindigkeit einer Gewehr-
kugel in die Jupiter-Atmosphäre ein. Von heftigen Winden seitlich versetzt, raste die Kapsel Hunderte von Kilometern schräg
abwärts durch Wolken aus Ammoniakkristallen. Eine Stunde
lang untersuchten ihre Instrumente die Luft, bevor die Kapsel
in Jupiters stürmischer Atmo-
sphäre zerquetscht wurde
und verdampfte.

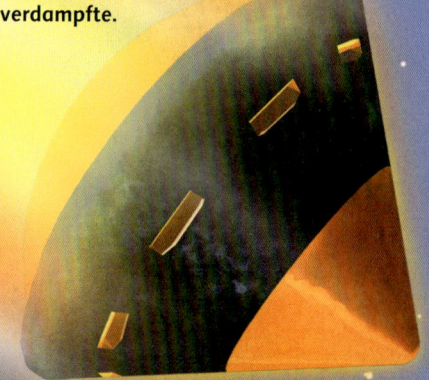

**Jupiter von innen**

Gasförmiger Wasserstoff

Flüssiger Wasserstoff

Metallischer Wasserstoff

Gesteinskern

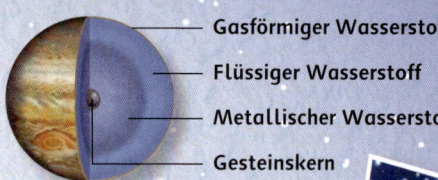

Im Juli 1994 schlugen 21 Trümmer
des Kometen Shoemaker-Levy 9
nacheinander auf Jupiter ein.
Teleskope überall auf der Erde
beobachteten die Explosionen, die
Jupiters Wolkendecke mit schwarzen Flecken, größer als die Erde,
verunzierten. Erst nach Monaten
kam Jupiter wieder zur Ruhe.

Durchmesser: 3630 km

Durchmesser: 3140 km

### JUPITERS RIESIGE MONDE

Jupiters enorme Schwerkraft hält eine Familie
von 16 Monden zusammen. Zwölf sind nur so groß wie
kleine Asteroiden – und einige von ihnen sind vielleicht
tatsächlich vor langer Zeit von Jupiters Schwerkraft einge-
fangene Asteroiden. Doch vier von Jupiters Monden sind
größer als Pluto. Der Astronom Galileo hatte sie schon 1610
entdeckt. Man nennt sie darum die Galileischen Monde.

Auf Io sind unablässig Vulkane aktiv. Sie speien nicht
nur geschmolzenes Gestein aus,
sondern lassen auch flüssigen
Schwefel auf Io niederregnen.
Der Schwefel kühlt ab und
erhärtet zu einer bunten Kruste
in leuchtendem Gelb und Orange.

## WÖRTERBUCH

JUPITER ist der oberste Gott der Römer. Das Wort jovial bedeutet „zu Jupiter gehörend". Wenn jemand JOVIAL ist, ist er fröhlich wie der Gott selbst. Die meisten Monde des Planeten sind nach den zahlreichen Ehefrauen des Gottes benannt.

## SCHON GEWUSST?

Irdische Wirbelstürme dauern zwei Wochen. Jupiters Großer Roter Fleck tobt seit mindestens 300 Jahren.

Metis, Jupiters innerster Mond, saust so schnell um den Planeten, dass er Nordamerika in nur 2,5 Minuten überqueren könnte.

## WEGWEISER

• Alles über unseren Mond findest du auf S. 122–123.
• Wie sah der Komet Shoemaker-Levy 9 aus? Lies nach auf S. 141.

Auf Jupiter gibt es weiße Ammoniakwolken, blaue Wasserwolken und braune Wolken aus Schwefelverbindungen. Jupiters rasante Drehung wickelt diese Wolken als Streifen um den Planeten. Der Große Rote Fleck ist ein tobender Wirbelsturm in den Wolken. In dem riesigen Sturmgebiet fände die Erde zweimal Platz. Astronomen sind immer noch dabei herauszufinden, wie dieser Fleck entstand.

Jupiter, fotografiert von Voyager 2

Der Große Rote Fleck, aufgenommen vom Raumschiff Galileo

## SEI AKTIV!

# Jupiters Monde

Um Jupiters vier große Monde zu finden, musst du erst einmal Jupiter entdecken. Ruf bei dem nächstgelegenen Planetarium an oder geh in eine Website wie www.planetarium.de. Wenn du weißt, wo du suchen musst, kannst du Jupiter mit bloßem Auge sehen. Mit dem Fernglas findest du auch die Monde, die wie winzige Lichtpunkte aussehen. Die Monde umkreisen Jupiter, darum wirst du sie an einer anderen Stelle finden, wenn du in einer anderen Nacht nachsiehst. Die Bilder unten zeigen die Stellung der Monde in zwei aufeinanderfolgenden Nächten.

In der Atmosphäre von Jupiter leuchten die Wolken in allen Regenbogenfarben. Diese vom Raumschiff Galileo gelieferte Aufnahme wurde am Computer bearbeitet und zeigt, wie es hinter den Jupiter-Wolken aussieht.

5. Mai 1998
| Kalisto | Jupiter |
| Europa | Io |
| Ganymed |

6. Mai 1998
| Io | Jupiter |
| Ganymed |
| Kalisto | Europa |

Die Raumsonden Voyager 1 und 2 und Galileo entdeckten, dass Europa vollständig von einer Eiskruste überzogen ist. Darunter verbirgt sich vielleicht ein Ozean – womöglich der einzige im Sonnensystem außer den irdischen Ozeanen.

Durchmesser: 5260 km

Tausende Krater machen Kallistos vereiste Oberfläche pockennarbig. Abgesehen vom gelegentlichen Einschlag eines Kometen, hat sich dieser kalte Mond seit Jahrmilliarden kaum verändert.

Ganymed ist der größte Mond im Sonnensystem und zweimal so groß wie Pluto und ein bisschen größer als Merkur.

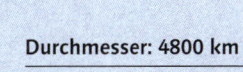
Durchmesser: 4800 km

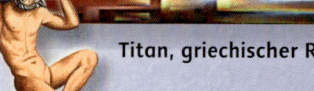

Saturn, römischer Gott des Ackerbaus

Titan, griechischer Riese

# Saturn

Saturn ist umgeben von Tausenden von Ringen. Ohne diese Ringe sähe Saturn wie eine kleinere Ausgabe von Jupiter aus. Saturn ist ebenfalls ein Riesenplanet aus Wasserstoff und Helium. Auch er dreht sich schnell, sein Tag dauert 10 Stunden und 40 Minuten Erdzeit. In Saturns Wolken aus Ammoniak-Eiskristallen ist es −135 °C kalt. Stürme toben auf Saturn noch hefiger als auf Jupiter. An manchen Stellen erreichen sie Geschwindigkeiten von 1300 km/h, das ist 11-mal schneller als irdische Hurrikane.

Die Wolkenbänder auf Saturn sind weniger farbenprächtig als die auf Jupiter. Das liegt vermutlich daran, dass Saturn weiter von der Sonne entfernt und kälter ist. Der Saturn ist von 18 Monden umgeben. Der größte ist Titan, der zweitgrößte Mond im Sonnensystem und der einzige mit einer dichten Atmosphäre. 2004 ist vom Raumschiff Cassini aus eine Sonde auf seiner Oberfläche gelandet.

## INSIDESTORY
## Planet mit Ohren

Es ist das Jahr 1656. Christiaan Huygens lässt dich durch sein Teleskop gucken. Es vergrößert 50-fach. „Siehst du?", fragt er. „Saturn ist von einem dünnen, flachen Ring umgeben, der den Planeten nirgends berührt." Saturn hatte schon frühere Beobachter interessiert, darunter Galileo, Fontana und Riccioli, aber in ihren schwachen Teleskopen sah Saturn aus, als hätte er „Griffe" oder „Ohren". Heute sind die Saturnringe schon mit einfachen Teleskopen zu sehen.

Galileos Skizze, 1610          Fontanas Skizze, 1646

Ricciolis Skizze, 1648          Huygens' Skizze, 1656

**Saturn von innen**

- Gasförmiger Wasserstoff
- Flüssiger Wasserstoff
- Metallischer Wasserstoff
- Gesteinskern

Ein riesiger Krater zerfurcht Mimas, einen kleinen inneren Saturnmond. Vor Jahrmillionen schlug ein großer Brocken auf Mimas ein und hinterließ diesen Krater. Mimas und die meisten anderen Saturnmonde sind nach den Mitgliedern eines griechischen Göttergeschlechts benannt.

- Ring A
- Cassini-Teilung
- Ring B
- Ring C

Drei Hauptringe umkreisen Saturn. Der äußere Ring A ist durch eine dunkle Lücke, die sogenannte Cassini-Teilung, von Ring B getrennt. Der innere Ring C ist dunkler als die anderen, weil er weniger Eisteilchen enthält, die die Sonnenstrahlen reflektieren.

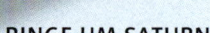

**RINGE UM SATURN**

Die Saturnringe gehören zu den schönsten, aber auch geheimnisvollsten Objekten im Sonnensystem. Wie kamen die Ringe dorthin? Und wann entstanden sie? Einer Theorie zufolge sind die Ringe nur wenige Millionen Jahre alt und entstanden bei einer kosmischen Kollision. Das könnte so vor sich gegangen sein:

Ein großer Komet oder Asteroid schlägt in einen Eismond ein, der Saturn umkreist.

## WÖRTERBUCH

**SATURN** ist der Name eines römischen Gottes. Viele alte Völker sahen in den Planeten Götter und versuchten, die Gesetze des Planetenlaufs zu ergründen, um ihr Verhalten zu deuten.

**TITAN** ist nach dem griechischen Göttergeschlecht benannt. Es waren Riesen, und auch Titan ist der größte Saturnmond.

## SCHON GEWUSST?

Die Saturnringe sind nicht dicker als ein sechstöckiges Gebäude. Für ein maßstabsgetreues Modell bräuchtest du ein Blatt Papier, das acht Stadtviertel groß ist, aber nur so dick wie diese Buchseite.

## WEGWEISER

• Welche anderen Planeten haben Ringe? Lies nach auf S. 132–133, 136–137.

Die Saturnringe sehen aus, als seien sie glatt und fest. In Wirklichkeit bestehen sie aber aus Milliarden von Eisbrocken, die so groß sind wie Hagelkörner oder Schneebälle. Würde man die Ringteilchen zusammenballen, entstünde daraus ein riesiger Schneeball mit einem Durchmesser von rund 100 km – also von der Größe eines kleinen Saturnmondes.

Durch den Zusammenprall zerbirst der Mond in eine Wolke von Eisteilchen. Diese Teilchen umkreisen dann Saturn wie ein Schwarm kleiner Monde.

Die Eisteilchen stoßen unablässig aneinander und werden weiter zerkleinert. Im Laufe der Jahre verteilen sich die Teilchen und bilden einen breiten Ring um den Planeten.

Einige der Eisteilchen, die nicht weiter zertrümmert wurden, bleiben kleine Monde, die am Rand der Ringe kreisen. Die Schwerkraft hält die Ringteilchen in ihrer Bahn.

Uranus, griechischer Himmelsgott                    Neptun, römischer Meeresgott

# Uranus und Neptun

Der beringte Neptun steht riesengroß am Himmel von Triton, dem größten der acht Neptunmonde. Die Temperaturen fallen auf Triton bis auf −235 °C. Das ist so kalt wie auch auf anderen Monden und Planeten des Sonnensystems. Doch trotz der Kälte ist Tritons Oberfläche mit Geysiren gesprenkelt, die dunkle Fontänen aus kaltem Stickstoffeis und Methan ausspeien.

Jahrtausendelang glaubte man, Saturn sei der fernste Planet. Dann aber sah William Herschel 1781 einen „merkwürdig verschwommenen Stern, vielleicht einen Kometen" durch sein Teleskop. Später erkannte er, dass dies der siebte Planet, Uranus, war. Winzige Unregelmäßigkeiten in der Bahn von Uranus ließ Astronomen nach einem noch ferneren Planeten suchen, der vielleicht an Uranus zog. Johann Galle und Heinrich D'Arrest entdeckten 1846 Neptun, den achten Planeten. Uranus und Neptun sind viermal größer als die Erde. Jeder ist von dunklen, dünnen Ringen umgeben und hat eine Atmosphäre aus giftigem Methan. Diese absorbiert rotes Licht, wirft aber blaues ins All zurück, sodass Uranus und Neptun blaugrün aussehen.

Uranus und Neptun weisen aber auch Unterschiede auf. Neptun hat einen heißen Kern. Astronomen glauben, dass Hitze aus ihm aufsteigt, die Wolken durcheinanderwirbelt und heftige Stürme auslöst. Das Wetter in der Uranus-Atmosphäre ist vergleichsweise ruhig. Uranus hat vermutlich einen kalten Kern.

**Uranus von innen**
— Wasserstoff, Helium und Methangase
— Wasser, Ammoniak und Methanmatsch
— Gesteinskern

**Neptun von innen**
— Wasserstoff, Helium und Methangase
— Wasser, Ammoniak und Methanmatsch
— Gesteinskern

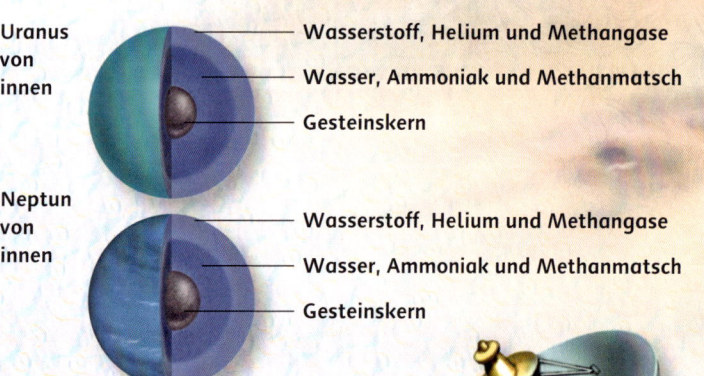

Sonne | Neptun
Voyager 2
Jupiter
Uranus
Saturn
Voyager 1

## INTERPLANETARISCHE REISENDE

Was wir heute über die vier Gasriesen Jupiter, Saturn, Uranus und Neptun wissen, wurde von den Voyager-Sonden der NASA entdeckt. Die Sonden Voyager 1 und Voyager 2 erkundeten Jupiter und Saturn 1979, 1980 und 1981.

Voyager 1 besuchte nur Jupiter und Saturn. Die Sonde verließ dann das Sonnensystem, ihre Hauptmission war beendet. Aber die Mission von Voyager 2 war eine große Tour zu allen vier Gasriesen. Sie flog 1986 an Uranus und 1989 an Neptun vorbei.

## WÖRTERBUCH

Astronomen entdeckten 1997 zwei neue Monde auf Bahnen um Uranus. Sie nannten die kleinen Monde **SYCORAX** und **CALIBAN**, nach zwei Gestalten in „Der Sturm", einem Schauspiel von William Shakespeare. Sycorax ist eine Hexe und Caliban ihr böser Sohn. Die meisten Uranusmonde sind nach Figuren in Shakespeare-Stücken benannt.

## SCHON GEWUSST?

Neptuns Mond Triton ist der einzige Mond im Sonnensystem, der seinen Planeten gegen dessen Rotationsrichtung umrundet.

Weil ein Jahr auf Neptun – die Zeit, in der er einmal die Sonne umkreist – 164 Erdjahre dauert, würde niemand auf Erden ein Neptunjahr alt werden.

## WEGWEISER

• Welche anderen Gasriesen gibt es? S. 132–133 und S. 134–135.
• Hat man in neuerer Zeit andere Planeten entdeckt? S. 138.

Verglichen mit anderen Planeten liegt Uranus auf der Seite. Während eines Uranusjahres zeigt erst einer seiner beiden Pole zur Sonne und dann der andere. Astronomen vermuten, dass Uranus von einem Riesenasteroiden gerammt und gekippt worden sein könnte.

Voyager 2 machte 1986 Nahaufnahmen von Uranus und mehreren seiner 17 Monde. Der innerste Mond, Miranda, verblüffte durch seine zerstückelte Oberfläche – als ob er aus Stücken anderer Monde zusammengebacken sei.

Durchmesser: 50826 km

Durchmesser: 120 km

## INSIDESTORY
# Die Sensation

Du gehörst zu einer Gruppe von Astronomen an Bord des fliegenden Kuiper-Observatoriums. An der Seite des Flugzeugs ragt ein Teleskop heraus. Euer Ziel heute Nacht – am 10. März 1977 – ist Uranus. Ihr seht, wie ein Stern hinter dem Planeten verschwindet. Ein Astronom ruft: „Okay. Wir haben einen. Wir hören ein Knacken." Ein Kollege bestätigt dies. „Wir hören wieder Geräusche." Irgendetwas lässt den Stern verblassen, kurz bevor er hinter Uranus verschwindet. „Es gibt keine Wolken", sagt jemand. „Na, vielleicht ist es ein Ring von Uranus. Da ist ja noch einer!" Dein Team hat etwas Sensationelles entdeckt – Ringe um Uranus! Bisher kannte man Ringe nur von Saturn.

Voyager 2 fotografierte den Großen Dunklen Fleck, einen erdgroßen Wirbelsturm auf Neptun. Wissenschaftler beobachteten den Sturm tagelang. Fünf Jahre später, als Astronomen Neptun durch das Hubble-Teleskop erneut betrachteten, war der Große Dunkle Fleck verschwunden.

Voyager 1 und Voyager 2 sind nun unterwegs zu den Sternen. Sollten Außerirdische sie jemals bergen, hat jede Sonde Grüße von der Erde an Bord. Die vergoldete Plattenhülle zeigt die Stellung der Erde in unserer Galaxis.

# Pluto

Am Rand des Sonnensystems liegt der Zwergplanet Pluto. Riesengroß am Himmel steht Charon, Plutos Mond. Mit 1200 km Durchmesser ist Charon mehr als halb so groß wie Pluto. Pluto und Charon bestehen beide überwiegend aus Eis. Plutos Landschaft ist ein Flickenteppich aus hellen, vereisten Gebieten und dunklen, frostfreien Regionen. Die Eisdecke besteht aus auf −238 °C gefrorenem Stickstoff und Methan. Die eisfreien Regionen sind nur ein paar Grad wärmer. Durch die Temperaturunterschiede entstehen in der Stickstoff-Methan-Luft eisige Stürme. Astronomen vermuteten vorübergehend, dass ein anderer Planet jenseits von Pluto kreise. Neue Berechnungen zeigen, dass ein neunter Planet wohl nicht existiert. Aber Tausende kleiner Eiskometen ziehen jenseits von Pluto, im sogenannten Kuiper-Gürtel, ihre Bahn. Manche Astronomen fragen sich heute, ob man Pluto überhaupt einen Planeten nennen kann – ob er nicht vielmehr zum Kuiper-Gürtel gehört. Vielleicht ist Pluto nicht der kleinste Planet des Sonnensystems, sondern das größte Objekt im Kuiper-Gürtel.

**Pluto von innen**

- Wasser-Methan-Stickstoff-Eis
- Wassereis
- Gesteinskern

## INSIDESTORY
### Planet X entdecken

Clyde Tombaugh entdeckte Pluto um vier Uhr nachmittags am 18. Februar 1930. Das Lowell-Observatorium in Arizona hatte Tombaugh angestellt, um nach einem neunten Planeten, genannt Planet X, zu suchen. Nachts fotografierte er Himmelsabschnitte, und tagsüber suchte er die Fotos nach ungewöhnlichen, beweglichen Objekten ab. „Plötzlich entdeckte ich einen schwach leuchtenden Punkt. Immer wieder verglich ich die Bilder. Oh! Ich sollte wohl besser einen Blick auf meine Armbanduhr werfen und die Zeit notieren, denn dies war ein historischer Moment." Tombaugh ging zum Direktor. „Dr. Slipher, ich habe den Planeten X gefunden."

Der schlappohrige Pluto erschien erstmals 1930 als Comic Figur. Walt Disney benannte den Hund der Mickey Mouse nach dem Planeten Pluto, der gerade entdeckt worden war.

Das beste Bild, das wir von Pluto haben, aufgenommen vom Hubble-Teleskop, zeigt verschwommene dunkle Flächen und helle Polkappen.

## WÖRTERBUCH

Die elfjährige Venetia Burney aus Oxford, England, schlug 1930 vor, den neuen Planeten nach dem griechischen Unterweltgott **PLUTO** zu nennen.

Als James Christy 1978 Plutos Mond entdeckte, nannte er ihn **CHARON**, nach dem Fährmann in der griechischen Mythologie, der die Toten über den Fluss Styx in die Unterwelt ruderte.

## SCHON GEWUSST?

Plutos Tag (eine Umdrehung um seine Achse) und Monat (eine Umdrehung von Charon um Pluto) sind gleich lang – sechs Erdtage und neun Stunden.

Die Atmosphäre von Pluto gefriert jeden Winter zu Methanschnee.

Signale von einem Raumschiff würden von Pluto bis zur Erde ungefähr 6 Stunden brauchen.

## WEGWEISER

- Wie groß ist Pluto im Vergleich zur Sonne? Lies nach auf S. 119.
- Pluto könnte wie Triton aussehen. Lies nach auf S. 136–137.
- Was liegt hinter dem Kuiper-Gürtel? Lies nach auf S. 140–141.

## DIE SPORTWAGEN-SONDE

Die Sonden, die Jupiter, Saturn, Uranus und Neptun besuchten, waren so groß wie Laster. Eine so schwere Sonde brauchte Jahrzehnte bis zum Pluto. Die beiden geplanten Pluto-Kuiper-Express werden jedoch wie schnelle Sportwagen sein – klein und leicht, damit eine Rakete sie zum Pluto schießen kann.

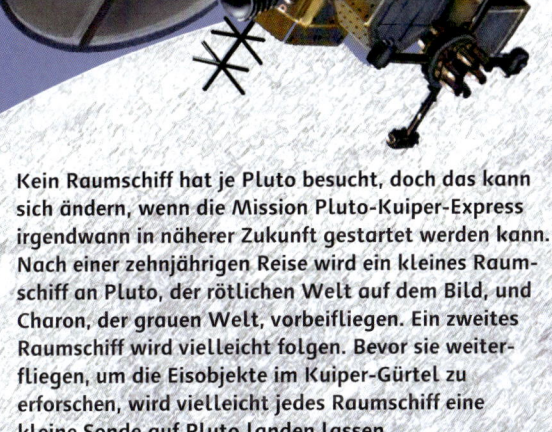

Kein Raumschiff hat je Pluto besucht, doch das kann sich ändern, wenn die Mission Pluto-Kuiper-Express irgendwann in näherer Zukunft gestartet werden kann. Nach einer zehnjährigen Reise wird ein kleines Raumschiff an Pluto, der rötlichen Welt auf dem Bild, und Charon, der grauen Welt, vorbeifliegen. Ein zweites Raumschiff wird vielleicht folgen. Bevor sie weiterfliegen, um die Eisobjekte im Kuiper-Gürtel zu erforschen, wird vielleicht jedes Raumschiff eine kleine Sonde auf Pluto landen lassen.

Voyager 2 flog 1979 an Jupiter, 1981 an Saturn, 1986 an Uranus und 1989 an Neptun vorbei.

Galileo erreichte Jupiter 1995.

Cassini erreicht Saturn im Jahr 2004.

Pluto-Kuiper-Express fliegt irgendwann an Pluto vorbei.

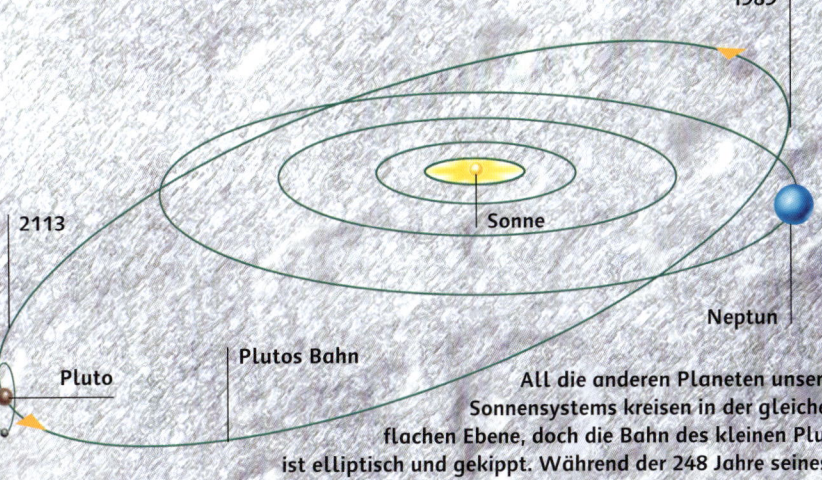

1989

2113

Sonne

Neptun

Pluto

Plutos Bahn

All die anderen Planeten unseres Sonnensystems kreisen in der gleichen flachen Ebene, doch die Bahn des kleinen Pluto ist elliptisch und gekippt. Während der 248 Jahre seines Umlaufs ist Pluto meist der äußerste Planet, doch manchmal bewegt er sich innerhalb der Neptunbahn. Von 1979 bis 1999 war Pluto der Sonne näher als Neptun. Im Jahr 2113 wird Pluto am fernsten Punkt seines Orbits sein – mehr als 7,3 Milliarden km von der Sonne entfernt.

4 m  3 m  2 m  1 m  0 m

# Kometen

Die meisten Kometen bleiben in den Tiefen des Welt-
raums. Einige kreisen im Kuiper-Gürtel, gleich hinter
Pluto. Andere sind weiter draußen, in der Oortschen
Wolke – einem millionenfachen Kometenschwarm, der
sich fast zum nächsten Stern ausdehnt. Manchmal, vielleicht nach einem Zusammenstoß mit anderen Kometen,
gerät ein Komet aber in eine sonnennahe Bahn.
Nähert sich ein Komet der Sonne, beginnt er zu verdampfen. Gas- und Staubjets schießen aus dem gefrorenen Kern
und bilden lange, dünne Schweife. Die meisten Kometen
brauchen Jahrtausende für einen Umlauf, doch einige
nähern sich der Sonne alle paar Jahre oder Jahrzehnte.
Kometen haben sich seit der Entstehung des Sonnensystems kaum verändert, darum bemühen sich Forscher,
in ihnen Hinweise auf dessen Geburt zu finden. So flog
die Giotto-Sonde 1986 am Kern des Kometen Halley
vorbei. Und 2005 hat Deep Space 4 (Tiefes Weltall 4)
eine Probe von Temple 1 zur Erde gebracht.

## SEI AKTIV!

## Meteorschauer

Wir erleben Meteorschauer, wenn die Erde die
Staubspur eines Kometen durchquert. Zu den
stärksten Meteorschauern gehören die Perseiden
am 12. August, die Orioniden am 22. Oktober,
die Leoniden am 17. November und die Geminiden
am 14. Dezember. Wenn der Mond nicht über dem
Horizont steht, kann man pro Stunde zwischen
20 und 50 Meteore sehen. Die Meteore scheinen
von bestimmten Himmels-
regionen herzukommen – die
Geminiden beispielsweise sehen
aus, als kämen sie vom Sternbild
Zwillinge (Gemini).

**Sonne**　　　**Komet**

**Staubschweif**　　　**Kometenbahn**

**Gasschweif**　　　**Schweife zeigen immer
von der Sonne weg.**

Viele Kometen haben zwei Schweife –
einer besteht aus Staubteilchen, der
andere aus Gas. Die Schweife können
viele Millionen Kilometer lang sein.
Der Strahlungsdruck der Sonne und
ein Wind aus Sonnenteilchen treiben
die Schweife von der Sonne weg.

## BERÜHMTE KOMETEN

### HALLEY
Wenn Kometen der Erde nahekom-
men, können wir sie am Nachthimmel
sehen. Der berühmte Komet Halley
erscheint alle 75 oder 76 Jahre.
Zuletzt flog er 1986 an uns vorbei,
und 2061 wird er wiederkommen.

### HYAKUTAKE
Im März 1996 raste ein Komet,
den niemand je zuvor gesehen hatte,
an der Erde vorbei. Er war nur 14,5 Millionen km entfernt, und sein geister-
hafter Schweif erstreckte sich fast über
den halben Himmel.

## WÖRTERBUCH

Wenn du einen Kometen entdeckst, wird er nach dir benannt werden – allerdings musst du ihn vielleicht mit anderen teilen. Alan Hale und Thomas Bopp waren weit voneinander entfernt, als sie 1995 gleichzeitig den gleichen Kometen erspähten. Der Komet wurde **HALE-BOPP** genannt.

## SCHON GEWUSST?

Täglich schwebt tonnenweise Kometenstaub auf die Erde nieder. Wenn du sauber machst, fegst du vielleicht auch etwas Kometenstaub weg.

Der Große Komet von 1843 hatte den bisher längsten Schweif – er reichte von der Sonne bis zur Marsbahn.

Im Jahr, in dem er der Sonne am nächsten war, schossen aus Komet Hale-Bopp pro Sekunde 9 Tonnen Wasser ins All.

## WEGWEISER

• Ähneln Kometenbahnen denen von Planeten? Lies nach auf S. 118–119.
• Woher können Meteore sonst noch kommen? Lies nach auf S. 130.
• Wie sah der Komet Shoemaker-Levy 9 aus, als er in Jupiter einschlug? Lies nach auf S. 132.

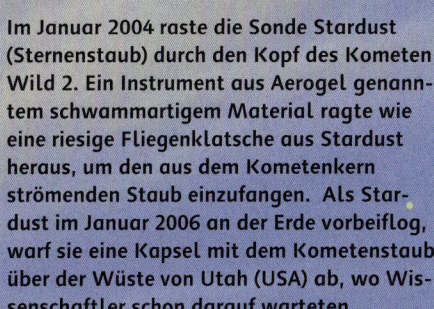
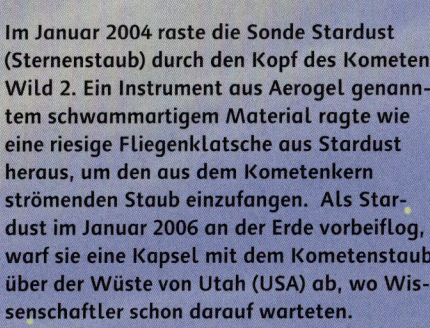

Im Januar 2004 raste die Sonde Stardust (Sternenstaub) durch den Kopf des Kometen Wild 2. Ein Instrument aus Aerogel genanntem schwammartigem Material ragte wie eine riesige Fliegenklatsche aus Stardust heraus, um den aus dem Kometenkern strömenden Staub einzufangen. Als Stardust im Januar 2006 an der Erde vorbeiflog, warf sie eine Kapsel mit dem Kometenstaub über der Wüste von Utah (USA) ab, wo Wissenschaftler schon darauf warteten.

## INSIDESTORY
# Kometen-Suche

Die Astronomin Carolyn Shoemaker hat mehr Kometen als alle anderen gefunden. Sie entdeckt sie auf Fotografien, die sie mit einem Teleskop macht. Ihre erste Entdeckung machte sie 1983. „Ich sah Filme durch. Da! Ich wusste, es war ein Komet." Selbst nach der Entdeckung von 32 Kometen ist jeder neue Fund noch aufregend. „Ich versuche, mich zusammenzunehmen, bis wir festgestellt haben, ob der Komet schon bekannt ist. Doch wenn ich einen Kometen sehe, macht mein Herz jedes Mal einen Freudensprung."

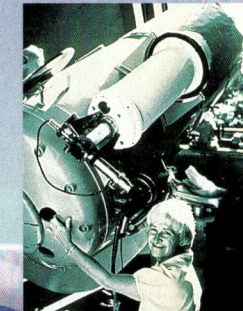

Früher haben die Menschen geglaubt, dass Kometen Unglück ankündigten. Der 900 Jahre alte Teppich von Bayeux zeigt den Kometen Halley, als er 1066 vor der Schlacht bei Hastings in England erschien. Die lateinischen Worte bedeuten: „Sie fürchteten den Stern."

**SHOEMAKER-LEVY 9**
Der Komet kam 1992 der Schwerkraft Jupiters zu nahe und zerbrach in 21 Stücke. Zwei Jahre später schlugen die Stücke auf Jupiter ein und hinterließen dunkle Brandmale auf dem Planeten.

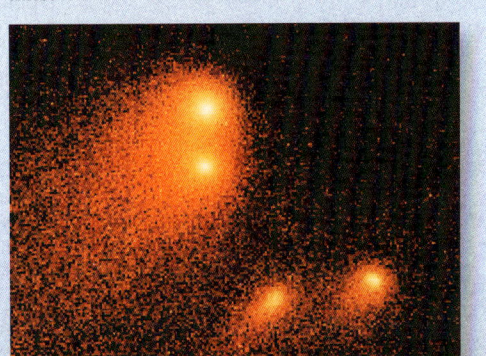

**HALE-BOPP**
Einer der hellsten Kometen des 20. Jahrhunderts, Hale-Bopp, zierte den Himmel der Nordhalbkugel im März und April 1997. Auf dem Foto sind der gerade, blaue Gasschweif und der breitere, gelbweiße Staubschweif zu sehen.

# Sternbilder

Lange Zeit haben sich die Menschen vorgestellt, dass manche Sterngruppen die Umrisse von Tieren, Helden und Göttern bildeten. Das sind die Sternbilder. Die meisten Sterne in einem Sternbild sind in Wirklichkeit Lichtjahre voneinander entfernt – sie scheinen nur nah beieinander zu sein.

Nicht alle Völker ordnen die Sterne zu denselben Sternbildern an. Die alten Griechen sahen im Orion einen Jäger, aber die Ägypter hielten dieselben Sterne für den Gott Osiris. In China waren dieselben Sterne der Krieger Tsan. Die neuseeländischen Maoris sehen ein Kanu in Orions Sternen, während ein Amazonas-Stamm sie als Riesenkrokodil deutet. Mithilfe der Sternbilder wurden früher Schiffe geführt und Kalender erstellt.

Astronomen teilen den Himmel in 88 Sternbilder ein. Die meisten kommen aus griechischen Mythen, ein paar wurden auch erst in neuerer Zeit benannt. Man kann nicht alle 88 Sternbilder in einer Nacht sehen – das hängt vom Wohnort, der Nachtzeit und der Stellung der Erde bei ihrem Umlauf um die Sonne ab.

Wenn du dich auf der nördlichen Halbkugel befindest, sind dies die hellen Sterne, die du irgendwann im Verlauf eines Jahres dort sehen kannst. Stell dich mit dem Gesicht nach Süden und drehe die Karte so, dass der laufende Monat unten vor dir ist. Die Sterne, die du am Himmel sehen kannst, befinden sich in der unteren Hälfte der Karte. Die nahe am Horizont stehenden sind am Rand der Karte. Die Sterne über und hinter dir liegen zur Mitte der Karte hin.

Der Jäger Orion steigt am nördlichen Januarhimmel hoch. Die drei Gürtelsterne des Orion zeigen zu Sirius hinunter, den hellsten Stern am Nachthimmel.

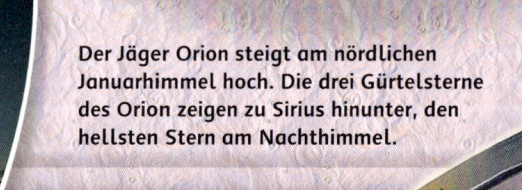

In der griechischen Mythologie war Orion der Sohn Neptuns und ein großer Jäger. Als Orion sich damit brüstete, er werde jedes Tier der Erde erlegen, schickte Gaia, die Erdgöttin, einen Skorpion, der ihn tötete.

Großer Schöpflöffel nennen die Amerikaner die sieben hellsten Sterne im Sternbild Großer Bär, die wir Großer Wagen nennen. In England heißt dieses Sternmuster Pflug.

Während des jährlichen Erdumlaufs um die Sonne wandert die Sonne scheinbar durch eine Zone von 12 Sternbildern, den Tierkreis oder **ZODIAK**. Das Wort kommt von Griechisch zoidiakos und heißt „Tierbild". Sieben Sternbilder sind nach Tieren benannt, vier andere nach Menschen. Das Zeichen Waage ist das einzige, das nicht nach einem Lebewesen benannt ist.

In einer klaren, mondlosen Nacht, weit weg von städtischen Lichtern, kann man mit bloßem Auge über 2000 Sterne sehen.

Die meisten Sternbilder sind so alt, dass niemand mehr weiß, wer sie entdeckte oder benannte. Von Bildern auf Tontafeln wissen wir, dass vor 5000 Jahren die Sumerer einige Sternbilder genauso sahen wie wir heute.

- Woraus bestehen die Sterne? Lies nach auf S. 144–145.
- Zu welcher Galaxis gehören die Sterne der Sternbilder? Lies nach auf S. 150–151.

Dies sind die hellen Sterne der Südhalbkugel, solche, die du von Australien, Neuseeland, Südamerika und dem südlichen Afrika aus sehen kannst. Stelle dich nach Norden und drehe die Karte so, dass der laufende Monat unten steht. Nahe am Horizont stehende Sterne findest du am Kartenrand. Sterne über und hinter dir liegen zur Kartenmitte hin.

## SEI AKTIV!

# Sterne beobachten

Wenn du zum ersten Mal bewusst zum Nachthimmel blickst, mag er dir sternenübersät erscheinen. Konzentrierst du dich aber auf die hellsten Sterne, wirst du sie bald auf diesen Sternkarten entdecken. Wenn du noch mehr Sterne und Sternbilder finden möchtest, besorge dir eine Planisphäre – eine runde Karte des Nachthimmels mit einer drehbaren Scheibe, die sich nach Datum und Uhrzeit verstellen lässt. Auch kannst du einen Sternatlas benutzen. Mit speziellen Computerprogrammen kannst du dir für jede Uhrzeit und jeden Ort eine Sternkarte ausdrucken. Helles Licht kann die Sicht stören, suche dir also einen dunklen Beobachtungsort und bedecke die Taschenlampe mit rotem Zellophan.

In diesem Sternbild sah man schon seit alten Zeiten einen Löwen. Die sechs hellen Sterne, die wie ein umgedrehtes Fragezeichen aussehen, umreißen den Löwenkopf. Das Sternbild Löwe gehört zum Tierkreis.

Viele Völker sahen diese Sterne als Skorpion. In der griechischen Mythologie ist es ein Skorpion, der Orion tötete. Die beiden Todfeinde treffen sich nie am Himmel — wenn einer aufgeht, geht der andere unter. Skorpion ist eines der Tierkreissternbilder.

# Leuchtende Sterne

Tagsüber siehst du nur einen Stern am Himmel – die Sonne. Nachts, wenn das helle Sonnenlicht verschwunden ist, kannst du Hunderte anderer Sterne sehen. Sie sind Kugeln aus heißem Wasserstoff wie unsere Sonne, doch sie sind so weit weg, dass jeder nur wie ein kleiner Lichtpunkt aussieht.

Sterne gibt es in vielen Farben und Größen. Unsere Sonne ist ein gelber Stern mit einer Oberflächentemperatur von 6000 °C. Das ist heiß – aber weiße und blaue Sterne sind noch heißer. Orange und rote Sterne sind dagegen kühler. Sterne können von durchschnittlicher Größe wie unsere Sonne sein, aber auch Riesen oder Zwerge. Wäre die Sonne so groß wie ein Strandball, hätten helle Riesensterne die Größe einer Kleinstadt, und schwach leuchtende Zwerge wären nur erbsengroß.

Einige Sterne, wie die Sonne, wandern allein durchs All, aber die meisten sind Mehrfachsterne, die aus zwei oder mehreren dicht benachbarten Sternen bestehen. Wie die Sonne haben einige Sterne Planeten.

Astronomen vermuteten, dass andere Sonnensysteme so aussähen wie unseres – mit kleinen, festen Planeten nahe bei einem Stern und kalten Gasriesen dahinter. Zu ihrem Erstaunen entdeckten sie Sonnensysteme, in denen jupiterähnliche Planeten so nahe bei ihrem Stern kreisen wie Merkur um unsere Sonne. Ob diese fremden Sonnensysteme auch kleine Gesteinsplaneten wie unsere Erde besitzen, ist unbekannt.

## SEI AKTIV!

## Warum Sterne funkeln

Weißt du, warum Sterne funkeln? Führe diesen Versuch durch.

1. Knülle kleine Stückchen Aluminiumfolie als Sterne zusammen. Lege die Sterne auf ein Stück dunkle Pappe.
2. Gieße Wasser in eine große Glasschüssel, bis sie drei viertel voll ist. Stelle die Schüssel auf die silbernen Sterne.
3. Verdunkle den Raum und leuchte mit einer Lampe in die Schüssel.
4. Schlage gegen den Schüsselrand. Das Wasser gerät in Bewegung, und die Sterne sehen für einen Augenblick verwischt aus.

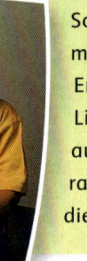

So wie das von der Folie zurückgeworfene Licht sich mit dem Wasser bewegt, trifft das Sternenlicht in der Erdatmosphäre auf bewegte Luftschichten, die das Licht hin- und herwerfen. Dadurch sehen die Sterne aus, als ob sie funkelten. Säßest du im Hubble-Weltraumteleskop außerhalb der Erdatmosphäre, würden die Sterne gleichmäßig leuchten.

Eine Gas- und Staubwolke, Nebel genannt, beginnt zu schrumpfen. Durch die Gravitation heizt sich der Kern auf.

Viele Jahrmilliarden strahlt der Stern gleichmäßig Licht und Wärme a...

### EINE STERNGESCHICHTE

Sterne werden geboren, leben Jahrmilliarden und sterben. Dabei verändern sie ihre Größe und Temperatur, während sie ihren Wasserstoff verbrauchen. Hier der Lebenszyklus eines durchschnittlichen Sterns wie die Sonne.

Das Zentrum des Nebels wird so heiß, dass Wasserstoff in Helium umgewandelt wird, wobei Energie frei wird. Der Stern beginnt zu strahlen.

## WÖRTERBUCH

Einige Sternnamen sind griechisch – **ARKTURUS** (und das Wort Arktis) kommt vom griechischen arktos, was „Bär" bedeutet. **SIRIUS**, von griechisch Seirios, heißt „der Leuchtende".

Andere Sternnamen stammen aus dem Arabischen – **BETEIGEUZE** kommt von yad al-jauza, „die Hand des Riesen", und **RIGEL** von rijl, „Fuß".

## SCHON GEWUSST?

Ein Apollo-Raumschiff bräuchte für den Flug zum Mond nur drei Tage, aber es bräuchte 850 000 Jahre, um zum nächsten Stern zu kommen.

Könntest du einen Teelöffel voll Materie eines Weißen Zwergs zur Erde bringen, wöge sie mehrere Tonnen.

## WEGWEISER

• Was macht die Sonne zu einem besonderen Stern? Lies nach auf S. 124–125.
• Wie kannst du Sterne finden? Lies nach auf S. 142–143.
• Welche Sterne beenden ihr Leben mit einem Knall? Lies nach auf S. 146–147.

## INSIDESTORY
# Planetenjäger

Wie findet man fremde Planeten? „So wie ein angeleinter Hund sein schweres Herrchen herumwirbelt, bringt ein Planet seinen Stern zum Schwingen", erklären Paul Butler und Geoff Marcy. Die beiden fanden als Erste Planeten, die andere Sterne umkreisen. Sie wiesen winzige Schlingerbewegungen von Sternen nach, die durch die Anziehungskraft von jupiterähnlichen Planeten verursacht werden. Ihre Entdeckungen machten sie berühmt. „Wir bekamen Anrufe von allen möglichen Zeitungen und Fernsehsendern." Heute suchen die beiden weltweit mit Teleskopen nach erdähnlichen Planeten um 800 nahe, sonnenähnliche Sterne. „In sechs Jahren werden wir wissen", so Marcy, „ob unser Sonnensystem einzigartig ist."

Jeder Kugelsternhaufen unserer Galaxis besteht aus einer Million alter Sterne.

Die Plejaden (auch Siebengestirn genannt) sind erst 50 Millionen Jahre alt. Sie sind einer von Hunderten offener Sternhaufen in den Spiralarmen unserer Galaxis.

Irgendwann sind die Wasserstoffvorräte des Sterns erschöpft. Er schwillt zu einem Roten Riesen an.

Der alternde Stern schleudert seine äußeren Schichten mit Explosionen von sich fort. Die Hüllen werden zu einer farbigen Gaswolke – einem planetarischen Nebel – um den Stern.

Der Rest des Sterns schrumpft auf die Größe der Erde. Dieser heiße Weiße Zwerg wird noch Jahrmillionen strahlen.

Erde

Weißer Zwerg,
etwas kleiner als die Erde

Neutronenstern,
viel kleiner als die Erde

# Veränderliche Sterne

Unsere Sonne scheint beständig Jahr für Jahr, doch nicht alle Sterne sind so stabil. Manche alte Sterne verändern alle paar Tage ihre Größe, werden heller, wenn sie sich aufblähen, und blasser beim Schrumpfen. Man nennt sie Bedeckungsveränderliche. Andere Sterne verändern sich, weil sie zu Doppelsternsystemen gehören. Manche Doppelsterne sind so nah beieinander, dass ein Stern Gase aus dem anderen zu sich reißt. Der gierigere Stern holt sich so viel Material, dass es zu einer Nova genannten Explosion kommt. Danach reißt der Stern weiter Gasmassen an sich. Manche hungrige Sterne holen sich so viel, dass sie in einer Supernova verglühen, einer der gewaltigsten Explosionen der Natur. Der Stern wird dabei völlig zerstört.

Supernovas können auch das Leben eines Riesensterns beenden. Ist dessen Brennstoff verbraucht, wird sein Kern zu einem Neutronenstern oder einem Schwarzen Loch. Neutronensterne sind extrem dichte Kugeln, die sich sehr schnell drehen. Schwarze Löcher verschlingen alles, was in ihre Nähe kommt – selbst das Licht.

Eta Carina ist am Ende seines Lebens. Dieser Riesenstern schleuderte 1841 zwei Gaswolken von sich, die seither immer größer wurden. Hier sind sie auf einem 1993 vom Hubble-Teleskop gemachten Foto zu sehen. Irgendwann in den nächsten Jahrtausenden wird der Stern mit einem Supernova-Ausbruch explodieren. Dann werden wir ihn so hell wie Venus am Nachthimmel sehen.

## INSIDESTORY
## Tychos Stern

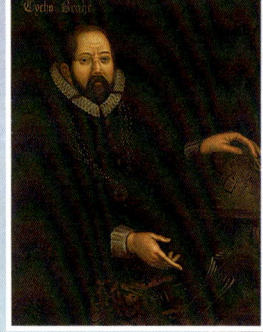

„Als ich die Sterne beobachtete, sah ich einen neuen Stern, der heller war als die anderen, neben meinem Kopf auftauchen. Ich war darüber so verwundert, dass ich meinen Augen nicht traute." Der neue, von Tycho Brahe 1572 entdeckte Stern war deshalb so überraschend, weil man damals glaubte, Sterne veränderten sich nie. Durch sorgfältige Beobachtungen wies Tycho Brahe nach, dass seine Supernova weit hinter dem Mond im Reich der Sterne lag. Von Tychos Stern ist heute nur noch eine Gaswolke, ein Supernova-Rest (links) übrig. Sie ist nur von Röntgenteleskopen auszumachen.

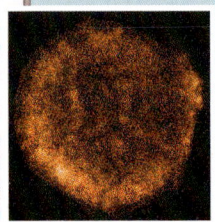

Bedeckungsveränderliche drehen sich umeinander, als ob sie miteinander tanzten. Wenn ein Stern hinter dem anderen verschwindet, sieht das Paar am Himmel dunkel aus. Kommt der Stern wieder hervor, leuchtet das Paar wieder.

Alle paar Tage oder Wochen plustern sich Sterne auf, kühlen dann ab und schrumpfen. Dabei erhitzen sie sich und blähen sich wieder auf. Astronomen haben Tausende dieser Veränderlichen Sterne entdeckt. Indem sie ihre Schwankungen messen, können sie berechnen, wie weit die Sterne entfernt sind.

## WÖRTERBUCH

Ein Bedeckungsveränderlicher, dessen Helligkeit sich periodisch ändert, ist **ALGOL**, von arabisch al-ghul für einen Dämon. In der griechischen Mythologie ist Algol das blinzelnde Auge im schlangenbehaarten Kopf einer Frau namens Gorgo oder Medusa. Der Sage nach versteinerte ihr Anblick.

## SCHON GEWUSST?

Einige Neutronensterne senden Strahlungsblitze aus, während sie rotieren. Wenn Astronomen diese Pulse entdecken, nennen sie den Stern Pulsar.

Eine Supernova setzt in wenigen Tagen so viel Energie aus wie unsere Sonne in den 10 Milliarden Jahre ihres Lebens.

## WEGWEISER

• Wie trugen Veränderliche dazu bei, das All auszudehnen? Lies nach auf S. 117.
• Welcher Supernova-Rest sieht wie ein Krebs aus? Lies nach auf S. 149.

## SUPERNOVAS

Supernovas sind Sterne, die sich in gigantischen Explosionen zersprengen und Wolken mit Sternmaterie ausspeien. Zwei Arten von Sternen können als Supernovas explodieren.

Ein blauer Riese schwillt zu einem roten Überriesen an. Dem aufgedunsenen Stern geht in seinem Kern der Brennstoff aus. In Sekunden fällt er zu einem dichten Neutronenstern oder Schwarzen Loch zusammen.

**Stufe 1**
**Blauer Riese**

**Stufe 2**
**Roter Überriese**

**Stufe 3**
**Wumm!**
**Supernova-Ausburch**

**Stufe 4**
**Trümmer werden vom Neutronenstern weggeschleudert.**

Die Schwerkraft eines Weißen Zwergs zieht Gasmassen von seinem Begleitstern ab. Der Weiße Zwerg wird zu schwer und kollabiert. Die einsetzende Kernfusion reißt den hungrigen Stern in Stücke und schleudert die Sterntrümmer ins Weltall.

**Stufe 1**
**Weißer Zwerg zieht Materie aus Rotem Riesen ab.**

**Stufe 2**
**Weißer Zwerg wird zu schwer.**

**Stufe 3**
**Puff! Supernova-Explosion**

**Stufe 4**
**Stern ist zerstört und Sterntrümmer werden ins All abgestoßen.**

Es war ein ganz gewöhnlicher Stern, einer von Millionen in der Großen Magellanschen Wolke.

Am 23. Februar 1987 beobachteten Astronomen, wie der Stern explodierte und heller als irgendeine Supernova seit 1604 strahlte.

147

NGC 604, Sterngeburt-Nebel        Katzenauge, Sterntod-Nebel

NGC 604, Sterngeburt-Nebel        Katzenauge, Sterntod-Nebel

# Nebel

Zwischen den Sternen des Universums sind Gasatome
und Staubteilchen locker verstreut. Wie Wasserdampf
in unserer Atmosphäre sammelt sich ein Teil dieser
Sternmaterie zu Wolken, sogenannten Nebeln. Durch die
Schwerkraft werden manche Nebel so dicht, dass aus den
kühlen, dunklen Wolken Sterne kondensieren, wie Regentropfen in Regenwolken.

Nach ihrer Entstehung wandeln Sterne Wasserstoff- und
Heliumatome in Dutzende anderer chemischer Elemente
um. Am Ende ihres Lebens stoßen Sterne planetarische
Nebel und Supernovareste ins All. Diese Sterntod-Nebel
bringen die in den Sternen entstandenen Elemente in den
Raum, wo sie später ihren Weg in andere Nebel finden.
Wie kosmische Recycling-Anlagen bilden diese anderen
Nebel, angereichert mit der Materie aus älteren Sternen,
neue Sterne, neue Planeten – und neues Leben. Sauerstoff,
Kohlenstoff, Eisen und all die anderen Elemente in deinem
Körper kamen von Sternen, die vor Jahrmillionen lebten
und starben.

## INSIDESTORY
## Sternfotograf

„Wir können Sterne weder hören noch riechen
oder anfassen. Wir können sie ja kaum sehen",
erklärt David Malin und schiebt eine große
gläserne Fotoplatte ein. Mit dem Anglo-austra-
lischen Teleskop als Kamera nimmt er einen Nebel
auf, der so lichtschwach ist, dass die Belichtung eine
Stunde dauern wird. Warum macht er sich die Mühe?
Für Malin ist die Antwort einfach. „Astronomische Bilder
belegen die Schönheit und die endlose Vielfalt der Natur.
Fotos führen auch zu Entdeckungen. Eine einstündige Foto-
grafie kann mehr enthüllen, als Auge und Teleskop es je
könnten." Die Fotos von den Trifid- und Pferdekopf-Nebeln
sind zwei von Malins „kosmischen Landschaften".

Helle Nebel werden von Sternen in
ihrem Inneren erleuchtet. Die Energie
der Sterne lässt die Gase in Rot-, Grün-
und Blautönen glühen. Dieser helle Nebel,
der Trifid, ist 3500 Lichtjahre entfernt.

Andere Sternentstehungs-
nebel bestehen aus dunklen
Staubwolken, die das Licht
von fernen Sternen verdecken.
Dieser dunkle Nebel heißt Pferdekopfnebel.

## WÖRTERBUCH

**NEBULA** ist das lateinische Wort für „Wolke". Als Astronomen anfingen, Teleskope zu benutzen, nannten sie jeden undeutlichen Fleck, der nicht wie ein Stern aussah, Nebula. Bei uns wurde daraus „Nebel". Heute wissen wir, dass viele dieser „Nebel" keine Gaswolken in unserer Galaxie sind. Sie sind Galaxien, die aus Milliarden Sternen bestehen.

## SCHON GEWUSST?

Die Gasmassen der Wolken um den Orionnebel reichen aus, um 10000 Sonnen zu bilden.

Die Elemente Wasserstoff und Helium machen 99 Prozent des Universums aus. Das restliche 1 Prozent – die Elemente, die Planeten und Leben bilden – entstanden zuerst im Innern der Sterne.

## WEGWEISER

• Wie kann ein Nebel zu einem Sonnensystem werden? Lies nach auf S. 119.
• Welche Sternart endet als planetarischer Nebel? Lies nach auf S. 144–145.
• Wie entsteht der Überrest einer Supernova? Lies nach auf S. 147.

## SEI AKTIV!
# Der Orionnebel

Der Orionnebel ist eine Wolke aus staubhaltigen Gasen, in der neue Sterne entstehen. Die jungen Sterne lassen den Nebel leuchten.

Den Orionnebel findest du im Sternbild des Jägers Orion mithilfe der Sternkarten auf S. 48–49. In der Mitte von Orion ist eine Reihe von drei Sternen, der Gürtel des Jägers. Unter dem Gürtel ist das Schwert des Jägers, das aus drei lichtschwächeren Sternen besteht. Durch das Fernglas kannst du erkennen, dass der mittlere Stern des Schwerts viel diffuser als die anderen ist. Das ist kein Stern, sondern der Orionnebel. Auf Fotos sieht der Nebel rot aus, aber durch das Fernglas nur grau. Der Grund: Unsere Augen können die wahren Farben von Sternen und Nebeln nicht sehen.

Der 7000 Lichtjahre entfernte Adlernebel ist voller junger Sterne. Ein Foto von David Malin (oben) zeigt den ganzen Nebel. Das Hubble-Weltraumteleskop blickte tief in den Nebel hinein. Sein scharfes Bild (links) zeigt Säulen aus Gas und Staub, die sich ein Lichtjahr hochtürmen. An den Säulenspitzen werden neue Sterne geboren. Unsere Sonne und Planeten bildeten sich vor 5 Milliarden Jahren aus einem ähnlichen Nebel.

Sterbende Sterne stoßen oft ihre äußeren Schichten ab, die zu Gasblasen werden wie dieser Sanduhrnebel. Weil diese Nebel durch frühe Teleskope wie Planeten aussahen, nannten Astronomen sie planetare Nebel.

Der Krebsnebel ist der Überrest eines Supernova-Sterns, dessen Explosion 1054 beobachtet wurde. Solche Supernova-Reste reichern eine neue Sternengeneration an.

# Unsere Galaxie

Das Milchstraßensystem, unsere Galaxie, besteht aus 200 Milliarden Sternen und ist so breit, dass ein Lichtstrahl für ihre Durchquerung 100 000 Jahre braucht. Sternenübersäte Spiralarme drehen sich um das Zentrum, einem dichten Kern voller Sterne. Unsere Sonne befindet sich in einem vom Zentrum der Galaxie weit entfernten Spiralarm. Alle Sterne, die du am Himmel siehst – jedes Sternbild und alle Sternhaufen und Sternnebel, die du durch Teleskope erkennst – gehören zu unserer Galaxie. Weit entfernt lauert etwas, was du nicht sehen kannst. Mit Infrarot- und Radioteleskopen haben Astronomen das Zentrum der Milchstraße erkundet und Sterne und Gasmassen entdeckt, die irrsinnig schnell um ein kleines, dichtes, dunkles Objekt wirbeln – vielleicht ein Schwarzes Loch. Unsere Galaxie ist nur eine von vielen Galaxien im Universum. Alle anderen Galaxien sind weit entfernt – Licht von der uns nächsten, großen Galaxie, der Andromeda-Galaxie, braucht bis zu uns 2,8 Millionen Jahre.

Könntest du an einen Ort hoch über der Milchstraße reisen, hättest du einen Blick wie den unten gezeigten: Da ist ein glühender Kern mit alten gelben Sternen, umgeben von einer Wolke aus Kugelsternhaufen. Spiralarme aus jungen, blauen Sternen kreisen um den Kern. Die Galaxie würde bewegungslos erscheinen, weil sie sich so langsam bewegt, dass ein menschliches Auge keine Bewegung beobachten könnte.

Spiralarme

Rotations-richtung

## INSIDESTORY

### Die Entdeckung

„Meine früheste Erinnerung", erzählt die US-Astronomin Vera Rubin, „ist, wie ich nachts hinten im Auto saß und meinen Vater fragte, warum der Mond mit uns mitging. Ich kann mich noch gut erinnern, wie mich die Frage bewegte. Heute finde ich Fragen immer noch aufregend." Vera Rubins Wissensdurst führte sie zu einer bedeutenden Entdeckung – Galaxien sind von Wolken unsichtbarer dunkler Materie umgeben. Astronomen glauben heute, dass 90 Prozent der Materie des Universums dunkel sind, doch die Dunkelmaterie selbst ist rätselhaft. „Das Universum hält noch weitere Geheimnisse bereit", sagt Vera Rubin. „Ihre Aufdeckung obliegt wissensdurstigen Wissenschaftlern der Zukunft, die bereit sind, auch einmal wirklich weit hergeholte Fragen zu stellen."

Am Nachthimmel blicken wir auf die Spiralarme unserer Galaxie. Sie wölben sich wie ein blasses Lichtband über den Himmel. Dieses verschwommene Band nennen wir Milchstraße, und so nennen wir auch unsere ganze Galaxie.

## WÖRTERBUCH

Der Name unserer Galaxie, **MILCHSTRASSE**, ist die Übersetzung der lateinischen Worte Via Lactea.

Das Wort **GALAXIE** kommt von dem griechischen Wort gata = Milch. Nach der griechischen Sage entstand das helle Band am Nachthimmel, als der kleine Herkules Milch versprühte.

## SCHON GEWUSST?

Seit die ersten Dinosaurier vor 228 Millionen Jahren erschienen, hat die Sonne einmal unsere Galaxis umlaufen.

Im Zentrum der Milchstraße könnte ein Schwarzes Loch liegen, das so viel wie eine Million Sonnen wiegt.

## WEGWEISER

• Wo ist der Platz der Milchstraße im Universum? Lies nach auf S. 116–117.

### GALAXIEN-TYPEN

Viele verschiedene Arten von Galaxien bevölkern das Universum. Die meisten gehören vier Typen an.

In Spiralen wie der Whirlpool-Galaxie ragen mehrere Arme strahlender Sterne aus einem dicht gepackten Kern. Sterne in den Armen drehen sich um den Kern.

Wie die Große Balkenspirale haben manche Galaxien Arme, die am Ende von Balken sitzen. Unsere Milchstraße könnte eine Balkenspirale sein.

Elliptische Galaxien sind wie kosmische Bienenkörbe, in denen Milliarden Sterne in alle Richtungen schwirren. Große elliptische Galaxien wie M87 verschlingen kleinere Galaxien.

Manche Galaxien sind nur Sternansammlungen. Die Kleine Magellansche Wolke umkreist als irreguläre Galaxie die Milchstraße.

## SEI AKTIV!

# Die Milchstraße

Am besten lässt sich die Milchstraße weit weg von den Stadtlichtern beobachten. Die beste Zeit ist kurz vor Neumond im Sommer, Herbst oder Winter.

Wenn du die Milchstraße durchs Fernglas betrachtest, so siehst du, dass sie aus lauter einzelnen Sternen besteht. Im Juli oder August kannst du in der Nähe des Sternbilds Schütze in den vollsten Teil des Bandes, das Herz unserer Galaxie, blicken. Die dunklen Pfade aus Staub und Gas, die die glühenden Sternwolken durchschneiden, verbergen das Zentrum der Milchstraße.

Kugelsternhaufen

Kern

Mögliches Schwarzes Loch im Zenturm

Von der Seite würde unsere Galaxie wie eine fliegende Untertasse aussehen. Lege zwei CDs aufeinander und stecke eine Murmel in das Loch, dann hast du ein maßstabsgetreues Modell der Milchstraße. Die flache Scheibe und die gewölbte Mitte der Galaxie sind vielleicht von unsichtbarer Dunkelmaterie umgeben.

M33
2,2 Mio Lichtjahre entfernt

M83
22 Mio Lichtjahre entfernt

NGC 4639
78 Mio Lichtjahre entfernt

# Das Universum

Nach der Urknalltheorie wurde unser Universum vor rund 15 Milliarden Jahren geboren. Die Theorie erklärt, dass unser Universum begann, als sich eine winzige Blase von einem anderen Universum abtrennte, das aus anderen Dimensionen bestand und in dem Raum und Zeit nicht existierten. Damit begann die Zeit. Die Blase explodierte und wurde superheiß. Als sie abkühlte, entstand daraus alle Materie und Energie, die wir heute sehen.

Die Explosion hält immer noch an – alle Galaxien entfernen sich voneinander. Wie ein Ballon bläht sich der Raum auf und die Galaxien entfernen sich immer weiter. Diese Expansion des Universums wurde in den 1920er-Jahren entdeckt. Dann wurde um 1960 die kosmische Hintergrundstrahlung – das schwache Echo des Urknalls – entdeckt. Expansion und Hinter- grundstrahlung scheinen für die Urknalltheorie zu sprechen.

Wie bei allen Theorien führen auch beim Urknall neue Ideen und Beweise zu Änderungen. So könnte unser Universum eines von vielen, miteinander verbundenen Universen sein. Die Inflationstheorie geht davon aus, dass unser Universum so riesig ist, dass, wäre es so groß wie die Erde, der für uns sichtbare Teil des Universum kleiner als ein Staubkorn wäre. Das Universum ist so voller Geheimnisse, dass es immer wieder Neues zu entdecken geben wird.

Eine kosmische Urblase mit Zeit und Raum, gleißend bei einer Temperatur von Aberbillionen Grad, bläht sich wie ein kosmischer Ballon auf. Dabei kühlt sie ab. Winzige Teilchen, Elektronen und Quarks, kondensieren zu einer atomaren Suppe. Die Suppe erstarrt, und es bilden sich Teilchen, Neutronen und Protonen. Dann entstehen Wasserstoff- und Heliumatome. Durch die Schwerkraft ballen sich diese Atome zusammen und bilden die ersten Sterne und Galaxien

Zeit = 0 Sekunden
Knall! Zeit und Raum beginnen.

Zeit = 1 milliardstel billionstel billionstel Sekunde
Materie (Elektronen und Quarks) entsteht.

Zeit = 300 000 Jahre
Atome (Wasserstoff und Helium) entstehen.

Zeit = 1 Milliarde Jahre
Erste Sterne und Galaxien entstehen.

## INSIDESTORY

## Raum und Zeit

„Noch immer versuche ich den Ursprung unseres Universums zu verstehen", sagt Stephen Hawking mithilfe seines Sprachcomputers. Der durch eine Muskelkrankheit gelähmte englische Physiker erklärt zum Beginn von Raum und Zeit aufgrund von Kopfrechnungen: „Im frühen Universum ist Zeit nicht mehr wohldefiniert, so wie die Richtung Norden am Nordpol nicht mehr wohldefiniert ist. Danach zu fragen, was vor dem Urknall war, ist so, als fragte man nach einem Punkt einen Kilometer nördlich des Nordpols."

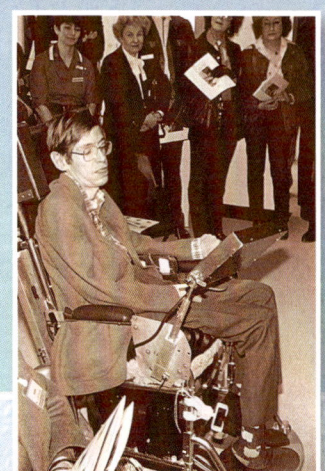

Der Satellit COBE untersuchte die Strahlung, die seit Jahrmilliarden unterwegs ist und blickte so in die Zeit 300 000 Jahre nach dem Urknall zurück. Die hier abgebildeten blauen Gebiete sind kühle, klumpige Gebiete des jungen Universums. Aus ihnen bildeten sich Galaxien-Superhaufen.

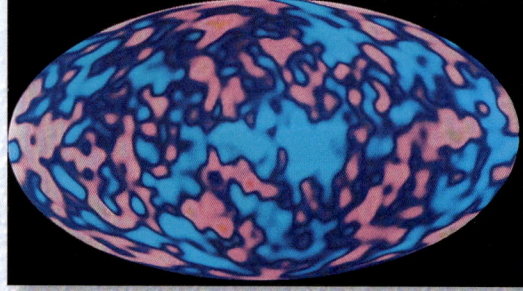

## WÖRTERBUCH

Der Ausdruck **URKNALL** wurde 1950 von dem amerikanischen Physiker Fred Hoyle benutzt, der die Theorie von einem unveränderlichen Universum vertrat. Er machte sich über die Theorie vom „Großen Knall" (engl.: Big Bang) lustig. Die Wortschöpfung verselbstständigte sich und wurde zum offiziellen Begriff für den Anfang der Welt.

## SCHON GEWUSST?

Gleich nach dem Urknall, in einem winzigen Sekundenbruchteil, dehnte sich das Weltall 100 Billionen Billionen Billionen Billionen Mal aus.

Das Universum enthält ungefähr so viele Sterne wie es Sandkörner an allen Stränden der Welt gibt.

## WEGWEISER

- Wer entdeckte, dass das Weltall sich ausdehnt? Lies nach auf S. 117.
- Wie ist das Sonnensystem entstanden? Lies nach auf S. 119.

## SEI AKTIV!

# Dein Universum

Du kannst dir ein Universum bauen.

1. Blase einen runden Ballon auf, bis er etwa so groß wie eine Orange ist, und halte ihn zu, damit keine Luft entweicht.
2. Male mit einem Filzstift etwa 20 Galaxien in gleichem Abstand auf den Ballon. Sie können Spiralen, elliptisch oder unregelmäßig geformt sein.
3. Blase den Ballon vor einem Spiegel auf. Kannst du sehen, wie sich die Galaxien voneinander fortbewegen? Das Universum dehnt sich wie der Ballon aus, und all ihre Galaxien entfernen sich voneinander.

## ZUKUNFT DES UNIVERSUMS

Obwohl es noch andere Theorien über den Anfang des Weltalls gibt, erklärt ihn doch keine so gut wie die Urknalltheorie. Aber wie wird das Universum enden? Wissenschaftler halten zwei Wege für möglich. Neue Teleskope liefern vielleicht die Antwort oder erbringen Beweise dafür, dass unser Universum sich so verhält, wie wir es uns bisher nicht vorstellen konnten.

So wie ein hoch geworfener Ball auf die Erde zurückfällt, hört unser Universum vielleicht auf, sich auszudehnen, und beginnt, in sich zusammenzufallen. In Billionen von Jahren wird dann alle Materie und Energie in einem heißen „Endknall" komprimiert.

Vielleicht gibt es nicht genug Materie und Schwerkraft, um die Ausdehnung des Universums zu stoppen. In Billionen von Jahren wird der Raum dann dunkel, weil Galaxien in Schwarze Löcher stürzen. Danach zerfallen die Schwarzen Löcher zu Teilchen.

Zeit = 15 Milliarden Jahre
Heute hat das Universum 50 Milliarden Galaxien.

# Worterklärungen

**Achse** Eine gedachte Linie durch den Mittelpunkt eines Planeten, Monds oder Sterns. Ein Planet, Mond oder Stern dreht sich – rotiert – um seine Achse.

**Bedeckungsveränderliche** Sterne, die alle paar Tage oder Wochen ihre Größe verändern und heller leuchten, wenn sie sich aufblähen, und beim Schrumpfen dunkler werden.

**Gasriese** Ein großer Planet, der überwiegend aus Wasserstoff besteht. Die Gasriesen unseres Sonnensystems sind Jupiter, Saturn, Uranus und Neptun.

**Haufen** Eine Ansammlung von Sternen oder Galaxien, die durch die Schwerkraft zusammengehalten werden. Locker verbundene Haufen von mehreren Hundert jungen Sternen werden offene Haufen genannt. Dicht gepackte Gruppen von Hunderttausenden von alten Sternen heißen Kugelhaufen. Galaxien bilden Galaxienhaufen.

**Infrarotenergie** Unsichtbare Strahlung, die langwelliger ist als sichtbares Licht. Neben einem Feuer oder einer Heizung empfindet man sie als Wärme.

**Kern** Die innerste Region eines Himmelskörpers. Die Erde hat einen Kern aus Nickel und Eisen. Die Sonne erzeugt ihre Energie durch atomare Fusion in ihrem Kern.

**Krater** Eine runde Narbe, die auf einem Planeten oder Mond zurückbleibt, wo ein Komet oder Asteroid eingeschlagen ist.

**Kuiper-Gürtel** Bereich jenseits von Pluto, wo Tausende kleiner Eiskometen kreisen.

**Lichtjahr** Die Entfernung, die ein Lichtstrahl in einem Jahr zurücklegt – 9,5 Billionen km.

**Lokale Gruppe** Ein Haufen mit rund 30 Galaxien, darunter unser Milchstraßensystem.

**Magnetfeld** Raum, in dem die magnetischen Kräfte eines Himmelskörpers wirken.

**Meteor** Der helle Lichtstreifen, der entsteht, wenn ein Gesteinsbrocken in die Erdatmosphäre eintritt und verglüht. Meteore werden auch Sternschnuppen genannt.

**Meteorit** Meteoriten sind Körper aus dem All, die in die Erdatmosphäre eindringen, aber nicht ganz verglühen. Manche Riesenmeteoriten hinterließen große Einschlagstellen wie das Nördlinger Ries mit einem Durchmesser von 25 km.

**Nebel** Eine Wolke aus Gas und Staub im Raum. Ein Nebel kann hell oder dunkel sein.

**Neutronenstern** Ein extrem dichter Stern, der bei einer Supernova-Explosion übrig bleibt.

**Nova** Ein Explosion, die dadurch verursacht wird, dass ein Stern seinem Begleitstern zu viel Gas entzieht. Nach der Nova holt sich der Stern erneut Gas.

**Oortsche Wolke** Ein Schwarm von Millionen Kometen, der sich vom Kuiper-Gürtel fast bis zum nächsten Stern erstreckt.

**Orbit** Die Bahn, auf der sich ein Himmelskörper wie die Erde um einen anderen wie die Sonne bewegt.

**Phasen** Die Veränderungen im Erscheinungsbild eines Himmelskörpers wie des Mondes, von dem wir immer nur den von der Sonne beleuchteten Teil sehen.

**planetarischer Nebel** Eine Gaswolke, die entsteht, wenn ein sterbender Stern seine äußeren Hüllen abstößt.

**Pole** Zwei entgegengesetzte Punkte auf der Oberfläche eines rotierenden Planeten, Mondes oder Sterns. Die Achse eines Planeten, Mondes oder Sterns durchstößt die Pole.

**Pulsar** Ein schnell rotierender Neutronenstern, der regelmäßige Pulse aussendet.

**Quasar** Abgekürzt für „quasi-stellare Radioquelle", der Kern einer fernen jungen Galaxie, die gewaltige Energiemengen ausstrahlt.

**Radioenergie** Unsichtbare Strahlung, die langwelliger ist als infrarotes Licht.

**Röntgenenergie** Unsichtbare Strahlung, kurzwelliger als ultraviolettes Licht.

**Roter Riese** Ein großer, kühler Stern in einer späten Phase seines Lebens.

**Schwerkraft** Die Kraft, mit der sich Objekte gegenseitig anziehen. Sie hält Planeten und Monde auf ihrer Umlaufbahn und hält auch uns Menschen auf dem Erdboden fest.

**Sonnensystem** Planeten, Kometen, Asteroiden, Meteoroiten und Staubteilchen, die einen zentralen Stern umkreisen. Unser Sonnensystem besteht aus acht Planeten und zahllosen Kometen, Asteroiden, Meteoriten und Staubteilchen, die um die Sonne kreisen.

**Spiralgalaxie** Eine große Galaxie mit mehreren Armen, die von einem Kern ausgehen. Sie gleicht einem Speichenrad.

**Stern** Eine große Wasserstoffkugel, die Licht und Wärme erzeugt. Die Sonne ist ein Stern.

**Supernova** Die extrem gewaltige Explosion eines Sterns.

**ultraviolette Energie** Unsichtbare Strahlung, die etwas kurzwelliger ist als sichtbares Licht.

**Weißer Zwerg** Ein kleiner, sehr heißer Stern, dessen Leben zu Ende geht.

**Urknalltheorie** Die Theorie, dass das Weltall entstand, als eine winzige Energieblase vor rund 15 Milliarden Jahren explodierte.

# Register

# Spaß am Wissen mit Ravensburger Sachbüchern!

## Die große Welt des Wissens: Tiere

Hier finden Kinder spannende und verblüffende Informationen über die vielfältige Welt der Vögel, das faszinierende Reich der Insekten und Spinnen, sowie die Säugetiere und Räuber der Ozeane. Außergewöhnliche Bilder machen Lust auf das Abenteuer Natur!

ISBN 978-3-473-**55321**-1

## Das Ravensburger Schülerlexikon

Das moderne Wissen der Welt in 11 Sachgebieten zum schnellen Nachschlagen.
Über 15.000 Abbildungen, ca. 50.000 Fakten.

ISBN 978-3-473-**55079**-1

## Das große Ravensburger Tierlexikon von A – Z

Mit einer Einteilung von A – Z, vielen Querverweisen, einem ausführlichen Register und einem umfangreichen Anhang zum Weiterlesen ist dieses Lexikon ein erstklassiges Nachschlagewerk – auch für nachfolgende Tierforschergenerationen!

ISBN 978-3-473-**55074**-6

## Im geheimen Reich der Drachen

Drachen spielen in vielen Sagen, Mythen und Märchen eine große Rolle. Doch wo liegt das geheime Reich der Drachen und wie leben diese faszinierenden Wesen? Solche und viele weitere Rätsel lüftet dieses prächtig illustrierte Standardwerk der Drachenkunde. Ein Muss für alle Freunde der magischen Kreaturen!

ISBN 978-3-473-**55282**-5

## Der große Ravensburger Naturführer

Dieses Standardwerk mit seinen über 2.000 farbigen Bildern schärft Kindern den Blick für die Tier- und Pflanzenwelt um sie herum. Zusätzlich: Tipps zum Beobachten von Tieren und kleine Naturexperimente.

ISBN 978-3-473-**35916**-5

## Faszination Wissen Tiere, Natur, Technik

Alles über die Lebensräume der Erde, die Tiere der Wildnis, die Erforschung des Weltalls, das Klima der Erde, das Leben der Menschen in den einzelnen Ländern, die Grundlagen der Technik, die Funktionsweise von Fahrzeugen und Maschinen.

ISBN 978-3-473-**55268**-9

www.ravensburger.de

Ravensburger

KISABU_11_003